藤本坦孝

法華経をインド仏教史から読み解く

展転社

はじめに

本書においては、古来より諸経の王として親しまれ読み続けられてきた『法華経』を取り上げ、その大筋を読み進めることによって、この経が主張しようとする意趣を探り、我々のこれからの有り方に対するなんらかの示唆を模索することを目論んでいる。

法華経に関しては、現今、数多くの注釈書や解説書や研究書を手にすることができる。それらを読み比べてみると、細部においては千差万別であるが、大別して、法華経を真理が解き明かされている宗教書と捉えてその内実を明かそうとするものか、あるいは、この経の特色や成立過程や原初形態等を客観的に探究しようとするものかに二分され、そのいずれに属するかで大きく異なった捉え方がなされているように思われる。

前者の視座に立つほとんどの書では、真理を悟った人格身である仏の存在が暗々裏に想定されていて、書かれている文言を仏から与えられた説示と受け取り、その意義を敷衍することが志向されていると言ってよいだろう。他方、後者については、法華経を釈尊滅後数百年後に編纂された大乗経典のひとつとして位置づけ、その編纂の有り方を、他の諸経典と対比させながら究明することに努めているように思われる。私見を言わせてもらえば、前者の場合、法華経が歴史的所産であるという事実が没却されることから、時・所・状況に大きく関わって述べられている内容までも、時代を超えた普遍的真理が説かれていると理解してしまうきらいがあり、後者の場合、他思想や他経典と並立させて比較検討することが主たる手段であるため、他経典と質を異にする独自の主張が明かされないままに終わってしまうきらいがあるように思われる。

本書は、上記の二様のうちではどちらかというと後者に属し、法華経を宗教書というよりむしろ思想啓蒙書と捉えて考察するが、法華経の有り方を客観的に考察するところに主眼があるのではなく、法華経が何を主張しようとしているのか、その意趣を模索し、その内容を現代的な観点を加えながら評価し、そこに現代に活かすべき何らかの原理が見出せないかを模索することを目途としている。その際、法華経を、仏教発祥から法華経成立に至る仏教史並びに成立当時の仏教界の思想状況を踏まえながら、書かれている文脈に沿って読み進み、そのなかで、法華経の独自の主張を明らかにしていくつもりである。

全体像や語句の解釈に際しては、『維摩経』や（大乗）『大般涅槃経』に書かれている「法に依って人に依らざれ」とか、「義に依って語に依らざれ」（注1）といった言葉に導かれ、人や語よりも法や義を優先し、必ずしも伝統的な解釈に依拠することなく、ときには諸概念を現代的な観点から捉えなおして再定義することをも試みながら読み進める。

なお、法華経のテキストには、梵文原典や竺法護訳『正法華経』や鳩摩羅什訳『妙法蓮華経』等があるが、本書では、日本で最もよく読まれている（二十八品《ほん》からなる）妙法蓮華経を考察の対象とし、他は参考とするに止める。本書で法華経といった場合、妙法蓮華経を意味する。

本書においては、特に、以下の三点に留意しながら法華経を読み進める。

第一の留意点は、法華経全体を一体のものとして捉え、展開されるストーリーの文脈に沿った達意的な理解に努めることである。その場合、法華経の成立過程の如何によって語句や趣意の解釈が異なってくることが考えられることから、法華経成立論が大きく関わってくる。法華経の成立については、現今、研究者の大半が、全体をいくつかの部分に分け、各部分で成立年代に相当の隔たりがあると推定している（注２）。しかし、私見を言わせてもらえば、全体の構成上からみて異質と思われる提婆達多品や薬王菩薩本事品以降の六品は別にして、各品が内容的に密接に関連しあっており、相当の年数を掛けて段階的に成立したとは思えない（注３）。浅学の筆者は法華経成立論に不案内であり、このような見解も確たる見識に基づいたものとはいえないが、本書においては、提婆達多品と経末六品を除く各品がほぼ同時に成立したものといった作業仮説のもとに、全体を一体のものとして捉え、各品の間の相互関係に注目しながら読み進める。

第二の留意点は、法華経をその成立当時の思想状況を踏まえて読み進めることである。法華経を文面に即して読めば、仏弟子達が、一切を知悉した釈尊から真理を正しく学びとることを目途として叙述されているといってよいだろう。しかし、法華経が釈尊滅後おおよそ五百年後に成立したという歴史的事実を踏まえると、仏教徒が、釈尊の教えの真意を求めて研鑽し、その内容をこのような形式で表現したものと考えられる。このような観点に立って法華経を読むと、その叙述の中に、仏教教団の成立から法華経成立までに至る仏教史を踏まえて書かれたと思われる箇所がしばしば見出される。ただし、ここでいう仏教史は、史実としてのそれではなく、法華経成立当時の仏教徒達が共通認識として懐いていた仏教史を意味する。筆者は、このような観点に立って読み進めるが、その際、仏教では形而上学を論《あげつら》わないのが通例であり、「語りえないことについては、沈黙しなければならない」というヴィトゲンシュタインの言葉もあることから、形而上学的な概念の想定をできる限り避けるように努める。

第三の留意点は、仏伝（釈尊の伝記）との関連に注目して読み進めることである。法華経を通読すると、諸処で、仏伝、特に梵天勧請や初転法輪に関連した場面が描かれていることに気づく。このこともあって、筆者は以前に仏伝を扱った『方広大荘厳経』や『過去現在因果経』等を通読したことがある。その際にしばしば法華経に書かれている文言と類似の表現に出会って驚かされた。その実例は本論の該当箇所で述べるが、これも、法華経の編纂者が、当時の仏教思想界で共有されていた仏教史的通説を踏まえて執筆した結果ではないかとも思われ、その意味では、第二の留意点と関連している。仏伝を視野にいれた法華経の研究については、既に多くの先行研究が積み重ねられている（注4）が、筆者が法華経を通読して感じたことは、ときおり、通説としての仏伝に修正を迫るような独自の見解が述べられていることである。

例えば、化城喩品に書かれた大通智勝如来にまつわる物語は、概ね仏伝にそって書かれている。しかし、仏伝では釈尊が菩提樹のもとで最高の悟りを得たとされているが、この物語では、この悟りを至極のものではないと宣し、諸天が説法の座を設けてのちに阿耨多羅三藐三菩提《あのくたらさんみゃくさんぼだい》（無上正等覚即ち最上の正しい悟り）を得たとしており（後掲（7-2）参照）、単に修行者個々人が真理を悟ることでは最善とは言えず、仏伝に言う梵天勧請や初転法輪を経て、その後に展開される諸仏の法こそ最高の悟りであると主張しているように思われる。それに、如来寿量品で説かれている久遠実成の釈尊は、通説にいう釈尊伝に対して抜本的な新しい解釈を加えたものである。これに関連して、最近出版された平岡聡著『法華経成立の新解釈』の帯に、「法華経は仏伝である」と書かれているのが目についたが、筆者は、「法華経は仏伝を再解釈したものである」と言いたい。

法華経においては多くの重要なテーマが語られているが、そのメインテーマは、既に何人かの研究者がそれぞれの観点から指摘しているように（注5）、仏教における多様な教えの統合にあるのではないかと考えている。筆者の観点は、この問題についても、法華経成立当時の思想状況を踏まえて理解することにある。法華経成立当時、仏教教団は多くの部派に分かれ、各部派毎に異なる教義を構築し、さらに、大乗仏教が興って、それぞれに特色のある数多くの仏が創出された。法華経においては、これらの多様な教えも、それぞれの立ち位置の違いによるものであり、目指す目標は唯一つ、皆成仏道、即ち、皆《みんな》が仏の知見を具有すること以外にないと主張し、諸仏の統合体として再解釈された釈尊一仏が統治する通一仏土の実現に向けての実践を呼び掛けているのではないかと考えている。

筆者は独学のせいもあって先行研究の情報に疎く、未だ関連する問題を扱った重要論文を精読し終えていない。本書の内容のうち、創見と思われるものについては、本来なら関連する先行研究を掲げそれらとの異同を明記すべきであるが、筆者が考察を進める過程のなかで比較検討に供したもののみの紹介に止めざるを得ない。また、既に先学によって明かされている結果を筆者の創見と思い込み、新見解らしく書いてしまう箇所も多いのではないかと危惧している。これらについては、決してプライオリティを主張するものではなく、筆者の不勉強のせいであることをご理解いただき、御寛恕を賜り御教示いただければと願っている。

筆者は以前に『日蓮思想の論理構造──一神教原理主義との対比──』を刊行したが、本書の内容と重なるところが多い。本書では、読者の便を考え法華経に関する部分に限ってそれらを再述したが、日蓮思想にも興味をもたれる読者は、同書も一読頂ければ幸いである。

なお、本書で「大正蔵」とあるのは、高楠順次郎編『大正新修大蔵経』（大正一切経刊行会、一九二五年）を意味する。引用文については、研究者以外の方に読んでもらうことを念頭において、適宜、読み下し文に変え、漢字は現代常用されているものに置き換え、現代仮名遣いを用いて表記することにする。また、注は各章ごとに番号を新たにして章末に掲げる。

（注）

1　大正蔵一二・四〇一中（つまり一二巻四〇一頁中段）及び大正蔵一四・五五六下。

2　勝呂信静氏による同時成立説や伊藤瑞叡氏による短期的段階集成説等の少数の例外を除いて、大方の研究者が段階的成立を主張している。研究者各位の見解については、例えば、伊藤瑞叡著『法華経成立論史』（特に四一〇頁）において要領よく紹介されている。

3　一例を挙げれば、授学無学人記品以前が成立してかなり後に法師品以降が成立したとする研究者が多いが、両者の思想は一貫しており、前半の教義は後半があって始めて完結され、後半は前半を踏まえて述べられている。例えば、法華経で主張する皆成仏道の教理は、前半では二乗への授記が説かれているのみで、それも多劫にわたる修行を積んだうえの成仏が説かれ、とても皆成仏道とは言い難い。法師品に至って始めて、法華経の一句一偈に一念随喜する総ての衆生に対し記が授けられており（9-2）参照）、皆成仏道の教理が完成する。法華経前半で説く二乗作仏は、皆成仏道を目指す上での最大の課題である二乗の成仏を、二乗の考えに合わせた形で説いたもので、後半への準備として書かれたものと理解した方がよいのではないかと考えている。また、安楽行品で書かれている髻中明珠の喩えの趣意は、これまでに衆生の望みに応じて禅定・解脱・力等の教義を説いてきたが、法華経において始めて、明珠に比される最高の教えを説くと表明するところにあり、他経では見られない主張で、法華経前半で何度も語られている主題のひとつを、表現を変えて述べたものと理解される。このような事例を見ると、安楽行品と法華経前半の編纂者が、同一とはいえなくても、お互いに情報の交換を密にし合っている者同士の場合でしか起こり得ないのではないかと思えてならない。それに、仏所護念や随宜所説等、いわば法華経のキーワードともいえる事項が、表現を変えて、法華経の前半・後半通じて度々顔を出しており、この他にもしばしば相似た論理展開がなされている。法華経の中には、前後互いに整合しないような記述や表現法の異なる箇所が含まれているが、これも、法華経が、同じような思想を共有するグループに属する複数のメンバーが協力して、いわば役割分担共同執筆によって編纂されたものと理解すれば、それほど有り得ないことではないと思われる。なお、勝呂信静氏は、『法華経の成立と思想』五三頁において、法華経が、グループによって編纂されたと推断され、「おそらく一品の作成ごとに、編纂者（複数）の会議が持たれ、その合議によって主題が設定されるという方法がとられたのであるまいか」と推測されている。

4　『法華経』の仏伝を視野に入れた研究については、平岡聡著『法華経成立の新解釈』二四頁以降において、多くの先行研究が要領よくまとめられている。

5　例えば、山川智応著『法華経十講』上巻三〜一一頁、勝呂信静著『法華経のおしえ日蓮のおしえ』八八頁、菅野博史著『法華経―永遠の菩薩道―』三八頁等。

目次

目次

目次

第一章　多様な教えの統合を説く法華経

一・一　法華経の成立

「はじめに」で述べたように、本書では、法華経を、法華経成立当時の思想状況を踏まえて読んでいくことを意図しているが、このためには仏教史の大枠を把握しておく必要がある。それも、法華経編纂者の心情を汲むためには、史実よりもむしろ当時の仏教徒達が把握していた意味での仏教史の方が重要である。本論に入る前に、後の考察に益すると思われる事項を中心にして、仏教の発祥から法華経の成立に至るまでの流れの大枠を伝承も織り交ぜながら確認しておくことにする。

言うまでもなく仏教の開祖は釈尊である。彼は、現ネパール領に属する釈迦族の首都迦毘羅衛《かびらえ》（カピラヴァスツ）の郊外藍毘尼《らんびに》（ルンビニー）園《おん》で、浄飯《じょうぼん》（シュッドーダナ）王の王子として紀元前五、六世紀頃に出生した。正確な出生年については諸説あるが、例えば中村元説によれば紀元前四六三年とされている。釈尊という名は釈迦族出身の聖者という意味だが、悟った人という意味で仏陀とも呼ばれ、尊ぶべき人ということから世尊とも呼ばれている。伝承によれば、異説もあるが、二十九歳に出家して六年間の修行を終え三十五歳に悟りを得たとされている。仏伝によれば、悟りを得て後、所謂「梵天勧請」があり、即ち、得られた悟りの内容が余りにも当時の常識からかけ離れていたため、しばらく他人に説くことを躊躇されたが、万物の創造神梵天が説法を勧め、これに応えて法を説かれたとされている。この物語はあくまでも伝承であり史実の埒外であるが、このことが語られたことからすれば、仏教は当初自らが悟りを得ることのみに関心があったが、後に、他を教化《きょうけ》するといった目的が付加されたものと推測される。いわば、この逸話が付加された事情があったからこそ、仏教が世界宗教になり得たとも言えるだろう。

仏伝を扱った経典である方広大荘厳経を開くと、釈尊はまず四諦・十二因縁等の教義を説いたとされている（注1）。この経典は大乗仏教の教義も踏まえて書かれており、釈尊滅後相当後になって成立したものであり、史実そのままを語っている訳ではないが、法華経成立時において、釈尊の伝記がどのように把握されていたかの一端を指し示しているといってよいだろう。ともあれ、これらの教義は非常に早い時期に成立していたことは確かであろう。

釈尊は、その後、中インドの各地を巡って法を説き八十歳で入滅された。釈尊の一生での重大事としては、兜率天《とそつ》からこの世に降り（降兜率《ごうとそつ》）、摩耶夫人の胎内に宿り（托胎）、誕生し（誕生）、王家を出て修行に入り（出家）、菩提樹のもとで悪魔の誘惑を降《くだ》してのち（降魔《ごうま》）、悟りを得（成道）、初めて法を説き（初転法輪）、沙羅双樹のもとで涅槃に入った（入滅）といった八相成道が伝承されている。これらの内でも、誕生・成道・初転法輪・入滅は特に重視され、それぞれの事跡に因む藍毘尼園・仏陀伽耶（ブッダガヤー）・鹿野苑《ろくやおん》（サルナート）・拘尸那掲羅（クシナガラ）は、四大聖地に数えられている。

釈尊によって始まった仏教教団も、初めは一枚岩であったが、釈尊滅後百年くらい経ち、戒律について、時代に適合して緩やかにするべきだという意見とあくまでも厳格に守るべきだとする意見が対立し、改革派である大衆部と保守派である上座部に分裂した（根本分裂）。その後教団は、更に分裂をくり返して、上座部は十一部、大衆部は九部、都合二十部に別れた（枝末分裂）。このように分裂した仏教は部派仏教と総称されている。これに対し、初期の仏教は、根本仏教、原始仏教、初期仏教等と呼ばれているが、本書では初期仏教と呼ぶことにする。

部派仏教では、教団毎に研鑽を重ねてそれぞれが独自の教義を構築して互いに競いあった。紀元前一世紀頃から後二世紀頃までの間に、当時の仏教の有り方に対して批判するグループが興り、新しい教義を立て、自らの教義を大乗（より勝れた教え）と呼称する所謂大乗仏教が興起した。

以上、初期仏教、部派仏教そして大乗仏教といった流れを述べたが、この順序で入れ替わったわけではなく、大乗仏教が興った時代は部派仏教が盛んな時代と重なっている。その後の仏教は、東南アジア各地に広まるとともに、シルクロード・中国・朝鮮半島そして日本へと流伝された。前者は初期仏教あるいは部派仏教が主であり、後者は大乗仏教が主であって、両者共に現在でも多くの人に信奉されている。

仏教の教えは、数多く残されている仏典を紐解くことによって学ぶことができるが、かつては、総ての経典が釈尊が直々《じきじき》に説かれた内容をそのままに纏めたものと信じられてきたが、現代では、それらの内容の大部分は当初の教えに対してのちに付加されたものであると理解されている。初期に纏められたとされている原始仏典といえども、そのほとんどは釈尊滅後数百年経ってのちに編纂されたものである。その後、部派仏教の時代になると、各部派ごとに考えられた独自の教義が加えられた仏典もしくは論書が生まれ、更には、大乗仏教が興隆して、大乗仏教の主張をもとにした多くの大乗仏典が編纂された。

仏典とひとことで言ってもその内容は多種多様であり、その中には、互いに背反するような教えも説かれている。こころみに、初期仏教の教義が書かれているとされる中村元訳『ブッダのことば』や『ブッダの真理のことば　感興のことば』等を読むと、釈尊のなまの生活が語られ、仏道修行者が日々の生活で心がけるべきことが説かれており、いわば、釈尊の言行録を読む感じがする。これに対し、部派仏教時代の教義が纏められたとされている『倶舎論』（例えば、桜部建著『倶舎論』）を開くと、欲界（欲望にとらわれた生き物の住む境域）・色界（欲望からは解放されたがなお物質的条件にとらわれた生き物の住む境域）・無色界（何者にも縛られずに精神的条件のみを有する生き物がすむ境域）といった三界や、須弥山《しゅみせん》を中心とした世界観が語られ、色々な修行の階梯や煩瑣ともいえる緻密な教義が論じられている。大乗仏典ともなると、毘盧遮那《びるしゃな》仏や大日如来や阿弥陀如来等、歴史上の釈尊を越えた種々の仏が語られ、種々の菩薩が登場して、共に救われることが強調されている。このように、性格を異にする多くの仏典が存在するのも、上述のような仏教の流れを踏まえて考えれば、それほど奇異な現象でないことに気づかされる。

大乗仏教の中でも、性格の異なる多くの経典があり、それぞれの成立時期も異なっている。般若経、華厳経、法華経、維摩経《ゆいまきょう》、無量寿経等といったよく知られた経典は、大乗仏教が興起して比較的早い時期、おおよそ紀元前一世紀から紀元後三世紀の間に成立したと推定され、初期大乗経典と称されている。同じく大乗経典といっても、大般涅槃経《だいはつねはんきょう》、勝鬘経《しょうまんきょう》、解深密経《げじんみっきょう》等は、相当のち、おおよそ三〜五世紀の成立であろうとされており、中期大乗経典と称されている。また、大日経や金剛頂経《こんごうちょうきょう》等の密教経典の成立は、更に遅れて、七世紀頃と推定されており、後期大乗経典と称されている。法華経に説かれた内容を考察する場合にも、このような歴史的事情を踏まえる必要があるだろう。特に、本書のように法華経をその成立当時に思いを馳せながら考察する場合には、法華経成立以後において確立された思想をもとにして解釈することには慎重でなければならない。

一・二　法華経の構成

前節で述べたように、法華経は初期大乗経典のひとつである。その成立時期については、現在、種々の見解が発表されているが、ここでは、おおよそ紀元後一世紀から二世紀頃までの間といった理解にとどめ、それ以上立ち入らないことにする。法華経は多くの言葉に翻訳され広範囲に流布されているが、サンスクリット語で書かれた原初の法華経については、幾つかの写本が発見されているのみで、最古の「原本」が何かは特定されていない。漢訳としては、部分的な訳を別にすれば、竺法《じくほう》護《ご》訳正法華経（二八六年訳）、鳩摩羅什《くまらじゅう》訳妙法蓮華経（四〇六年訳）及び闍那崛多《しゃなくった》・達摩笈多《だつまぎゅうた》共訳添品《てんぼん》妙法蓮華経（六〇一年訳）の三書が遺っているが、本書では、「はじめに」で述べたように、これ等のうちで、日本で最もよく読み継がれている羅什訳妙法蓮華経（以下、略して法華経）を読んでいくことにし、他は必要に応じて参照するに止める。

本書でこれから読んでいく法華経は、二十八品《ほん》からなる。ここで、「品」は現代に言う章に当たる。ついまず、その全体像を把握するため、この経を構成している各品の名称を掲げることにしよう。ついでながら、ここで、これらが本書の第何章で扱われているかを付記しておく。

序品《じょほん》第一（第二章）
方便品《ほうべんぼん》第二（第三、四章）
譬喩《ひゆ》品第三（第五章）
信解《しんげ》品第四（第六章、六・一節〜六・二節）
薬草喩品第五（第六章、六・三節）
授記品第六（第六章、六・四節）
化城喩《けじょうゆ》品第七（第七章）
五百弟子受記品第八（第八章、八・一節〜八・二節）
授学無学人記品第九（第八章、八・三節）

法師《ほっし》品第十（第九章）
見宝塔《けんぽうとう》品第十一（第十章）
提婆達多《だいばだった》品第十二（第八章、八・四節〜八・五節）
勧持《かんじ》品第十三（第十一章、十一・一節〜十一・二節）
安楽行《あんらくぎょう》品第十四（第十一章、十一・三節〜十一・四節）
従地涌出《じゅうじゆじゅつ》品第十五（第十二章、十二・一節、十二・六節）
如来寿量品第十六（第十二章、十二・二〜十二・五節）
分別功徳《ふんべつくどく》品第十七（第十三章、十三・一節）
随喜《ずいき》功徳品第十八（第十三章、十三・一節）
法師功徳品第十九（第十三章、十三・一節）
常不軽《じょうふきょう》菩薩品第二十（第十三章、十三・二節）
如来神力品第二十一（第十三章、十三・三節）
嘱累《ぞくるい》品第二十二（第十三章、十三・三節）
薬王菩薩本事品第二十三（第十四章、十四・一節）
妙音菩薩品第二十四（第十四章、十四・二節）
観世音菩薩普門品第二十五（第十四章、十四・三節）
陀羅尼《だらに》品第二十六（第十四章、十四・四節）

妙荘厳王本事品《みょうしょうごんおうほんじ》第二十七（第十四章、十四・五節）
普賢菩薩勧発品《ふげんぼさつかんぼっぽん》第二十八（第十四章、十四・六節）

これらのうち提婆達多品第十二は、光宅寺法雲が著した法華経注釈書『法華義記』や聖徳太子著と伝えられている『法華義疏』に欠けていることなどの理由により、後世に挿入されたものとされ、もと二十七品であったと推定されている。成立過程はともかくとして、のちに検討するように、この品では悪人成仏及び女人成仏といった思想が語られており、法華思想の意義を理解する上で無視できない。本書で提婆達多品を含む妙法蓮華経を考察する所以である。

法華経における釈尊の説法は、序品から法師品までは耆闍崛山《ぎしゃくっせん》（霊鷲山《りょうじゅせん》）においてなされる。そして、見宝塔品に至ると会座は虚空に移され、その説法が嘱累品まで続き、それ以後は再び耆闍崛山に戻る。このことを踏まえ、序品から法師品までを前霊山会《え》と呼び、見宝塔品から嘱累品までを虚空会と呼び、薬王菩薩本事品から普賢菩薩勧発品までを後霊山会と呼んでいる。つまり、法華経の説法は、霊鷲山と虚空会の二処で行われ、前霊山会、虚空会、後霊山会の三会座からなる。このことを一般に二処《しょ》三会《ね》と呼ばれている。

説かれている法門は、それぞれの会座に応じて異なった特徴がある。前霊山会では、釈尊からの説示と仏弟子達の領解を繰り返しながら物語が展開し、その重要な法門として一仏乗や二乗作仏の教理が説かれる。法華経成立当時の仏教においては、しばしば、仏弟子達が、仏の教えそのままの実践を志向する声聞、めいめいに工夫を重ねながら修行する縁覚、仏と同質の悟りを志向する菩薩といった三類型に分けて捉えられることが多く、それぞれに固有の教法があるとされ、それぞれは、人を乗せて理想の世界に導く船に比されて乗の字が付され、声聞《しょうもん》乗、縁覚《えんがく》乗、菩薩乗と称され、合わせて三乗と総称されている。これに対し法華経では、仏の教えは唯一つであって、三乗それぞれに固有の教えなどないと説いた。これが一仏乗の教理である。また、法華経以外の大乗仏教では、三乗のうち菩薩乗のみが勝れており、縁覚乗及び声聞乗をまとめて二乗と呼んで、二乗は決して仏に成れないと蔑んだ。これに対し法華経では、二乗も仏に成れると説いた。これが二乗作仏《さぶつ》の教理である。

虚空会で重要な法門は釈尊の概念の抜本的再解釈が与えられていることである。釈尊は通常仏陀伽耶の菩提樹のもとで悟りを得たとされているが、実には、久遠の昔に成道され、それ以来、いろいろな仏や菩薩に身を変えて衆生に法を説き続けてこられたお方であると述べられ、この意味での釈尊の本弟子こそがこれからの法華経の担い手であると説かれている。ここで述べられている意味の釈尊は通常久遠実成の釈尊と呼ばれているが、本書では、本仏と略称する。

また、後霊山会では、法華経流布の功徳が強調され、薬王・妙音・観世音等の諸菩薩が登場して法華経の弘通に参与する様子が描かれている。

法華経理解に於いて、上述の二処三会といった分け方以外にも、多くの先学によって種々の区分けが提言されているが、中でも、天台大師智顗《ちぎ》（五三八〜五九七）の説がよく整理されていて説明も精緻なことからとりわけ重視されてきた。ここで智顗の説を一瞥することにしよう。

経典を解釈する場合、しばしば、序分（導入部分）・正宗分《しょうしゅう》（主要部分）・流通分《るつう》（教説の流布を説いた部分）の三段に分けられる。智顗は、序品第一を序分とし、方便品第二から分別功徳品第十七の前半までを正宗分とし、その後半から最後までを流通分とした。また、彼は、この分け方とは別に、序品第一から安楽行品第十四までと、それ以降とに二分し、それぞれを迹門《しゃく》、本門と呼んだ。これは、本仏が説かれる以前と以後で、説かれている教理において質的な違いがあることに着目したものである。本仏は如来寿量品で説かれるが、その発端が従地涌出品にあることからこれ以後を本仏の教えと理解して本門と称し、それ以前を本仏の垂迹である釈尊（迹仏《しゃくぶつ》）の教えと捉えて迹門と称したのである。智顗はさらに、迹門、本門のそれぞれを序分・正宗分・流通分の三段に分けたが、ここではこれ以上立ち入らないことにする。

しかし、書かれているストーリーとしては、安楽行品と従地涌出品の間で分断されているわけではない。提婆達多品は別にして、見宝塔品、勧持品、安楽行品といった一連の筋運びを踏まえて従地涌出品が説かれており、文脈を追って理解しようとすると、安楽行品で分断するのは適切でない。それに、薬王品第二十三以下は、本門とは言え、本仏と深く関係しているわけではない。目的によっては智顗の言う本門・迹門以外の区分けの方がよいこともある。

以上の他に、ストーリーの主役や脇役に注目した次のような四段に分ける区分けが考えられる。

（一）序品第一。

（二）方便品第二から授学無学人記品第九まで。

（三）法師品第十から嘱累品第二十二まで。

（四）薬王菩薩本事品第二十三から終わりまで。

第一段では、もっぱら弥勒菩薩が質問して文殊師利菩薩が答えている。

第二段では、説法主は概して釈尊であり、その直接的対象は声聞を始めとする比丘つまり出家僧達である。実際、方便品や譬喩品では舎利弗《しゃりほつ》であり、信解品から授記品までは迦葉《かしょう》・迦旃延《かせんねん》・目連・須菩提《しゅぼだい》等を代表とする声聞達が対象であり、化城喩品では釈尊の自説であるが対象は声聞達である。また、五百弟子授記品や授学無学人記品もやはり対象は声聞等の比丘達である。つまり、この段では声聞等の比丘達、所謂小乗教徒達に向けて説かれている。

第三段では、説法主は主に釈尊であり、直接の聴き手は、薬王・大楽説《だいぎょうせつ》・弥勒等の諸菩薩であるが、聴き手の対象は、既に法華経の教えに浴した仏弟子達と理解される。

一方、第四段では、概ね、薬王・妙音・観世音等の諸菩薩達や妙荘厳王など、特筆された人物にまつわる物語が述べられている。

この分け方は、法師品を除いて概ね二処三会と同じであるが、着眼点が異なることに留意する必要がある。同じ内容を説明する際にも、相手によって説明の仕方が異なるように、説法主や聴き手が変われば表現の仕方や使われる言葉の意味も異なる場合が多く、趣意を探る場合には気をつけなければならない。

本書では、法華経全体を、文脈を追って読んでいくことを目指しているため、以上のような種々の分け方の中でも、とりわけて最後に説明した分け方を念頭において読んでいくつもりである。一般に法華経の前半、後半といった場合、智顗が定義した迹門・本門を指すようであるが、本書では、上記の区分けのうち、(一)、(二)を前半と呼び、(三)以降を後半と呼ぶことにする。

一・三　法華経のメインテーマ

法華経を文面通りに読み進む限りでは、自讃の文言がやたらに目に付き、とにかく法華経を信じなさい、そうすれば色々と御利益がありますよと説いているようで押し付けがましく感じる。他の経典、例えば般若経では深遠な教理空が説かれ、華厳経では所謂事事無礙法界や一即一切の哲理などが語られているが、法華経ではそれほど顕著な教理は見当たらない。法華経の多くの解説書では、重要教義のひとつとして諸法実相が取り上げられているが、この教義の原拠とされている所謂十如是は、字面を見た限りでは、「是《か》くの如きの相・是くの如きの性・是く如きの体云々」と述べられているのみで、諸法の実相の内実は何も明示されていない。また、所謂仏の一大事因縁、つまり仏が世に出られた一番大事な理由が説かれているが、仏知見を開き、示し、悟らせ、仏知見に入らせると書かれているのみで、どんな知見かその内容こそ知りたいところだが、何の説明もなされていない。

それでは、法華経全体にわたってのメインテーマは何だろうか？　「はじめに」でも書いたように、先行研究の成果を踏まえて考察した筆者なりの結論は、多様な教説の統合にあると考えている。詳細は次章以下で法華経の本文を読み進めるなかで明らかにするつもりであるが、ここで、筆者がこの結論に至った理由の要点をかいつまんで開陳しておくことにしよう。

前節で、法華経を、ストーリーの主役や脇役に注目して（一）～（四）の四段に分けて理解することが可能だと述べたが、この分け方に従って、各段における主題が何かを検討することにしよう。

第一段は、法華経全体の導入部分であり、ここで、これから説かれる法華経の全体を通じてのテーマが暗示されているものと思われるが、この品では、注目すべき次の二場面が描かれている。その第一は、法華経の説法に先んじて、仏の眉間から光明が放たれ、仏弟子達が多様な有り方で修行している様子が照らし出されている場面である。この描写は、まさに、法華経成立当時の仏教界の多様な有り方を描こうとしたものと思われる。このような筆運びは、多様な教説の統合といったテーマに取り組むための素材として、当時の仏教界の現状を確認するために叙述されたのではないかと考えている。その第二は、遠い昔から、日月燈明如来と呼ばれる同名の数多くの如来達が、これから説かれる法華経と骨子において同内容の教えを、何度も何度も繰り返し説いてきたと述べられている場面である。これは遠い過去から、現在、そして未来へと、色々な形で説き継がれていく教えを一体のものとして捉えることを促しているように思え、後に説かれる諸仏の統合といったテーマへの橋渡しのために書かれているのではないかと思われるのである。

第二段で最も重要な品《ほん》は方便品であり、これに続く各品はこの品の内容を譬喩や具体例をあげてより分かり易く説いているといっても過言ではないだろう。その方便品には、前節でも述べたように一仏乗即ち仏の教えが唯一つであると説かれている。後に本文を読んでいく中でより詳しく検討するように、この教理は、一・一節で概観した仏教史を踏まえて構築されたものと考えられる。既述のように法華経は初期大乗経典であり、その成立時は部派仏教が盛んな時代であった。当時、各部派はそれぞれ独自に研鑽を重ね、それぞれに応じて我々こそ最勝の教理を掴んだと主張し、ときには互いに他と競いあった。この様に、仏道修行者それぞれがそれぞれに応じて理想を求めた結果、種々の教理が構築されたのである。一仏乗の教理は、このような状況にあって、それらの一見異なったものと見える多様な教義も、その目指すところは、皆成仏道、つまり、一切衆生を救済するという仏の知見を一切衆生が具有することにあり、それ以外にはありえないと、諸教の統合を主張しているものと理解できる。各部派の教義の差異も、それぞれの位置する状況の違いからもたらされたものであり、その本質は同一であって、現れ方が異なるのみであるとし、それぞれの状況に応じて得られた教義も、状況が変われば、共通の目的のためにあるいは選びあるいは捨てなければならないと説いているものと思われるのである。第二段では、一仏乗以外に重要な教義として二乗作仏が説かれているが、この教理は、法華経以外の種々の大乗経典のなかで、決して仏になれないと批判された声聞・辟支仏といった二乗、つまりは大乗仏教の立場から批判の対象とされた所謂小乗教徒も、彼等がそれぞれに固執している固有の教理を、一仏乗の観点から見直して新たに再構築するならば、彼らの教義が活かされて、二乗は二乗のままで仏になれると説いているものと理解される。

以上の考察を踏まえると、第二段では、仏教には多種多様な教えがあるが、目標は唯ひとつ皆成仏道にあるとして、いわば教法の統一が志向されているものと言ってよいだろう。

第三段で最も重要な品《ほん》は、衆目の一致するところ、如来寿量品であるといってよいだろう。この品では、歴史上の釈尊が止揚された本仏が説かれている。十方（東・南・西・北・東南・西南・西北・東北・上・下）にわたる様々な仏がこの仏の分身であると規定され、久遠の昔に成道して、その当初から未来永劫にわたって、多様な形に身を変えて法を説き続けるとされ、仏陀伽耶《ぶっだがや》で悟りを得た釈尊はその働きの一環であると説かれている。一・一節で見たように、大乗仏教では多くの仏が語られ、それらの仏がそれぞれに特長のある重要な教義を説いているが、いずれも仏教の理想の一面を表現したものであり、それらは互いに関連しあっている。本仏は、これらの諸仏の全体を一体のものと捉えたものと理解することが可能である。つまり、ここでは、多種多様な形で説かれた諸仏の統合が説かれており、いわば仏の統一が志向されているものと理解される。

現実の娑婆世界においては、多様な価値観があって、それぞれがそれぞれに自己主張して譲らず闘争の巷と化し、苦難の世界が現出している。第三段で本仏を語るのと平行して、この苦難に満ちた仏滅後の娑婆世界を理想の世界に変えていくこと、つまり皆成仏道が現実のものとなる仏国土の実現が希求され、その理想に向けて、仏子としての自覚に立った実践が呼びかけられている。

実際、法師品では、法華経の教えを実践しようとする法師に対し、法華経の受持・読・誦・解説《げぜつ》・書写といった護法活動が推奨され、「如来の室に入り、如来の衣を着、如来の座に坐す」といった仏と心を一にした行動が勧められ、仏の使いとしての実践が説かれている。つまり、仏弟子達が一丸となって、一切衆生を救おうとする仏の心に同心して行動することが期されているのである。また、見宝塔品の末尾で、仏滅後に法華経弘布の担い手が勧募され、これに応じて、勧持品で、不退転の信念をもった多くの菩薩達が、それぞれに、仏に認められることを期して、身命を惜しまず法を弘めることを誓う場面が描かれたおり、これに対し、仏はその申し出を遮り、これに代わって地涌の菩薩が登場し、これらの菩薩こそ法華経を広める当事者であると説かれ、如来神力品において、これらの諸菩薩に法華経の弘通が委嘱されている。このような筆運びのなかで、仏弟子達それぞれに、仏子として、それも、諸仏の統合として捉えられた本仏の実子として、通一仏土の実現に向けて実践するといった共通目標が提示されていると理解される。

一方、第四段では、薬王、妙音、観世音等々の菩薩達が登場して弘経を誓い、その功徳が語られている。つまり、それぞれに多様な形態で尊崇され信仰されてきた菩薩達が取り上げられ、彼等も法華経弘通の一端を担う者達として捉え直され、多様な信仰の有り方を法華経の思想のもとに統合しようとしていると理解できる。

以上見てきたように、第二段で教法の統一、第三段で仏の統一が志向されており、さらに、第三段から第四段にかけて、多様な形態で修行する仏教徒全体に対し、その共同体であるサンガの共通目標が提示され、その実現に向けて参画することを呼び掛けているといってよいだろう。周知のように、仏教では、仏・法・僧の三項目が三宝と称されて重視されているが、ここに言う僧は、現在の日本では出家者個々人を指しているが原意は仏道修行者の共同体サンガを意味する。このことを踏まえて言えば、法華経のメインテーマは、仏教が重視する三側面である三宝の全般にわたって、多様な教えの統合が標榜されているものと理解される。

現代は、多様な価値観のぶつかりあいによって、世界的規模において闘諍の盛んな時代といえるだろう。これからの世界を考えるとき、多様な価値観を如何に統合するか、この問題が極めて重要な課題と考えられる。上記のような観点がもし正鵠を射たものであるなら、法華経は、まさに、この様な極めて現代的なテーマを扱っていると言えるのである。

（注）

1　大正蔵三・六〇七中及び大正蔵三・六〇八上。

第二章　説法に先んじて描出される多様な世界

二・一　説法の座の設定

法華経の第一章は序品第一と題されている。他の多くの経典と同様にこの経も如是我聞《によぜがもん》（是《か》くの如く我聞きき）といった言葉で始まる。かつてはすべての経典が釈尊の直説《じき》であるとされ、ここにいう我は、侍者として長く仕えた仏弟子阿難を指し、如是は釈尊が直々《じきじき》に説かれた説法の内容を指し、聞は阿難が釈尊から聞いたそのままを誦出したものであると理解されていた。しかし、現代では、一・一節でも触れたように、ほとんどすべての経典、特に大乗経典は、仏滅後相当年数を経た後に、仏教徒の中の個人またはグループが編纂したものと理解されている。このことから言えば、如是我聞の我は各経典の編纂者（達）を意味し、如是は彼（等）が釈尊の教説の真意を掴もうと研鑽を重ねて得たその内容を指し、聞はその表明であると理解してよいだろう。ここで、編纂者に（達）の字を付して複数であることも有りうることを示唆したが、これから読もうとしている法華経の場合、筆者は、複数のメンバーからなるグループが互いによく討議を重ねたうえで、それぞれが役割を分担して編纂したものではないかと推測している。実際、法華経を読むと、部分部分で文体や叙述の仕方や表現形式が異なり、ときには細部で互いに整合していないところもあるが、全体としてよく統合されている。

もっとも、法華経が釈尊の直説とは言えないにしても、書かれた内容は釈尊が説かれた教えを正しく理解しようと努めて得た結果であり、釈尊の真意を敷衍したものといった意味から、仏説と称してもあながち間違いとは言えない。それに法華経では、後に読む如来寿量品で、仏教で説かれたあらゆる仏を統合した本仏が説かれており、この観点からすれば、仏教史全体を本仏の働きの一環と捉えることも可能であり、法華経が自らを（本）仏の直説であると主張するところに自己矛盾があるわけではない。それにしても、これらが誰によって書かれたか全く記されていないのは、個人を尊重する思潮のなかで育ってきた筆者にとっては驚きである。現代人の感覚からすれば、今までに明かされたことのなかった重要な知見を見出した場合、その時を刻み、誇りをもって自らの名前を明示して「我今是《か》くの如き知見を得たり」と宣言したくなるところである。経典がすべて仏説とされ、その作者がすべて如是我聞の四字の中に包摂されていることは、個を重視する現代と違って、真理を一体のものとして捉える仏教の考え方に基づいたものであろう。真理は自分を越えたところに厳として存在し、我々はそれをなぞるのみである。真理は真理自らの働きとしてその身を現し、我々はその媒介者にすぎない。この様な考え方から、仏説として表明するところにこそ権威があるものと考え、自ら得た知見も仏説として表明したのではないかと思われる。

如是我聞に次いで、ほとんどの経典がそうであるように、仏が説法された時、場所そしてその説法を聞くために集まった者達が記述されている。まず説法の時及び場所が、

（2-1）一時《あるとき》、仏、王舎城・耆闍崛山《ぎしゃくっせん》の中に住したもう。

と説明されている。

ここでは説法の時が一時と表現されているが、見宝塔品で「如来久しからず当に涅槃《ねはん》に入るべし」（後掲（10-9）参照）と書かれている（注1）ことから、一・一節で述べた仏伝を踏まえて理解すれば、釈尊が八十歳で亡くなられる直前に説かれたものと理解される。また、従地涌出品を開くと、「伽耶《がや》城を去ること遠からず、道場に坐して阿耨多羅三藐三菩提《あのくたらさんみゃくさんぼだい》を成ずることを得、是れより已来《このかた》始めて四十余年を過ぎたり」（後掲（12-7）次下参照）と書かれた文章が目につく（注2）。つまり、釈尊が仏陀伽耶で最上の悟りを得られてから四十年余り過ぎたとも述べられているのである。仏伝で釈尊が三十五歳の時に成道されたとされていることからすれば、釈尊が七十五歳を過ぎて何年か後ということになる。いずれにせよ、法華経が釈尊の最晩年の時期に説かれたと設定されているのである。

因みに、天台教学では、釈尊が説法された期間を五十年間と設定し、すべての経典がこの期間内に説かれたものと理解されて、主要な経典の説時が五時に分けて把握されているが、法華経は最晩年に八年間を掛けて説かれたとされている。このような理解も、法華経で書かれた上述のような叙

述に基づいたものと理解される。経典を仏の直説ではないとする現代的観点からすれば、このような理解は間違っていると言わざるを得ないが、法華経の説時が釈尊の最晩年と設定されていること自体は、筆者には至極もっともなことのように思われる。というのは、前節で述べたように、筆者は法華経のメインテーマが多様な教えの統一にあると理解しているが、仏典が総て釈尊の直説であると想定して表現する限り、このテーマを「一時」の釈尊の説法として描く最も適当な時は、釈尊がすべての説法を説き終えられた最晩年に設定する以外には考えられないからである。

続いて、説法の場所が、王舎城・耆闍崛山の中と設定されているが、王舎城は、古代インドマガダ国の首都であり、耆闍崛山は王舎城にある山で、霊鷲山《りょうじゅせん》とも訳されており、釈尊説法の場として有名である。法華経においては、後に見るように、この山において釈尊の説法を聞くため何万人もの人々が集まり、空中に大きな塔が出現して、諸仏が十方から集まり、多くの菩薩が地から涌き出てくるといったドラマが展開される。実際に霊鷲山を尋ねた人の話によれば、この山はそれほど高大でもないとのことである。壮大なドラマをイメージするのには不向きな様にも思われるが、釈尊を止揚した本仏を説き、娑婆《しゃば》世界の仏国土化を語るためには、釈尊が実際に活躍されたとされているこの山こそふさわしいと考えて、この場所が選ばれたのだろう。

説法の時および場所に続いて、説法の座に集まった者達が列挙されている。まず始めに、

（2-2）大比丘《びく》衆万二千人と倶《とも》なりき。皆是れ阿羅漢《あらかん》なり。諸漏已《すで》に尽くして、また煩悩なく己利《こり》を逮得し、諸の有結《うけつ》を尽くして心自在を得たり。

と述べられている。

すなわち、釈尊に伴い、一万二千人からなる比丘（男性出家者）達が法座に列なった。彼等は総て出家者の最高の位である阿羅漢(供養を受けるに値する聖者の位)に達しており、既に種々の漏《ろ》(煩悩)を尽《ことごと》く断《た》って、自ら法に従うことによる利得を手にしており、執着するところがない自由な境地にあるものばかりであった。

続いて、その具体例として、仏伝に登場する釈尊の直弟子達などの名前が数多く列挙されている。その中には、当然のことながら、方便品や譬喩品等に登場する舎利弗や、信解品で領解を述べ授記品で記（仏に成れるという保証）が授けられる須菩提《しゅぼだい》・摩訶迦旋延《まかかせんねん》・摩訶迦葉《かしょう》・大目犍連《もっけんれん》といった所謂四大声聞や、五百弟子受記品で記を受ける富楼那弥多羅尼子《ふるなみたらにし》や授学無学人記品で記が授けられる阿若憍陳如《あにゃっきょうじんにょ》等、これから展開される物語の中で重要な役割を演じる声聞達の名が含まれている。

また学（有学《うがく》の略。まだ学ぶべきことがある者）・無学（もはや学ぶべきことがない聖者）二千人および釈尊の乳母摩訶波闍波提比丘尼《まかはじゃはだいびくに》とその眷属（従者）六千人、および釈尊の出家前の妃であり一子羅睺羅《らごら》の母である耶輸陀羅《やしゅだらら》比丘尼とその眷族が挙げられている。彼等及び彼女等は、授学無学人記品及び勧持品で記を授けられる仏弟子達である。

これに続いて、大乗仏教が目指す理想を人格化したものとも言える菩薩達の名前が数多く挙げられている。そのなかには、弥勒、文殊、観世音、薬王等、法華経の中でのちに登場する者達が名を連ねており、総勢八万人と表現されている。

また、自在天や帝釈天や竜王等、インド土着の神々の名も列挙されている。法華経成立当時においては、仏教にあっても、ヒンズー教の神々をも取り入れた世界が語られていた。ここではこのような世界観を踏まえて、理想を求めるあらゆる衆生がこの法座に列なったことを表現しようとしたものであろう。

これに加えて、阿闍世《あじゃせ》王がおよそ百千の眷属と共に座に列なったと特記されている。彼は多くの経典の中で、釈尊のいとこ提婆達多《だいばだった》に唆されて父王を殺した大悪人として登場しており、最終的には改心して仏陀に帰依した人物である。つまり、この会座には、一般に聖者とみなされている者以外に、様々な境涯を乗り越えて仏道を求めるようになった者も参集しており、このような設定も、これから説かれるテーマ皆成仏道を語るにふさわしい舞台設定といってよいだろう。

二・二　東方万八千の世界を照らし出す仏の光

その時釈尊は、四衆即ち比丘《びく》（男性出家者）・比丘尼《びくに》（女性出家者）・優婆塞《うばそく》（男性在家信者）・優婆夷《うばい》（女性在家信者）に囲まれ、皆《みんな》に供養・恭敬《くぎょう》・尊重《そんじゅう》・讃歎されながら、諸の菩薩のために大乗経である「無量義・教菩薩法・仏所護念」と名付けられる経を説いておられた。

ここで書かれた無量義・教菩薩法・仏所護念といった名称は、それぞれ、無量の義を含んだ経、菩薩になることを教える経、仏に護念されている経といった意味と理解されるが、法華経の他の箇所では無量義が妙法蓮華という語に置き換えられて頻出している（注3）。それに、これから読んでいくなかでわかるが、これらはいずれも法華経の教説の特徴をうまく表した言葉である。ここで言及されている経は、文脈的には法華経の教説を説く以前に説かれた経であって法華経とは別物であるが、骨子は法華経と同じ経と理解してよいだろう。

とすると、これから始まる法華経の説法は、この法座以前から説かれてきた説法の一環であると理解される。少々唐突であるが、筆者はここで、先の大戦の終結後に日本の多くの知識人が主張した思潮を思い起こす。大戦の終結によって所謂戦後民主主義の時代が始まったが、これまでの価値観が全面的に否定され、日本は、戦前まで暗黒時代であり、昭和二十年八月十五日を期して本当の歴史が始まったと声高に叫ばれ、戸惑いを感じたことを思い出す。法華経は、歴史観において、このような考え方即ち自らが主張する理想を語るにおいて始原を設定するような考え方には与《くみ》していないことが確認される。因みに、次節で語られる日月燈明仏の説法、化城喩品の大通智勝如来の物語、如来寿量品で説かれる久遠実成の釈尊の教説、さらに常不軽菩薩品の威音王如来にまつわる物語も、この箇所と同様、真理は遠い昔から説き続けられてきたものであるといった考え方に立っている。

釈尊はこの経を説き終えられて、結跏趺坐《けっかふざ》つまり禅僧が座禅をするように足を組んで坐られ、無量義処三昧と名づけられる心身不動の禅定の状態に入られた。釈尊は、これより以後序品の最後までこの状態のままであり、説法は次の方便品第二まで待たなければならない。

このとき、天から曼陀羅華《まんだらけ》・摩訶《まか》曼陀羅華等の多くの美しい華が、仏及びこの会座に列なる総ての者の上に雨り灌《ふ》ぎ、世界が六種（動・起・踊・震・吼・撃）に震動し、みんなはこの未曽有の状況に接し、歓喜し合掌して一心に仏を見奉った。

その時、仏の眉間の白毫《びゃくごう》（白い施毛の塊）から光が放たれ、東方万八千の世界が、下は無間《むげん》地獄から上は天界の最頂上まで遍く照らし出された。因みに、仏伝を語る方広大荘厳経を開くと、転法輪品において、仏の初転法輪の描出の際に、「その時世尊大光明を放ち、その光遍く三千大千世界を照らす」（注４）とあり、よく似た表現が使われている。

ここで、特に東方が取り上げられていることが注目される。後述するように、この光明によって、多様な有り方で修行に励む仏教徒達の姿が照らし出されることからすれば、もしかすると、仏教が盛んな地域が法華経の編纂者達の立ち位置からみて東方、つまり法華経が、仏教隆昌の中心地より西方の地域において編纂されたことを示唆しているのかもしれない。

この光明によって、彼の土における六趣（地獄・餓鬼・畜生・修羅・人間・天上）の衆生や彼の土の諸仏が現出し、また、諸仏が法を説き、仏道修行者達がそれぞれに応じて修行に励み、菩薩達は様々な形で菩薩道を行っている様子が照らし出された。さらには、諸仏が入滅される場面や、入滅後に七宝で飾られた仏舎利塔を建てて供養する様子が見えた。

一・一節に述べたように、法華経成立当時、仏教徒達は多くの部派に分かれて多様な教義を創り、それぞれに研鑽や修行を重ねていた。また、大乗仏教興隆の時期には仏塔信仰が盛んであった（注５）。

ここで述べられている情況描写は、法華経成立当時の仏教界の状況を踏まえて述べられたものと理解される（注6）。

その時弥勒菩薩は、今世尊がこの様な神変の相を現わして三昧（心を一処にとどめて動じない状態）に入られたが、このような現象が起こったわけを一体誰に尋ねたらよいものかと思い巡らし、これまでに無量の諸仏に仕えてきた文殊師利に尋ねるのが最適だと気付いた。弥勒菩薩は、この会座に列なっているすべての者が同じ思いを懐いていることを見て取り、みんなを代表して、文殊師利に、神変の相が起こったわけを問いかけた。

法華経では、本文は長行《じょうごう》（散文）として書かれ、しばしばそれと同趣旨のことが偈《げ》（韻文）の形で再説されている。偈の中には、長行を要約もしくは敷衍した部分もあれば、長行にない内容を含んだ部分もある。本書の主眼が文脈を追って趣意を理解することにあるため、長行と重なる部分の多くを省略し、重要と思われる新たな内容を含む場合についてのみ付言することにする。

この箇所においても、弥勒菩薩の文殊師利への問いかけが、偈の形で再説されている。偈の中では、奇瑞が起こったことや仏の眉間から光明が発せられたことが再述されているが、その中では、仏の光によって照らし出された世界が長行の部分よりもはるかに詳しく描出されている。ここでは、その中から、後の考察に関連する事柄のみに限って述べることにしよう。

仏から放たれた光によって、地獄界から天上界に至る諸々の世界に住む六道の衆生に対する一生の間に為した行為の報いの善し悪しなどが悉く見えた。さらには、諸仏が各々の世界で無量の譬えを挙げながら正法を説いて衆生を悟りに導かれている様子が見えた。その描写の中では、諸仏が衆生のそれぞれの願いに応じて適切な教えを説かれている様子が次のように表現されている。

(2-3) 若し人苦に遇《あ》いて老病死を厭わば、為に涅槃を説いて諸苦の際《さい》を尽くさしめ、

もし人福有ってかつて仏を供養し勝法を志求すれば、為に縁覚を説き、

もし仏子有って種々の行を修し、無上慧を求めるものには、為に浄道を説きたもう。

上掲(2-3)の一行目を読むと、筆者は、初期仏教で説かれた教理四諦を思い起こす。四諦は、苦諦(よく生老病死と纏められるように、生れ老い病んで死ぬまでの一切が苦であること)・集諦《じったい》(苦の原因は欲望への執着にあること)・滅諦《めったい》(執着を滅したところに涅槃即ち安らぎがあること)・道諦(苦を滅するには執着を離れ八正道を行うこと)といった四項目を悟ることを説く教えである。ここで、八正道は正見(正しい見解)・正思惟(正しい思考)・正語(正しい言葉づかい)・正業(正しい行い)・正命(正しい生活)・正精進(正しい努力)・正念(正しい思い)・正定(正しい精神統一)といった八項目を意味する。(2-3)の一行目の文章は、老病死や涅槃といった言葉が見えることから、このような四諦の教えを踏まえて書かれたものと思われる。

ところで、仏典ではしばしば仏道修行者達全体が、釈尊の教え、つまりは初期仏教での教えに即して修行する声聞と、独自に研鑽を重ねて悟りを得ようとする縁覚(辟支仏《ひゃくしぶつ》あるいは独覚《どっかく》とも言う)と、一切衆生を救おうとする仏に同心して、他と共に救われることを理想とする菩薩の三類型に分けて捉えられている。このことを踏まえて(2-3)を再読すると、第一行目が、上述のように初期仏

教の中心的な教えである四諦を踏まえて書かれており、第二行目で縁覚といった言葉が見え、第三行目には、該当する求道者が仏子と表現され、無上慧が志向されていることから、第一行目、第二行目、第三行目のそれぞれが、声聞、縁覚、菩薩に対応付けて書かれているように思われる。とすると、ここで浄道とあるのは菩薩道のことと理解してよいだろう。

これに続いて、それぞれの因縁に応じて様々な形で仏道に精進する菩薩達の様子が、多くの具体例を挙げて描出されている。この中には、仏道のために自分が一番大切にしているものを歓んで施す者、独り静かな処で経典を誦する者、定（精神統一）・慧（智慧を得ること）を具足して衆のために法を講じる者、深く禅定に入って修行し五神通（天眼通、天耳通、他心通、宿命通、神足通）を得る者、戒をたもって身を律する者、増上慢の人（未だ悟ってもいないのに悟ったと自惚れる人）の悪罵捶打にもよく堪え忍ぶ者等々が列挙されている。

大乗仏教では、布施（施すこと）・持戒(戒を持つこと)・忍辱《にんにく》（苦難に耐え忍ぶこと）・精進（たゆまず仏道に専念すること）・禅定（精神を統一すること）・智慧（真理を見極めて仏道を完遂する力を得ること）といった所謂六波羅蜜《はらみつ》が説かれている。上記の記述には、順序は異なるがこれらの教義が織り込まれている。おそらくは、これらの項目を念頭に置いて書かれたものであろう。

また、多くの仏弟子達が、塔を建てて仏舎利を供養する様子が見える部分も、長行の部分より詳しく描写されているが詳細は省略する。

このように弥勒菩薩が文殊菩薩に問いかける偈の中で、仏道修行者たちの様々な有り方が詳しく描かれているが、ここで、このような叙述がなされている趣意を探ってみることにしよう。

一・三節で述べたように、筆者は法華経のメインテーマが多様な教えの統合にあるのではないかと考えているが、この観点からみると、ここで仏の光によって照らし出された世界は、皆がそれぞれに理想を求めて努力する多様な有り方そのものであると思われる。一・一節で述べたように、始めは一枚岩であった仏教教団も、多くの部派に分かれてそれぞれに教理を構築し、その結果として多様な教説が生じた。法華経成立当時においては、同じく仏教といっても、多種多様な教説が林立する状況にあったのである。法華経は、教法のこのような有り方に対し、これをどう捉えどう統合するか、こういった課題を問題にしているものと理解される。仏の光で照らし出された世界のなかで、仏道修行者の様々な有り方が語られ、そのなかに種々の教法が組み込まれているのも、本論に先んじて、多様な世界の現況を認識することが促されているのではないかと思われる。

注意すべきことは、序品のこの部分に書かれている仏道修行者達の有り方については、法華経の立場からみて、かくあるべしという意味で書かれたものばかりではない。というよりむしろ、その有り方に検討を要すべき状況を主にして描出されているようにも思われる。これらの描写の趣意を探るためには、法華経の成立時期の状況をよく踏まえて読む必要があるだろう。例えば、三乗それぞれに固有の教説が説かれている場面が描かれているが、その有り方こそ、方便品以降において検討が加えられる事柄である。また、塔を建てて仏舎利を供養する場面が描写されているが、このことを推奨するために書かれていると解釈すると、法師品の文言「舎利を祀る必要はない」（注７）と整合しなくなる。序品では、肯定否定取り交ぜて、後の考察の素材となる話題が、あくまで、法華経成立当時のありのままの姿で叙述されていると理解すべきであろう。

二・三　日月燈明如来の説法

前節で見てきたように、みんなを代表して弥勒菩薩が文殊菩薩に、この不思議な光景は一体何が起こる前兆かと訊ねたが、これに応えて文殊菩薩は次のように説明した。

(2·4)今仏世尊は、大法を説き、大法の雨を雨《ふ》らし、大法の螺《かい》を吹き、大法の鼓を撃ち、大法の義を演《の》べんと欲するならん。諸の善男子よ。我、過去の諸仏において、かってこの瑞《ずい》を見たてまつりしに、この光を放ち已《おわ》って即ち大法を説きたまえり。この故に当《まさ》に知るべし、今仏の光を現じ給うも、亦復《またか》是くの如く、衆生をして悉く一切世間の難信の法を聞知《もんち》することを得せしめんと欲するが故に、この瑞を現じたもうならん。

つまり、過去において、諸仏が大光明を放たれたのちに重要な法が説かれたことを経験したので、この奇瑞も、これから信じ難いような重要な法を説かれる前触れに違いないと説明したのである。

因みに、方広大荘厳経の大梵天王勧請品を読んでいると、梵天が釈尊に法を説くことを勧請《かんじょう》する偈の中で、「ただ願わくは世尊、大法の螺を吹き、大法の鼓を撃ち、大法の灯を然《とも》し、大法の雨を雨《ふ》らして、大法輪を建てたまえ」(注8)といった言葉に出会った。また、同経の転法輪品にもよく似た語句が使われている（注9）。この表現は仏の説法を叙述する際の常套句と思われる。

上掲（2-4）に続いて、文殊菩薩は、無量無辺不可思議阿僧祇劫といった遠い過去におられた日月燈明如来の説法について語り始めた。ここで、阿僧祇は巨大な数を表わす単位の一つである。因みに、中国では十の五六乗を表わす数とされている。また、劫は古代インドにおける最長の時間の単位で、無量無辺不可思議阿僧祇劫とあるのは、実数はともかくとして、とてつもなく長い時間と受け取ればよいだろう。

この日月燈明如来の説法は、「初め善く中善く後善く、その義は深遠にしてその語は巧妙であり、純一無雑にして、具足清白梵行の相なり」（注10）と形容されている。因みに、方広大荘厳経序品第一を読んでいると、仏の説法がよく似た文言で表現されている箇所が目についた（注11）。

続いて、如来の説法の内容が、

（2-5）声聞を求める者の為には応ぜる四諦の法を説いて生老病死を度して涅槃を究竟《くきょう》せしめ、辟支仏を求める者の為には応ぜる十二因縁の法を説き、菩薩の為には応ぜる六波羅蜜を説いて阿耨多羅三藐三菩提を得て一切種智を成ぜしめ給う。

と説明されている。

そして、最初の日月燈明仏に続いて、また同じ名前の仏がおられ、更に続いて次々と同じく日月燈明仏という名の二万の仏が世に出られ、説かれた法はやはり初中後善であった。そして、その最後の仏が未だ出家されないときに八人の王子がいた。彼等は、父が出家して最高の悟りを得たことを聞いて、王位を捨てて出家して修行を続けて法師となった。

この時に、日月燈明仏は大乗経である無量義・教菩薩法・仏所護念、つまりは骨子が法華経と同じ経を説かれ、無量義処三昧に入られると天から様々な華が降りそそぎ大地が六種に震動した。その時、如来の白毫から光りが放たれ、今この法座で起こったことと同じ情景が展開した。

ここに、八百人の弟子を引き連れた妙光という菩薩がいた。日月燈明仏は、禅定の状態から立ちあがって妙光を直接の聴き手と選んで、皆を対象に、無量義・教菩薩法・仏所護念という大乗経を説き、六十小劫禅定の状態にあったが、みんなには食事に要する位の短い時間に思えた。日月燈明仏はこの経を説き終わって、「如来今日中夜に於いて当に無余涅槃(亡くなられること)に入るべし」と述べられた(注12)。

時に、徳蔵という名の菩薩がいた。如来は彼に記(仏に成れるという保証)を授けて亡くなられた。この仏の滅後に妙光菩薩は、妙法蓮華経を持《たも》ち八十小劫の間人々のために演説した。八人の王子は皆妙光を師として仏道修行を完成して仏と成ることができた。その最後に成仏した者は燃燈という名前であった。その八百人の弟子のなかに、多くの経典を読誦しても、利養(利己的欲望)に貪着して通利せず直ぐ忘失するために求名《ぐみょう》と呼ばれた者がいた。後に諸々の善根を植え、多くの仏に会って供養し悟りを得ることができた。そして、文殊菩薩は、この時の妙光菩薩は実は私自身であり、求名は汝弥勒菩薩であるとその因縁を語った。

ここで言わんする趣意は、これから説かれる妙法蓮華経の内容は、遠い往昔から説き継がれてきたものであり、これから始まる説法の座も、このような正法伝持の伝統を踏まえてなされるのであるとするところにあるものと思われる。

文殊菩薩は、上のような日月燈明如来にまつわる物語を終えて後、「今この瑞をみるに、本と異なることなし。今日の如来も当に大乗経の妙法蓮華・教菩薩法・仏所護念と名づくるを説きたもうべし」といった言葉を述べて、序品第一の長行の部分は終わっている。この後、これまでの物語が偈の形で再説されている。内容は概ね長行の部分と同じなのでここでは省略する。

以上、文殊菩薩が紹介した日月燈明如来にまつわる物語の大筋を見てきたが、上述のように、骨子において法華経と同じ経が、ほとんど無限と言ってよい遠い昔から、この仏と同名の仏によって、何度もくり返し説かれ続けられてきたとされている。のちに如来寿量品で、久遠の昔に成道して、現在もさらには未来永劫にわたって、衆生を救済のために法を説き続けているとされる所謂本仏が説かれるが、ここで展開されている物語は、そのモチーフにおいてこの本仏の考え方によく似ており、法華経の後の展開に対する、いわば伏線として述べられているように思われる。

ところで、(2·5)において、声聞、辟支仏、菩薩のそれぞれに、四諦、十二因縁、六波羅蜜といった教義が説かれたとされているが、これと同趣旨のことが、後に読む常不軽菩薩品においても、威音王如来の説法として述べられている（注13）。それでは、なぜ声聞・辟支仏・菩薩のそれぞれに、四諦・十二因縁・六波羅蜜といった教義が配されているのだろうか。ここで、その理由を考察することにしよう（注14）。

ここで言う四諦は、前掲（2·3）の次下に書いたように、苦諦・集諦・滅諦・道諦の四項目からなり、仏教発祥後のかなり早い時期に説かれた教理である。

また、十二因縁は、無明・行・識・名色《みょうしき》・六処・触・受・愛・取・有・生・老死といった十二項目からなり、無明が縁となって行が起こり、行が縁となって識が起こり・・・と、これらの各項目が、順に、その前項が縁となって後項が定まるという教えである。ときには最後の老死に憂悲苦悩が加えられることもある。この教えは、各項目を滅するにはその前項を滅しなければならないといった教えでもあり、つまりは、老死の苦を滅するには無明を滅しなければならないといった教えでもある。上述の十二項目それぞれの意味については、仏教入門書等の他の解説書を参照していただくことにしてここでは述べないが、その基本的な考え方は、縁起、即ち一切の存在がそれ自体固有に存在するのではなく、諸縁の和合によって生じるといった考え方に基づいている。十二因縁は、一・一節でも述べたように、かなり早い時期に説かれた教えであり、この教理は、初期仏教の根幹をなす教理といってよいだろう。

ところで、十二因縁の各項目の意味やそれらの前後二項の関係については、部派仏教時代において当時大きな勢力を持っていた説一切有部《うぶ》が、初期仏教における理解とは原理的に異なる新しい解釈を与え、この教理をとりわけて重視したことが知られている（注15）。初期仏教では、十二因縁の各項目の意味を各項目に即して把握し、それらの相互関係を問題にしたが、説一切有部は、輪廻転生する生死を踏まえた時間的関係として捉えた。彼等は、上述の十二項目のそれぞれに、例えば識は受胎の初めの一念、名色は母胎の中で心の働きと身体が発育する段階等といった胎生学的な解釈を与えた。その詳細はここでは省略する。例えば、『岩波仏教辞典』の「十二因縁」の項目において要領よく解説されている（注16）。

最後の六波羅蜜は、二・二節でも触れたように、布施・持戒・忍辱《にんにく》・精進・禅定・智慧の六項目からなる菩薩の実践徳目であり、大乗仏教通じて重要視されている。因みに、仏伝によれば、釈尊が成道できたのは、それ以前に非常に長い期間をかけて修行を積んできたからであるとされ、その段階における実践項目として六波羅蜜が説かれている。成道する前の段階における釈尊は菩薩と呼称されていることから、この場合を含めて六波羅蜜は菩薩の実践徳目と理解してよいだろう。

そこで（2·5）に立ち戻って、なぜ、声聞、辟支仏、菩薩のそれぞれに四諦、十二因縁、六波羅蜜が配されているのかといった問題に立ち返ることにしよう。声聞、辟支仏および菩薩は、当時の仏道修行者を三類型に分けたものであるが、字義に即していえば、師の教えに即して実践する者、独自に研鑽を重ねて悟りを得ようとする者、仏に同心して一切衆生の救済に努める者として規定されるが、このうちの菩薩として規定される内容は、大乗仏教が強く主張したことであり、大乗仏教の立場からであるが、前二者の有り方を部派仏教の特徴として捉えた。このことから、菩薩が大乗仏教徒を指し、声聞や辟支仏が専ら初期仏教徒乃至は部派仏教徒を指すようになった。他方、上述のように、四諦、十二因縁、六波羅蜜といった教理のうち、前二者は初期仏教乃至は部派仏教が重視した教理であり、六波羅蜜は大乗教徒が重視した教理である。このことから、声聞や辟支仏に四諦や十二因縁が配され、菩薩に六波羅蜜が配されているのは、ちょうどそれぞれが重視してきた教義が配されているものと理解される。これらのことを踏まえると、(2・5)は、法華経成立当時において、それぞれの部派がそれぞれの状況に応じて最も適切と思われる教義を構築し、それらを最重要と捉えて修行に励んでいる情況を念頭において書かれているように思われるのである。

以上の考察から推して、(2・5)で菩薩に六波羅蜜が配されていることは頷けるところであるが、声聞および辟支仏のそれぞれに四諦及び十二因縁が特定されているのはなぜだろうか？　声聞と辟支仏は、通常は、仏弟子達個々人の修行形態の有り方に注目して、上述のような特性によって二分したものと理解されているようであるが、この意味で理解すると、それぞれに(2・5)で述べられているような固有の教義が配当されていることとうまく噛み合わない。筆者は、このような文脈にあっては、修行者個々人ではなくむしろ各部派単位で考えて、上述の特性に基づいて声聞と辟支仏に二分し、それぞれに四諦や十二因縁を配したのではないかと思い至った。これに関連して、平川彰氏は、中村瑞隆編『法華経の思想と基盤』第二篇第一章において、声聞乗として、説一切有部がこれに当たるとし、その理由として、この部派の修行道が四諦説を中心にして組織されていることなどを挙げておられる(注17)。しかし、法華経では、声聞の代表として釈尊の直弟子である舎利弗・目連・迦葉等が登場していることから、両者のイメージが相応していないように思われる。それに、独自の教理を構築して主張する説一切有部は声聞の語義と整合しない。筆者の勝手な憶測と言われそうだが、声聞は初期仏教を重視する教団が念頭に置かれており、縁覚については、その代表として説一切有部こそがモデルになっているのではないかと考えている。理由は、前述のように、説一切有部が、十二因縁に新しい解釈を付してとりわけて重要な教義としたことによる。仮にこのように捉えるならば、（2-5）における十二因縁の意味は、初期仏教からの伝統的な解釈よりも、むしろ、胎生学的解釈によって理解すべきことになるがいかがなものであろうか（注18）。

（注）

1　大正蔵九・三三下。
2　大正蔵九・四一下。
3　「序品第一」大正蔵九・四上、大正蔵九・四中。「譬喩品第三」大正蔵九・一一中。「化城喩品第七」大正蔵九・二五上。「見宝塔品第十一」大正蔵九・三二中。「如来神力品第二十一」大正蔵九・五二上。
4　大正蔵三・六〇六下「爾時世尊放大光明。其光遍照三千大千世界」。
5　例えば、平川彰著『仏教通史』、三五頁。
6　苅谷定彦氏は、『法華経〈仏滅後〉の思想』五六頁において、同趣旨のことを述べられている。そして、この描写に対し、「当時の仏教界の抱える問題点を指摘するものであり、勿論、これから説くところの『法華経』がそれらに対して、真の仏教の何であるを提示するものにほかならないことを示しているのである」と評されている。注意すべきは、ここで与えられている情景描写は、多様な現状の認識を促すところに力点があり、あくまでも当時の情況が、後の考察の素材として、是非の評価を加えることなく描写されていることである。例えば、前掲（2-5）は、のちに説かれる一仏乗の考察の材料に供するため述べられたものであり、また、仏舎利塔供養の描写は、法師品や如来神力品においてその在り方の是非を考察する際の素材として言及されているものと理解される。
7　大正蔵九・三一中。「在在処処。若説。若読。若誦。若書。若経巻所住之処。皆応起七宝塔。極令高広厳飾。不須復安舎利」
8　大正蔵三・六〇三中「惟願世尊　吹大法螺　撃大法鼓　然大法灯　雨大法雨　建大法輪」

9　大正蔵三・六〇七上。「雨大法雨。建大法幢。吹大法螺。撃大法鼓」

10　『妙法蓮華経』のこの部分に対応する漢訳原文は「初善中善後善。其義深遠。其語巧妙。純一無雑。具足清白。梵行之相」（大正蔵九・三下）。

11　『方広大荘厳経』序品第一では、仏の説法が「初中後善其義深遠。其言巧妙純一円満。具足清白梵行之相」（大正蔵三・五三九上）と表現されている。

12　二・一節でも書いたように、見宝塔品で「如来久しからず、当に涅槃に入るべし」と書かれており、法華経釈尊の最晩年に説かれたと設定されているが、ここでの場面は、おそらく、日月燈明如来の説法座と法華経の説法座が類同していることを表現しようとして述べられたものと思われる。

13　大正蔵九・五〇下。

14　この問題に対する私見は、『日蓮主義研究』２０号に掲載した拙論「日蓮思想を現代に読む」において始めて発表したものであるが（同書一一八頁）、拙著『日蓮思想の論理構造』においてやや詳しく論じた（同書第二・三節）。本書ではその骨子のみを再掲したが、関心をもたれる読者は、これらの論考も参照していただければ幸いである。

15　『岩波仏教辞典』三九六頁。

16　同上。

17　中村瑞隆編『法華経の思想と基盤』一六七頁。

18　例えば、小林一郎著『法華経大講座』（平凡社刊）第一巻三六一頁をみると、該当箇所に書かれている十二因縁の意味が、胎生学的解釈をベースにして説明されている。

第三章　唯仏と仏のみよく知る諸法の実相

三・一　仏の意趣解り難し

前章で見てきたように、序品第一において釈尊は、結跏趺坐して禅定の状態のままでおられたが、次の方便品第二に入ると、冒頭に次のように書かれている。

(3-1) その時に世尊、三昧より安詳《あんじょう》として起って舎利弗に告げたもう。

つまり、仏は静かに起ちあがって、舎利弗に向い説法を始められたのである。

ここで、釈尊の説法の相手である舎利弗は、知恵第一と称された釈尊の直弟子であるが、これからの話の展開からすれば、声聞や辟支仏達つまりは法華経成立当時の部派仏教徒達の代表としての役、それも最優等生としての役を演じているように思われる。

ところで、経典では、まず仏弟子の誰かが仏もしくは既に修行を積んだ悟道者に質問し、それに応える形で進行する場合が多いが、ここでは、(3-1) にあるように、誰の問いも待たずに釈尊自らが法を説くことから始まっている。このような筋運びは一般に無問自説と呼ばれている。既述のように、筆者は法華経のメインテーマが多様な教えの統合にあると考えているが、もしそうなら、それぞれに、我こそ最高の真理を掴みたいと思って切磋琢磨していた当時の仏道修行者達にとって、このようなテーマはこれまで一度も考えなかった事柄であり、彼らの思考枠を超えた問題といってよい。通常、聴取者が何らかの質問をする場合、その問題に対して多少の知識もしくは関心を持ち合わせていることが必要である。このことから、思考枠を超えた話題を論じるには「無問自説」の形を取らざるを得ない。この品が無問自説で始まっているのは、これからの説法が当時の仏教徒達の思いも及ばない内容であることを示そうとするレトリックと思われる。

釈尊は、開口一番、

（3-2）諸仏の智慧は甚だ深く無量なり。其の智慧の門は難解難入なり。一切の声聞・辟支仏の知ること能わざる所なり。所以《ゆえ》は如何《いかん》。仏はかつて百千万億の無数の諸仏に親近《しんごん》し、諸仏の無量の道法を尽《ことごと》く行じ、勇猛精進して、名称普く聞こえ、甚深なる未曽有の法を成就して、宜《よろ》しきに随って説きたまえる所、意趣《いしゅ》解《さと》り難し。

と述べられた。

つまり、諸仏の智慧は非常に深くて量り知れないものであり、その内容は難しくて、声聞や縁覚には決して知ることができないとされている。そして、そのわけは、仏はこれまでに非常に多くの諸仏の教えに親しみ、それらを悉く実践し、強い意志をもって精進を重ね、その名は天下に知れわたっており、これまでに説かれることがなかった非常に多くの法を身に具え、説かれる法門は深い密意を込めながらも衆生の機根に合わせて説いてこられたものであって、その意趣は理解し難いものだからであると説明されているのである。

これに続いて、

（3-3）舎利弗よ。我成仏してより已来《このかた》、種々の因縁・種々の譬喩をもって、広く言教《ごんきょう》を演《の》べ、無数の方便をもって衆生を引導し、諸の著《じゃく》を離れしむ。所以《ゆえ》は如何。如来は方便・知見波羅蜜皆已《すで》に具足したればなり。

と、釈尊は、成道して以来、方便波羅蜜（手立ての智慧）や知見波羅蜜（真理を観る智慧）を既に悉く獲得しており、このことによって、種々、ことのいわれや譬えを挙げて、言葉を尽くして説明し、巧みな手立てを用いて一切衆生を導き、様々な著（執着心）を解き放ってきたと述べられた。

前節で述べたように、初期仏教では、一切が苦であり、その苦はものに執着する煩悩によって生じると説かれており、当時の仏教徒にとって、ここで書かれている著を離れることが重要な課題であった。上掲の文は、文面上では仏の導きとして述べられているが、観点を変えて言えば、当時の多くの仏教徒達が、それぞれに自らに受け入れやすい方法を選び、著から離れるために、方便波羅蜜や知見波羅蜜等の獲得を目指して修行を重ねていた歴史的事実が語られているとも言えるだろう。

更に、このことが以下のように詳説されている。

（3-4）舎利弗よ。如来の知見は広大・深遠なり。無量・無礙・力《りき》・無所畏・禅定・解脱・三昧ありて深く無際に入り、一切の未曾有の法を成就せり。舎利弗よ。如来は能く種々に分別し、巧みに諸法を説き、言辞《ごんじ》柔軟にして衆の心を悦可せしむ。舎利弗よ。要を取って之を言わば、無量・無辺の未曾有の法を仏は悉く成就せり。

ここで、無量・無礙・力・無所畏・禅定・解脱・三昧といった言葉が書かれているが、これらは、法華経成立当時に重視された教理の代表的なものを列挙したものであろう。

無量については、慈・悲・喜・捨といった四項目から成る教理四無量を指すものと思われ（注1）、無礙については、無礙解と同義と考えてよいことから、法・義・詞・弁の四項目からなる教理四無礙解を意味するものと思われる（注2）。また、力については、知是処非処智力・業異熟智力・静慮解脱等持等至智力等の仏のみがもつとされる十種の智力を指し、無所畏については、正等覚無畏・漏永尽無畏・説障法無畏・説出道無畏といった項目からなる教理四無畏を意味するものと思われる。禅定、解脱、三昧については、それぞれ、心静かに瞑想し真理を観察すること、一切の執着を離れること、心を集中して一つの対象に同化することといった字義に即して解釈している解説書もあるが、これらも、部派仏教時代の教理を踏まえて理解した方がよいように思われる。浅学の筆者には、それぞれが指す教義を正確には確定し難いところであるが、禅定については、中村元著『広説仏教語大辞典』を開くと、四禅の項目があり、色界において初禅から第四禅まで四段階の境地があって、それぞれの境地に応じて考えられる四種の禅定が述べられている。（3･4）にいう禅定もこのような具体的な教義を指すように思われる。また、解脱は、倶舎論の分別定品第八之二に説かれた八解脱（注3）を指すのではないかと思われる。最後の三昧も『広説仏教語大辞典』の三三昧の項目に説明されている空三昧・無相三昧・無願三昧の三項目を指すのではないかと思われる（注４）。

ともあれ、（3-4）の趣意は、如来は既に当時重要とされていた非常に多くの法を悉く成就されているといったことに尽きるだろう。観点を変えて言えば、ここで部派仏教の多くの教義を並べ、如来はそれらを知悉していると強調することによって、これからこの法華経において諸教の統合を論じる際には、法華経成立当時までに構築されてきた諸教義すべてを考慮に入れて考察すると宣言しているようにも受け取れる。

ここまで述べてこられた釈尊は、

（3-5）止みなん、舎利弗。復《また》説くべからず。所以《ゆえ》は如何ん。仏の成就せる所は、第一に希有なる難解《なんげ》の法にして、唯、仏と仏とのみ乃《いま》し能く諸法の実相を究尽したまえり。

と、それ以上の説明を躊躇され、諸仏が覚った内容は常識を越えた難解の法で、その実相（本当の有り方）を究め尽くしたものは仏達のみであり、お前たちに説明することができないと宣せられた。

ここで、如来の悟りの内容が非常に理解し難い法で、仏と仏のみが理解できると強調されているが、この文言は、この後に説かれる重要法門の伏線のように思われる。これから一仏乗の教義が説かれるが、その内容を踏まえて言えば、部派仏教徒達は、（3-4）で述べられているような種々の教義に対し、これらが別々の教えだと思っているが、その深い意味を知っているのは仏と仏のみであると言明し、彼等に、先入観を捨てよと呼びかけているように受け取れる。

上掲（3-5）に続いて、

（3·6）謂う所は、諸法の如是相《によぜ》・如是性《しょう》・如是体・如是力《りき》・如是作《さ》・如是因・如是縁・如是果・如是報・如是本末究竟等なり。

といった文が書かれている。この文には、如是を冠した十句が書かれていることから、一般に「十如是」と総称されている。本書でもこの言葉を使うことにする。

ここで十如是として書かれている十項目、相・性・体・力・作・因・縁・果・報及び本末究竟等のうち、始め九項目については、順に、ものの外面的な有り方・内在的な有り方・全体像としての有り方・潜在的能力・前項「力」の顕在的な働き・直接的原因・間接的外因・直接的結果・間接的報果を意味し、最後の項目は、「相」から「報」に至る九項目が究極的に等しく一体となった有り方を意味するものと理解してよいだろう。

上掲（3·5）で、「諸法の実相」を究明した者は仏と仏のみであると強調され、これに続いて（3·6）が書かれていることから、ここで、「諸法の実相」とは何かが語られているのではないかと期待されるが、十如是の各項目は、字面を見る限りでは、上で説明したように、ものを考察する場合の観点が述べられているのみで、ものの有り方の本質について述べたものではない。本質は何か、その内容こそ知りたいところであるが、なんの説明もなく、なんだか肩透かしを食った感じがしないでもない。仏は一体何を説こうとされているのか、その意趣を量りかねて、戸惑いを禁じ得ないところである。それでは上掲（3·6）をどのように理解すればよいのだろうか。この問題を、節を改めて考察することにしよう。

三・二　諸法の実相

それではここで、上掲(3·5)及び(3·6)をどう理解すればよいか少々立ち止まって考えてみよう。いくつかの解説書を開くと、十如是は諸法の実相を説明したものであるとし、ここで説かれている如の意味を深く理解するべきであると諭している。そして、如は、一書では、「永久にいつまでも変わらないこと」を意味するとし、また別の書では、有りのまま即ち人間の計らいと関わりなくおのずからその通りになっていることを意味する等と説明している。因みに、渡邉寶陽監修『法華経の事典』を開くと、十如是の項目には、「あらゆる存在(諸法)のありのままのすがた(実相)に十の範疇があり、これらのことが緊密に連関しあってはたらいていること。それらの十のはたらきを十如是という。(以下略)」とあり、諸法実相の項目においては、

(3·7)この世のすべての物質と現象(森羅万象)の真の姿・ありのままのすがた、一切諸法の真実の在り方。諸法とは世間・出世間の一切諸法で、差別《しゃべつ》の現象、縁に従って生じる事象をいい、実相とはその真実の体相(すがた)で、平等の実在、不変の真理をいう。それぞれに、ありとあらゆる事象を示す一切の現象は、仏の世界からみれば平等の実相であるとみなすのが諸法実相論である。(以下略)

と解説されている(注5)。

ところで、サンスクリット語の原典から翻訳された法華経(以下では梵文直訳書と書く)、例えば、

坂本幸男・岩本裕訳注『法華経』の（3・6）に対応する部分をみると、

（3・8）すなわち、それらのものが何であるか、それらのものがどのようなものであるか、それらのものがいかなるものに似ているか、それらのものが如何なる特徴があるか、それらのものが如何なる本質を持つか、それらのものが、何であり、どのようなものであり、如何なるものに似ており、如何なる特徴があり、如何なる本質を持っているかと、如来だけが知っているのだ。如来こそ、それらのものの明瞭な目撃者なのだ（注6）。

と書かれており、ものの有り方の五つの見方を述べ、二度繰り返されている。

前述の十如是の解釈と比べると、最初の二項目と最後の項目がそれぞれ、体、相、性にあたるようにも思われ、残りの二項目はいわば自他を区別する性質が問題にされており、力、作、因、縁、果、報、等に当たる部分は書かれていない。妙法蓮華経のこの部分は、羅什が大智度論を参考にして意訳したものと推測されている（注7）。項目の立て方の違いもさることながら、羅什の訳を上述の『法華経の事典』にあるように解釈して両者を比較すると、かなり趣意が異なっているような印象を受ける。上述の理解によれば、「諸法実相」はあらゆる存在の真実の有り方を意味し、その真実の有り方を述べたものが十如是であり、その中に深遠な意味が込められているとされているが、上掲（3・8）を読む限りでは、そのような深遠な意味が込められているようには読み取れない。

それでは、羅什は、法華経の梵文原典を翻訳する際に趣意を大幅に変更したのだろうか。このような疑問を懐きながら読み直してみると、（3・6）を、諸法の実相の内容を説明したものではなく、諸法をどのような観点から問題にしているかを説明したものであるとも理解できる。というのは、(3·6)に書かれた「謂う所は」の内容を、仏と仏が究尽《くじん》した諸法の実相の内容そのものではなく、諸法の実相といった言葉の意味するところと理解するのである。このように理解すれば、(3·6)は、「(3·5)で諸法の実相という言葉を述べたが、ここで問題にしているのは、諸法が如何なる相をしているか、諸法が如何なる性をしているか、諸法が如何なる体をしているか云々、といったことである」と述べているものと解釈できる。

諸法実相というと、ともすると我々は何か奥深い形而上学的な実体ともいえる真実の有り方を想定して、その実体を知りたくなるが、大乗仏教が説く「空」の義からすれば、このような実体を想定することは避けるべきだろう。(3·6)は、このような実体を問題にしているのではないことを認識してもらうためにあえて述べられているようにも思われる。文脈から言っても、諸法の実相の内実は、ここではなく、後述の三止三請を経て始めて、仏の一大事因縁(四・一節参照)として説かれるのであり、ここではそのための導入部分と受け取った方がよいように思われる。

ところで、(3·7)では、諸法実相にいう諸法が、あらゆる存在の有り方を意味するとされている。幾冊かの解説書に当たってみたが、多少のニュアンスの違いはあるとしても、いずれもこの様に広い対象を指しているものと理解されている(注8)。しかし、このように理解すると、この部分だけが文脈から浮き上がったような感じがしてならない。文脈にそって読めば、ここにいう諸法を、(3·4)の中で述べられている諸法と関連させて理解し、(3·3)や(3·4)で述べられているような、諸々の教法を指していると理解した方がよいように思えるのである。(3·3)及び(3·4)で仏が言及している内容は、仏教史的観点を加えて言えば、仏教の進展において、釈尊の真意を求めて研鑽を重ねる中で見出されてきた教説である。特に(3·4)では、上に見たように、部派仏教時代に説かれた煩瑣とも言える具体的な種々の教法が取り挙げられている。上述の文脈では、これらの教法が、仏が「巧みに」説かれたものであると表現されており、諸法実相は、それらの本来の有り方が何かを問題にした言葉ではないかと思われるのである。

このように理解して、(3·5)及び(3·6)で言わんとする趣意を、後の展開を踏まえたうえで推量すれば、仏教で様々な形で見出されてきた教法を、相、性、体等の様々な観点から捉えようとする際に、その本当の有り方は、どのような観点であれ、一定の観点をもって捉えようとしても捉えることができないのであり、真実は、各人によって多様に捉えられたその全体の統合にあり、全体を了知した「仏と仏」のみが知っている、と説いているように受け取れる。ここで、唯仏のみではなく、「唯仏と仏のみ」と表現されていることが注目される。ここで言及されている仏は、(最高の原理を獲得して一切を裁く)超越的存在としての一者というよりも、(それぞれに独自の観点をもって真理の一側面を語る)仏達の集まりと理解するべきであろう。(大乗)大般涅槃経において、仏性を説明するなかで、多様な捉え方を数多く列挙し、「群盲象を評す」の喩えを挙げて、「彼の衆盲の如きは象体を説かず、亦説かざるに非ず。是くのごとき衆相は悉く象に非ざれども、是れを離るるの外に更に別の象無きなり」(注9)と書かれているが、それと同様に、種々の観点から捉えられた諸法は、いずれも、真実の有り方の全体像を語ってはいないが、実相は、それらの種々の観点を統合したところにこそあり、それ以外にはないと言ってよいのではないだろうか。つまり、実相は、十如是の観点から捉えられた種々の教法を一体のものと捉え統合したところにあり、それ以外にはあり得ない、と理解すべきではないかと思われる。このように理解すると、この箇所は、後に説かれる教理一仏乗への導入を意図して書かれたものと理解される。

三・三　部派仏教徒達の仏陀観

これまで読んだところでは、仏があらゆる教法を知悉し、諸法の実相を知るものは仏の他には存在しないことが強調されており、仏が衆生から超絶した存在として描かれている。このような文章に接すると、仏教では絶対者を考えないのが通例と理解していた筆者からすれば、いささかの戸惑いを感じるところである。それではなぜ一切を知悉した仏が描かれているのだろうか？　法華経をその成立当時の思想状況を踏まえて読むという本書の観点から、少しこの問題を考えてみよう。

このために、まず、平川彰著『仏教通史』や高崎直道著『仏教入門』等の概説書を参考にしながら、初期仏教や部派仏教の頃の仏教徒が、仏をどの様に捉え何を目指して修行していたかを一瞥しておこう。

一・一節でも触れたように、初期仏教の経典においては、日々の生活に即した具体的な教えが説かれている。このことから、仏弟子達にとっての釈尊はいわば師匠であり、彼等は、先覚者の悟りを自分自身のものにしたいと願って、師の教えを守って修行に励んだものと推測される。ところが、釈尊滅後、仏は急速に神格化され、一切の智徳を兼ね備えた超越的存在と捉えられるようになっていった（注10）。多くの経典では、仏が如来(真実の世界から来た人)の尊称をつけて表現されており、更には、その名前に、応供《おうぐ》（供養に値する人）・正遍知（遍《あまね》く正しく悟った人）・明行足《みょうぎょうそく》（智行を兼ね備えた人）・善逝《ぜんぜい》（善く悟りに到達した人）・世間解《げ》（世間をよく知った人）・無上士（最高の人）・調御丈夫《じょうごじょうぶ》（衆生を巧みに指導する人）・天人師（天界や人界の師）・仏（悟りを得た人）・世尊（聖なる人）といった所謂十号を付して呼ばれており、仏は、偏平足である、直立した時手が膝に届く、男根が体内に隠れている、歯が四十本ある等々の常人にはない三十二の非凡な特徴を持つとされて、一般に、三十二相を具すと称されており、更には、八十種の非凡な特徴があるとされて八十種好《しゅごう》を具すとも言われている。仏がこのような、常人とは異なる多くの非凡な特徴を持つとされているのも、上記のような仏陀観に由来しているものと考えられる。法華経成立当時においても、このような仏陀観が受け継がれており、方便品で、仏が一切を知悉した存在として描かれており、真理は仏のみが知ると述べられているのも、当時の仏教徒にとっての一般的通念に沿って書かれたものと理解される。

　因みに、方広大荘厳経の大梵天王勧請品第二十五を見ると、釈尊が正覚を成し、深く禅定に入り世間を観察して、「我甚深微妙の法を証す。最極にして寂静なり。見ること難く悟ること難し。之を分別して思量し能《よ》く解《げ》する所に非ず。ただ諸仏有って乃《すなわ》ち能く此れを知る」と思惟したと述べられている（注11）。また、『仏本行集経巻第三十三』においても、同じような場面が描かれており、「一切衆生能く覩見《とけん》すること能わず。唯仏のみ能く知る。」といった言葉が書かれている（注12）。

また、仏は、前世に三阿僧祇劫といった殆ど無限に近い長い期間を掛けて苦行を積んだからこそ仏になれたと理解され、その一環として種々のジャータカ（本生譚）が語られた（注13）。これに伴い、仏は凡夫とは格段に懸け離れた存在とされ、凡夫が仏に成ることは不可能なこととされた。これに関連して、当時は、仏道修行者に対し、四向四果、即ち預流《よる》向（仏道修行者の流類に入った者）・預流果（上の有り方が確定した者）・一来《いちらい》（涅槃に達する前に一度この世に生まれ変わる者）向・一来果・不還《ふげん》（再びこの世に帰ることのない者）向・不還果・阿羅漢（＝応供）向・阿羅漢果、のような八種の階位が説かれ（注14）、それらを順に昇っていくことが志向され、一切を知悉して一切衆生を救うといった仏と同質な存在に成ることは関心の外であった。また、各部派で独自の精緻な教義が説かれ、各部派はそれぞれが構築した教義を最高の教えであると主張した。釈尊一人によって説き始められた教えも、その弟子達によって時には互いに相争いあう状況だったのである。

前節までに読んできた現段階では、法華経編纂者の意趣はまだ語られていないが、ここで、これからの展開を先取りした私見をいささか披露させてもらうことにする。無問自説で始まった仏の説法のなかに、上述のような仏陀観への批判が込められているように思われる。各部派の誇る教義も、それぞれの情況の中で自らの有り方に合わせて考え出したものに過ぎない。このようなそれぞれの情況に合わせて構築された教法も、表面のみを見れば個々ばらばらに見えるが、深層においては繋がった一体のものであり、これらを仏が深い意味を込めながらも衆生の機根に合わせて説かれたものと捉えなおし、この内実を(3·2)において「宜しきに随って説きたまえる所(随宜所説)」と表現されているように思われる。因みに、随宜所説という言葉は、譬喩品や勧持品や従地涌出品等にも書かれており、いわば、法華経におけるキーワードのひとつといってもよいだろう。

前掲(3·4)で挙げられているような様々な教理も、それらのひとつひとつは、それを考え出した部派にとっての最上のものであっても、一切衆生を救う観点からみれば最上のものとはいえない。それらの本当の意趣は、それらの全体を踏まえて統合的に捉えることが不可欠であり、個々の教義に拘る声聞や辟支仏には解ることが困難であると述べているように思われるのである。一切の教法を知悉した仏が殊更に強調されているのも、個々の教法に固執して優劣を競う部派仏教徒達に対し、教法の全体の有り方を踏まえ、それらを一体のものとして捉えるべきことを呼びかけるメッセージとも受け取れる。部派仏教徒にとって、諸法の全体像を語ることは思考枠を越えた問題であった。前掲(3·5)で、「唯、仏と仏とのみ、乃し能く諸法の実相を究尽したまえり(唯仏与仏乃能究尽諸法実相)」と書かれているのも、これまで一度も考察の対象とならなかった問題がこれから論究されることを示唆し、これまでに得た知識への執着を捨て去って、虚心に聴くことを促すためのレトリックとも受け取れる。

この段階での私見の開陳はこれくらいで止め、節を改めて方便品の続きを読むことにしよう。

三・四　三止三請・五千起去

十如是が述べられた（3-6）に続いて、常のように、これまで展開された話が偈の形で再説されている。趣意は長行の部分と同じなので詳述しないが、その中では、諸仏が種々の方便（手立て）を用いて衆生を導いてきたことが述べられ、その意趣は、諸仏は悉く承知しているが、声聞や辟支仏にとってはたとえ知恵第一の舎利弗でも理解し難いことが強調され、さらには、「不退の諸々の菩薩、その数恒沙《ごうじゃ》（ガンジス川の沙の数）の如くにして一心に共に思求《しぐ》すとも亦復《またまた》知ること能わじ」と、不退転の菩薩にとっても難しいと述べられていることが注目される。このように、法華経編纂者は、法華経以外の大乗仏教徒からみても理解し難いことであるとしており、一般大乗にも説かれていないことを説くのだといった自負が語られている。このことから、大乗と小乗を対比させて大乗仏教こそ優れているとする大乗仏教通じての考え方とは一線を画していることが確認される。

そして、この偈は、

（3-9）諸の声聞衆及び縁覚乗を求める者に告ぐ。我、苦の縛を脱せしめ涅槃を逮得せしめしは、仏の方便力をもって、示すに三乗の教えをもってす。衆生の処処《しょしょ》に著《じゃく》する、これを引いて出ずることを得せしめんが為なり。

といった世尊の言葉で終わっている。ここでは、声聞や縁覚に対し、それぞれがそれぞれの苦縛から逃れるために涅槃寂静に導く教えを説き、声聞・縁覚・菩薩の三乗それぞれに別々の教えを説いてきたのは、衆生がそれぞれにおいて執着していることから逃れるための方便として説いてきたのであると表明されており、後に読む一仏乗の教理への導入が図られているものと理解される。

世尊が偈を説き終えられたその時に、会座に列なる大衆の中の千二百人の阿羅漢達や声聞・辟支仏を志す四衆の多くが、仏が一解脱の義を説かれ、その教え通りに修行して悟りを得たと思っていたのに、どうして釈尊は、それが仏の巧みな方便であるとされ、一切の声聞・辟支仏の及ぶところではないといわれるのか、その意趣が理解できないとの思いを懐いた。

ここで一解脱の義と述べられているが、解脱は一般に束縛から解き放たれることを意味し、仏教では煩悩から解放され自由な心境になることを意味する。つまり、四諦の教えのように、個々人がそれぞれに苦を滅し涅槃寂静に至ることを説く教義を指しているものと思われる。このような教義が、初期仏教の大きな目標ではあったが、法華経が説く皆成仏道の理想からみれば局限的な目標にすぎない。この意味を込めて、一解脱の義と表現されているものと思われる。

そのとき舎利弗は、皆のこの様な疑問に気付き、自らもこれを知りたいと思ったので、釈尊に、どの様な因どの様な縁があって、釈尊は、「諸仏第一の方便甚深微妙難解の法」を賞嘆されるのか、今まで一度もこのような説を聞いたことがないので、どうかその理由を教えて下さいと懇願した。

続いてこの問いが、偈の形で長行よりも詳しく述べられているがここでは省略する。

そのとき釈尊は、

(3-10) 止みなん、止みなん。復《また》説くべからず。もしこの事を説かば、一切世間の諸天および人皆当に驚疑すべければなり。

と説くのを止められ、舎利弗の再度の願いにも応えられず、三度目の願いに対してやっと、

（3-11）汝は已《すで》に慇懃《おんごん》に三度請えり。豈、説かざるをえんや。汝よ。今諦《あきら》かに聴き善くこれを思念せよ。我は当《まさ》に汝の為に分別《ふんべつ》して解説《げせつ》すべし。

と述べられた。この一連の展開は、釈尊の説法が三度止められ舎利弗が三度請うたことから、一般に三止三請《ししょう》と呼ばれている。この筋運びも、これからなされる説法がいままでの常識を越えた重要な教理であることを強調するためのレトリックと理解される。因みに、方広大荘厳経の大梵天勧請品第二十四では、梵天が仏に三度の勧請《かんじょう》を繰り返してのち、法を説き始められたと書かれている（注15）。法華経編纂者は、仏伝にいう梵天勘請を下敷きにして三止三請の場面を描くことによって、この会座が釈尊の初転法輪に匹敵するほど重要な場面であることを示そうとしているものと理解される。

仏がこの言葉を述べられたとき、この会座のなかにいた五千人等が、座より起って仏に礼をして去っていった。彼等は、増上慢即ち未だ悟ってもいないのに既に悟りを得たと己惚れている人達である。釈尊はこれを制止されず、舎利弗に対し、次のように宣せられた。

（3-12）我が今、この衆にはまた枝葉なく、専ら貞実《じょうじつ》なるもののみあり。舎利弗よ。是《か》くの如き増上慢の人は、退くも亦佳《よ》し。汝今善く聴け。まさに汝のために説くべし。

既述のように、法華経全体を通じてみたとき、その主要なテーマの一つとして皆成仏道が説かれ

ていると言ってよいだろう。ところがここでは、法を聴こうとせず席を起つ人々に対して「退くも亦佳し」とそのまま見送っている。いわば経意に反するこの様な筋運びは、五千起去《きこ》と呼ばれ、法華経のなかの特異な展開の一つとして注目されている。これから展開される法華経の文脈を踏まえて私見を言えば、ここでたとえ反発があっても、まずは、正しく理解してもらえる者に対し、説くべきことは説かなくてはならないとする法華経のいわば折伏的な態度が表明されているように思われる。それにしても、なぜここでこのような経意に反する話が挿入されているのだろうか。これも、法華経成立当時の時代状況が絡んでいるように思われる。おそらくは、法華経成立当時に、法華経の主張に対して耳を貸さない、というよりむしろ反発して迫害に及んだ勢力があったことを踏まえて書かれたものであろう。

上述のような経緯を経てのちいよいよ釈尊の説法が始まるが、この続きは章を改めて読み進めることにしよう。

(注)

1 部派仏教時代の教義を纏めたとされている『倶舎論』(具には、『阿毘達磨倶舎論』)分別定品第八に、無量四。一慈二悲三喜四捨と説かれている(大正蔵二九・一五〇中)。

2 『倶舎論本頌』分別智品第七(大正蔵二九・三二三中)参照。

3 大正蔵二九・一五一中。

4 大正蔵二九・一四九下参照。

5 渡邉寶陽監修『法華経の事典』二八六頁。

6　坂本幸男・岩本裕訳注『法華経』上巻六九頁。
7　菅野博史著『法華経―永遠の菩薩道―』八五頁。
8　例外として、菅野博史著『法華経―永遠の菩薩道―』（大蔵出版）八二頁に述べられた見解が注目される。ここでは、「諸法」が（3・2）に書かれているような（仏がその特性として持つ）方便品の冒頭に頻出する「法」と理解されている。筆者は、本文に書いたように、これらの諸法に対する叙述を、部派仏教徒へのメッセージと理解し、後に展開される一仏乗の教理、即ち種々の教法の真実の有り方は一切衆生の救済のための発露であり一体のものであるとする考え方への導入部分と理解し、諸法実相の諸法を、これまでに諸仏が説かれた、つまりは仏教徒達が構築した教法の全体と解釈した。菅野氏の見解と筆者の考えを比較すると、諸法を教法と理解する点では同じであるが、菅野氏は、仏のみがもつ深遠な教法に限っておられるようである。筆者は、（3・2）乃至（3・4）で述べられているような教法を後に掲げる化城喩品の文（7・9）や安楽行品の文（11・18）と関連させて理解し、法華経編纂者から見て、深遠ではあるが未究竟なものと捉えて特別視していないように思われる。後に説かれる仏の一大事因縁を踏まえて私見を言えば、（3・2）や（3・4）に述べられているような甚深未曽有な法を、仏のみが持つと規定し特別視して棚上げするのではなく、一切衆生の救済といった観点から見直し、一切衆生に開放すべきであると叫んでいるように受け取れる。
9　大正蔵一二・五五六上。
10　高崎直道著『仏教入門』二一頁。
11　大正蔵三・六〇三上。「我証甚深微妙法。最極寂静難見難悟。非分別思量之所能解。惟有諸仏乃能知之」。
12　大正蔵三・八〇五下。「一切衆生。不能覩見。唯仏能知」。
13　高崎直道著『仏教入門』二三頁。
14　高崎直道著『仏教入門』一九八頁。
15　大正蔵三・六〇三中。

第四章　仏の教えは唯ひとつ

四・一　仏の一大事因縁

三止三請・五千起去を経てのち、仏は舎利弗に対し、これからの説法が、諸仏が唯一大事の因縁をもって世に出現された、その内実を説こうとするものであることを明かされた。その法は、三千年に一度しか開花しないとされる優曇鉢華《うどんばっけ》の様に、諸仏がめったにしか説かれることのない教えであり、「思慮分別の能く解《よ》する所に非ず、唯仏のみましまして、乃《いま》し能く之を知ろしめせり」と形容されている。そして、その一大事因縁の内実が次のように説明されている。

（4·1）諸仏世尊は、衆生をして仏知見を開かしめ清浄なることを得せしめんと欲するが故に世に出現したもう。衆生に仏知見を示さんと欲するが故に世に出現したもう。衆生をして仏知見を悟らしめんと欲するが故に世に出現したもう。衆生をして仏知見の道に入らしめんと欲するが故に世に出現したもう。

つまり、諸仏が世に現れて教えを説かれた唯一の理由は、一切衆生に対し、仏知見の意義を開き、仏知見を示し、悟りへと導き、諸仏の悟りの道に入らしめることであると説かれているのである。ここで、仏知見を開き、仏知見を示し、仏知見を悟らせ、仏知見の道に入らしめると書かれていることから、この一節は一般に開示悟入の四仏知見と呼ばれている。

ここまで読んだところでは、釈尊が、これまでに誰にも語ったことのない重要な法門であると前置きされていることから、今度こそ仏の教えの根本原理が説かれるものと期待したが、ただ、衆生に仏の知見を開・示・悟・入させるとのみ書かれており、仏知見の内容については何も書かれていない。それでは、この一大事因縁をどうように受け取るべきであろうか。

こころみに渡邉寶陽監修『法華経の事典』を開き、開示悟入の項目をみると、この語が法華経方便品に由来することを述べたのち、

（4-2）「開」は開発の意で、衆の無明煩悩（心の迷い）を破り本質として具えている如来蔵を開き実相の理を見ること。「示」は顕示の意で、現象に即して実相の理を見、事物のすべての徳があらわになること。「悟」は覚悟の意で、事（現象）と理（本体）とが融合してそのままに悟ること。「入」は証入の意で、自由自在に悟りの海に流れ入ること。即ち仏がこの世に出現されたのは、一切衆生に仏の知見（智慧）を開示悟入させることによって成仏させるためである。この四仏知見が仏の出世の本懐であり、一切衆生を等しく仏道に入らせることが諸仏出世の一大事因縁である。（注1）

と説明されている。法華経では、深遠な哲理を身に具えた仏がその知見を衆生に恵み与えるといっ

た筋運びがなされており、(4・2)における解説も、そのような観点からその知見の内容を指し示したものと思われる。しかし、(4・2)で述べられている如来蔵思想や事理融合の哲理や実相の理等は、法華経成立後、相当年数を経て後に展開された教理である。実際、通説によれば、如来蔵思想は法華経より数百年おくれて成立した『如来蔵経』や『勝鬘《しょうまん》経』等の中期大乗経典の中で初めて説かれたものであり(注2)、事理融合の考え方は中国仏教において初めて生まれたものである(注3)。実相の理についても、(4・2)では、(3・8)で解説されているのと同意味と理解され、三・二節で述べた筆者の理解とは異なっている。経意の理解が時代を経て深められていくことは意義のあることではあるが、まず(4・1)にいう四仏知見に特別な形而上的な意味を加えないところから出発して、その意趣を確認することにしよう。

そこで、(4・1)に続いて書かれた次の説示に目を転じることにしよう。

(4・3)諸仏如来は但《ただ》菩薩を教化《きょうけ》したもう。諸々の所作《しょさ》あるは常に一事のためなり。唯仏の知見を以て衆生に示語したまわんとなり。

この文言を合わせて考えると、(4・1)の趣意は仏知見の示語にあり、開示悟入はこれをより分かり易く四箇条に開いて解説されたものと受けとれる。仏知見の内容は、むしろ、これから説かれる一仏乗の主張を踏まえて理解するべきであろう。

一仏乗については次節で検討するが、仏知見の示語がここで殊更に強調されているのは、三・三節で述べたように、法華経成立当時の部派仏教では、釈尊と仏道修行者が大きく懸け離れた存在とされていたためであろう。彼等は釈尊を、あらゆる知徳を兼ね備えて一切衆生を救済するために働きかける存在として捉えたが、釈尊と同質の存在となることを志求するのではなく、四諦の教義をみれば解るように、もっぱら、それぞれがそれぞれに応じて苦縛を逃れて安心《あんじん》を得ることに努めた。一切の理想を兼ね備えるとされる釈尊像も部派仏教徒自身が描出したものには違いないが、彼等は、そのような釈尊の全体像を自ら体現することは到底叶わないこととして関心の外に追いやり、それぞれに応じて到達可能な目標を設定し、その達成のために励んだのである。その結果として、その目指すゴールはそれぞれにおいて異なっていた。仏知見の開示悟入は、これに対するアンチテーゼを表明しているように思えてならない。仏道修行者は、個々人がそれぞれに苦縛を逃れて聖者になることに止まるのではなく、一切衆生を救済しようとする如来の知見、つまりは皆成仏道をこそ目標にするべきではないか、と主張しているように思われる。つまり、ここで述べられている仏知見を、一切衆生を救済するために働く如来の知見と理解（注4）したうえで、仏知見とは何かを明かし（開）、その形を示し（示）、自ら体得し（悟）、一切衆生が仏知見を共有する悟りの世界を現出する（入）ことを求めるべきであると主張しているものと理解される。

四・二　一仏乗

上掲（4·3）に続いて、仏は舎利弗に次のように説かれた。

(4・4)如来は但《ただ》一仏乗の故に衆生の為に法を説きたもう。余乗の若しは二若しは三あることなし。

既述のように、法華経成立当時の仏教においては、仏弟子達が声聞、縁覚、菩薩と三類型に分けられ、それぞれに、声聞乗、縁覚乗、菩薩乗といった固有の教法があるとされた。(4・4)は、このような、複数の異なった教えが考えられていたことに対するアンチテーゼと理解される。つまり、如来の説かれた教えは、「一仏乗」のみであってそれ以外には有り得ないと表明されているのである。上掲(4・4)の趣意はこのことで尽きるが、謂われている一仏乗や二や三をどのような意味に理解するかとなると、論者によって様々な解釈が与えられている。中国の基(六三二〜六八二)は、「若しは二、若しは三」の二、三を第二、第三といった序数と受け取り、第二が縁覚乗、第三が声聞乗を指すとし、一仏乗は二でも三でもない菩薩乗と理解した。他方、光宅寺法雲(四六七〜五二九)や智顗は、二、三を個数と受け取り、二は声聞・縁覚の二乗、三は声聞・縁覚・菩薩の三乗を意味するとして、一仏乗を、二乗でも三乗でもない、つまりは声聞乗、縁覚乗、菩薩乗のいずれでもなくこれらを越えたものと理解した。そして、両者の間に激しい論争が展開されたことが中国仏教史の書物に紹介されている。一般に、前者は三車家と呼ばれ、後者は四車家と呼ばれている。これは、後に読む譬喩品で書かれている三車火宅の喩えのなかで、羊車・鹿車・牛車・大白牛車が述べられており、それぞれを声聞乗・縁覚乗・菩薩乗・一仏乗に比した場合、牛車と大白牛車を同一視すると三車となり、別とすると四車と成ることに由来している。

ところで、妙法蓮華経で、羅什が(4・4)にいう二、三を、個数、序数のいずれの意味で述べているかは決め難いが、梵文直訳書、例えば坂本幸男・岩本裕訳注『法華経』の「若しは二、若しは三あることなし。」に該当する箇所を見ると、「第二あるいは第三の乗物は決してない」と訳されている（注5）。このことからすれば、上述の論争で三車家の方が正しいようにもみえるが、ここで、二や三を序数または個数のいずれに解釈するにせよ、それらを声聞乗、縁覚乗、菩薩乗に絡めて理解するべき必然性はない。文脈を踏まえて読むと、ここで「若しは二、若しは三あることなし」とあるのは、教えがひとつであることを強調するための叙述であり、二番目や三番目や四番目もしくは二個や三個や四個といった、そのような複数のものが存在しないことを言っていると理解することが可能である（注6）。それに、のちに検討するように、ここで述べられている一仏乗は三乗を包摂したものであり、他方、三乗として並立されたうちの菩薩乗は他の二乗に対置されたものであることから、一仏乗にいう仏乗と菩薩乗は質的に異なった概念であり、両者を同一視した三車家の説は成り立たない（注7）。これに関連して、（4·3）で「但菩薩を教化したもう」と書かれているが、ここにいう菩薩は、所謂大乗仏教を意味するのではなく、仏伝に使われているような意味の菩薩（注8）、即ち、仏になることを目指す者といった意味に理解するべきであろう。もし菩薩を大乗仏教徒と結び付けて理解すると、後掲（4·5）と繋がらなくなってしまう。ついでながら、法華経の異名ともいえる教菩薩法の菩薩もこの意味で理解するべきであろう。

ともあれ、ここで説かれている一仏乗の趣意は、前節で読んだ一大事因縁と関連しており、仏教に多種多様な教義があるが、それらの目的は一切衆生が仏知見を具有することであり、それ以外にはありえないといったことに尽きるだろう。

これに続いて釈尊は舎利弗に向い、十方の諸仏・過去の諸仏・未来の諸仏・現在十方の諸仏・釈迦仏といった五仏のいずれも皆、種々の巧みな手段を用い、譬喩を挙げ、事のいわれを説明し、適切な言葉を選んで無量無数の様々な法を説き続けているが、これらはすべて一仏乗のためであり、衆生に一切種智を得させるため説かれたものであると述べられた。ここでいう一切種智は、一切の差別相の有り方や諸仏の教法を悉く了知した仏の智慧を意味する。つまりは、一切衆生に仏と同質の智慧を得させるといった一大事因縁の内実が述べられているものと理解される。

そして、「十方世界の中には尚二乗なし。如何に況や三あらんや。舎利弗よ」と、(4·4)と同趣旨のことが述べられ、諸仏は濁乱の世に出られ、諸々の不善をなす根を絶やすため、

(4·5) 方便力を以って、一仏乗に於いて分別して三と説きたもう。

と書かれている。つまり、仏の教えは唯一つであるが、声聞・縁覚・菩薩に分別して、それぞれに合わせてそれぞれが理解しやすい形で説いてきたと述べられているのである。

以上でみてきた一仏乗の教理も、法華経成立当時の状況を踏まえて述べられたものであろう。何度も書いたように、当時、仏教は多くの部派に分かれ、教団ごとに独自の教学が構築された。例えば(2·5)で、声聞、辟支仏、菩薩のそれぞれに四諦、十二因縁、六波羅蜜が配されているのもその情況を示唆したものと思われる。各部派は、自ら構築した独自の教義を仏の直説《じきせつ》であると主張したが、いずれも仏説に基づいて真摯な研鑽を重ねて得た結果であり、強ちに虚妄ともいえない。しか

し、部派が異なれば、それぞれの立ち位置に応じて構築された教説は異なった性格のものとなり、ときには、互いに拮抗する教義も生まれた。それらは、その因《よ》って来たる所以を明らかにして、本来の目的に立ち返ることによって始めて解消される。各部派それぞれが誇る教理も、状況が変われば新しい状況に即したものに置き換えられるべきものである。ここで一仏乗が説かれているのも、このような可変的な教義を「仏の方便」と捉え、部派仏教徒に対し、諸仏如来は但菩薩を教化するために諸法を説かれた、という原点に立ち返って見直さなければならないと呼びかけているように思えてならない。これらの教義も、本来の目的は皆が一切種智を得ることにあり、その一環として多様な教義が生まれたのである。このことを踏まえて、「一仏乗において分別して三と説きたもう」と説かれているものと理解される。

上掲（4-5）に続いて、もし我が弟子のなかで、自らを阿羅漢・辟支仏であると思う者が、諸仏如来が但菩薩を教化するために諸法を説かれたことを認識しないならば、我が弟子でもなければ阿羅漢でも辟支仏でもない、また、この諸々の仏弟子の中で、「自ら已《すで》に阿羅漢を得たり。是れ最後身なり、究竟の涅槃也と謂って便ち阿耨多羅三藐三菩提を志求せざらん者」は増上慢であると強い言葉で呵責している。ここで、阿羅漢・辟支仏の存在そのものが批判されているのではないことが注目される。多くの大乗経典では、小乗教徒はもはや救いようがないものと規定して、存在そのものを批判しているが、ここでは、真の阿羅漢もしくは真の辟支仏であることが求められている。ここに言う阿羅漢・辟支仏は、種性（身分）としての意味ではなく、それぞれ、供養に値する仏弟子、及び個々に工夫を凝らして修行に励む仏弟子達、と原義にかえって理解するべきであろう。理想的な阿羅漢・辟支仏になるためには一仏乗の認識が不可決であると呼びかけているのである。この考え方が、後に展開される「二乗作仏」の教理につながっていくものと理解される。

四・三　仏の本願

世尊が上述のような説法を終えられてのち、常のようにこれまでの内容が偈の形で再述され、この偈をもって方便品第二は終わっている。この偈は非常に長文であり、長行には無い重要な内容も含まれている。このような箇所に焦点を当てながら大筋を述べることにしよう。

まず、既述の五千起去が再説され、この説法の座にいる者は枝葉無く「貞実《じょうじつ》なるもの」ばかりであることが確認されている。

これ以後この偈の最後に至るまで、順に、総諸仏・過去仏・未来仏・現在仏・釈迦仏といった五仏に関わる事柄が叙述されており、一般に五仏章と称されている。

まず、五仏章のうちの最初の総諸仏章を読むことにしよう。

諸仏が、衆生それぞれの心の所念や所行を知って、衆生に合わせて色々な方便を用いて説いてきたことが述べられ、そのいきさつが、

(4·6) 鈍根にして小法を楽《ねが》い、生死に貪著《とんじゃく》し、諸の無量の仏に於いて深妙の道を行ぜずして衆苦

に悩乱せらる。これが為に涅槃を説きたもう。我此の方便を設けて仏慧《ぶって》に入ることを得せしむ。未だかつて汝等当に仏道を成ずることを得べしと説かず。所以《ゆえん》は説時未だ至らざるが故なり。

と説明されている。そして、

（4-7）今正しくこれ時なり。決定して大乗を説かん。

と宣言され、「十方仏土の中にはただ一乗の法のみあり。二もなく三も無し。仏の方便の説をば除く」と、前述の一仏乗の教説が、言葉を変えて再述されている。

上掲（4-6）の趣意も、法華経成立時までの仏教の流れを念頭において読むとよく理解できる。仏教発祥の当初では、二・三節で略説した四諦の教義からもわかるように、人生の苦の自覚が促され、この苦の原因が煩悩に基づく物への執着にあり、煩悩を滅し去ったところに平安があることが説かれた。これに対し、皆は涅槃寂静の境地を得るべく修行を続けて一応の成果を得たが、諸仏が説かれる深く妙なる教理には目を向けなかった。このような歴史的事実を、仏の巧みな導きによるものと捉え、「我此の方便を設けて仏慧に入ることを得せしむ」と表現しているものと理解される。そして、このような教えに従って皆は仏教徒となったが、三・三節で述べたように、これまで一度も、一切衆生の救済を願う仏と同じ志を持とうとしなかった。このことが、「未だかつて汝等当に仏道を成ずることを得べしと説かず。」と表現されているものと理解される。その理由として、未だ説くべき時に至らなかったとし、今この法華経において始めて皆成仏道が標榜され、一仏乗の教えが説かれたと述べられているのである。（4-7）で「決定して大乗を説かん」とあるのは、このことを誇らかに宣言したものと理解される。

ところで、(4・7)で「大乗」という言葉が述べられているが、この言葉に接すると、通常理解されているような小乗仏教と対置される意味の大乗仏教の教えと解釈したくなるところであるが、この文脈では、大乗の原意にかえって、(法華経唱道者から見て)より優れた教えと理解するべきあろう。その内実は、「今正しくこれ時なり」との言葉から分かるように、すでに確立されている大乗仏教を指すのではなく、法華経に於いて始めて明かされる独自の教理を指し、一切衆生の救済という一大目的を志向する教え、つまりは一仏乗を意味しているものと理解される。

続いて、自ら最高の教えを身に着けながら、もし小乗(より劣った教え)を以って他を教化するならば、貪欲によって物惜しみすることになり、仏教としては許されることではないと述べられ、

(4・8) 故に仏十方において独り畏るる所なし。我、相をもって身を厳《かざ》り光明世間を照らす。無量の衆に尊ばれて、為に実相の印を説く。

と説かれている。

ここで実相の印という言葉が書かれていることが注目される。これまでに展開されてきた文脈からすれば、実相の印の内実は、やはり、前節でみてきたような意味の一仏乗にあるように思われる。つまり、多様な有り方をしている一切の存在にそれぞれに応じて諸縁が働きかけているが、それらを全体として一体のものと捉え、一切衆生の救済のために資するべきであると説かれているように思われる。なお、筆者は三・二節で、(3・5)で述べられている諸法の実相の内実を「一仏乗」と重ね

て理解するべきだと考え、筆者なりの解釈を試みたが、そこで述べたような解釈に思い至ったのは、実相の印という言葉が、一仏乗について語る文脈の中で書かれた（4・8）のなかで表出されていることに気づいたことによる。

世尊は、諸仏の説法について以上のように語った後、

（4・9）舎利弗当に知るべし。我もと誓願を立てて、一切の衆をして我が如く等しくして異なること無からしめんと欲しき。我が昔の所願の如き今已《すで》に満足しぬ。

といった感懐が述べられている。

仏知見を開示悟入することにより、一切衆生が仏と同質の者になることが仏教発祥の当初からの目的であったが、これまで、このことが一度も露わに説かれずに来た。今ここで、この目的を明らかにし、衆生にこの目的の完遂を呼びかけることができて満足であると語られているのである。

これに続いて、諸仏は、多くの衆生が五欲（色・声・香・味・触がもたらす欲望）に執着して仏法を求めようとしないため、方便を設けて、諸々の苦を滅する道を説いて涅槃に入ることを説いたが、これらは真の滅に非ず、「一切の諸々の世尊も、皆一乗の道を説きたもう」と述べられている。

これより五仏章の内の第二過去仏章に入るが、過去無数劫にわたって滅度を示した無量の仏も、種々の因縁や譬喩や無数の方便を用いて説いてきたが、これらの世尊も皆一乗の法を説いて、無量の衆生を教化し仏道に導いてきたと説明され、諸々の衆生が多くの過去の仏に遭い、法を聞いて六波羅蜜の修行を終えて仏となったことが述べられている。

これに続いて、衆生を仏道に導いてきた多くの事例が列挙されている。例えば、(4·10)諸仏滅度し已《おわ》って、若し人善軟の心ありし。かくの如き諸の衆生皆已《すで》に仏道を成じたり。と、仏が滅した時代にあって柔和な心を持つ衆生は皆既に仏道を完遂したとされている。また、(4·11)童子の戯れに草木及び筆或いは指の爪甲《つめ》を以って、画いて仏像を作る。かくの如き諸の人等は、漸漸に功徳を積み、大悲心を具して皆已に仏道を成じたり。と、童の戯れの行為もそれが発端となって功徳を積んで仏になったことが説かれ、更には、(4·12)もし人散乱の心にて塔廟の中に入り一度南無仏と称せり。皆已に仏道を成じたり。とも述べられている。

これらは、文脈からすると諸仏の願いである皆成仏道に向けての一環として、仏道の完遂がなされたことを、具体例を挙げて説明したものと思われるが、仏道に資する小善即ち誰にでもできるような簡単な行為をなしたことを挙げて、その結果、「已に仏道を成じたり」と述べられており、他の諸経典ではみられない特異な教説である。このため、一般に小善成仏と呼ばれて注目されてきた。実際、法華経成立当時の部派仏教においては、三・三節で述べたように、仏に成りうるものはこの娑婆世界では釈尊一人に限られ、仏弟子にとって最高の位は阿羅漢であり、その阿羅漢になるにも、何度も転生を繰り返しながら非常に長い期間修行を続けなければならないと考えられていたのである。おそらくは、この様な教理を聞いた当時の仏道修行者達は、強く反発したものと思われる。なぜなら、彼等は誰よりも早くより高い階位の悟りを得るために切磋琢磨していたのであり、もしこの様な教理が許されるならば、階位も無意味なものとなり、これまでに努力して得た自らの権威が失墜することに繋がるからである。

智顗は、『法華文句』において、小善成仏について、

（4・13）今経（法華経）には小善成仏を明かす。此の縁因を取って仏種と為す。もし小善成仏を信じざれば、即ち世間の仏種を断ずる也（注９）。

と解説している。つまり、最高の悟りも、身に即して行うささやかな第一歩から始まるのであり、もしこの第一歩がなければ、仏になる因が断ち切られるに等しいと述べているのである。それにしても、「小善」を挙げてそれ以外の条件を付加せず、「已に仏道を成じたり」と強調しており、通常の成道観とは異なっている。その違いをどう捉えるべきか、今後読み進めるなかで検討することにする。

過去仏章は以上で終わるが、続いて、節を新たにして次の未来仏章に進むことにしよう。

四・四　仏種は縁によって起こる

未来仏章に入ると、非常に多くの未来の諸々の如来等も、種々の方便を用いて諸々の衆生を度脱せしめて仏智に入らしめ、ひとりとして成仏しないものはないと述べられ、「未来世の諸仏は百千億無数の諸の法門を説きたもうと雖も、それ実には一乗のためなり」と、未来に及んでも仏の教えが

ただ一つであることが強調されている。そして、

（4・14）法は常に無性なり。仏種は縁によって起こると知ろしめす。この故に一乗を説きたもう。

これは法の住・法の位にして、世間の相常住なり。

と述べられている。

ところで、法華経の梵文直訳書をいくつか見てみたが、（4・14）に対応する箇所を見ると、この前半に当たる部分は述べられていない。あるいは羅什が翻訳に当たって意を汲んで付け加えたのかもしれないが、この文言から、一仏乗の意義を考えるにあたって極めて重要な知見が示唆される。二・三節でも述べたように、筆者は仏教において、あらゆる存在が諸縁の和合によって成り立っていると説く縁起観が極めて重要な教理のひとつであると理解している。あらゆる存在は特定の固定的な性《しょう》をもたず、例えば水が状況に応じて氷にもなれば水蒸気にもなるように、諸条件に応じて様々に変化する。仏種即ち仏となる要因も諸縁の和合によって生じる。前世から決められているような悪人もいなければ、生来の善人もいない。時空両面にわたってその人を取り巻く諸状況のもとで、あるいは善あるいは悪にもなりうるのである。従って、仏に成る要因は総ての存在に対して平等に与えられているのである。この観点からみれば、声聞、辟支仏、菩薩といった特定された身分の者もいなければ、ましてそれらを対象とした特定の教理が別々にあるわけがないことが容易に了解される。（4・14）の前半では、この意味から、一仏乗の主張が実現可能であると説いているのである。後半で述べられている「これは法の住・法の位にして、世間の相常住なり」との言葉も、縁起観を踏ま

えるとよく了解される。この縁起の法が働くがゆえに、世間の相は常住である。常住といっても諸法が個別に存在してそれぞれが固有の有り方を保つのではなく、互いに関連しあいながら全体としての有り方が常住であるとの謂いであろう。

五仏章のうちの未来仏章は以上で終わり、続いて現在仏章に入る。

現在十方の非常に多くの仏達についても、世間に出現して、衆生を安穏ならしめるために、まず、寂滅の法を示し、方便を用いて種々の道を示すが、実には仏乗のためであると説かれている。

続いて、五仏章のうちの最後である釈迦仏章に入ると、釈尊自身も、苦に喘いでいる衆生を安穏ならしめるために、色々な方便を用いて種々の法門を説いてきたことが述べられ、一仏乗の教理を説くに至った説法次第が、大要次のように説明されている。

私（釈尊）は、始め道場に座して色々な修行を積んで悟りを得たが、自分の得た悟りは妙なるもので最高のものであるが、衆生はそれぞれの欲望に執着して法を聞こうとしないので如何に説くべきか逡巡していたところ、梵天や帝釈天を始めとする多くの神々が法を説くように勧めた。しかし、考えてみれば、私が得た仏乗をそのまま説こうとしても、衆生は苦に没在して信じようとせず、かえって悪道に堕ちること必定である。法を説かずに涅槃に入ろうかとも思ったが、過去の諸仏が方便の教えを説いてきたことに思い至った。これらの諸仏にならって私も三乗を説くべきかどうか思い巡らしていたところ、十方の諸仏が皆現れて私を慰諭し、諸々の一切の仏に従って方便力を用いて、衆生のために分別して三乗を説きなさいと勧めた。このため私も方便を以って三乗を説いてきたが、実には、但菩薩を教化するためであり、今正《まさ》しくこの真実を明かす時がきた。

この一段は、仏伝にいう梵天勧請を下敷きにして述べられたものであるが、この叙述のなかにも、これまでに何回も語られてきた趣意、即ち、仏教では仏教発祥以来、もっぱら個々人が苦を脱して涅槃を得ることを目指してきたが、ここで、一切衆生の救済こそ仏教の目的であるとする法華経の主張が宣示されているものと理解される。ここで、「妙なる最高のもの」（つまりは皆成仏道）を悟ったが今迄説かなかったされていることが注目される。ここで、このようなことが仏伝に書かれいるわけではない。ここで仏伝の再解釈がなされているとも言えるだろう。

そして、たとえ鈍根小智の者には信じてもらえなくとも、

（4·15）諸の菩薩の中に於いて正直に方便を捨てて、但《ただ》無上道を説く。

と宣せられている。

ここで、「方便を捨てて」といった言葉が述べられているが、ときおりこの文を、これまでに説かれた方便の教えを否定し廃棄するといった排他的な意味に解されることがある。しかし、文脈から言って、これまではもっぱら方便のみを説いてきたがその態度を改めて、理解できないものは止むを得ないとしても、菩薩（仏になる事を目指す者達）の中において、いまこそ、交じり気のない最上の教えを説く、といった意味に理解するべきであろう（注10）。その意味では、三・四節で述べた五千起去における「退くもまた佳し」と相通じる内実が、形を変えて語られているように思われる。

これに続いて、菩薩はこの法を聞いて皆疑網が除かれ、千二百の羅漢は悉く作仏《さぶつ》する（仏に作《な》る）

だろうと書かれている。また、三世の諸仏の儀式のごとく、今無分別（分別を離れた真実）の法を説くと宣されている。そして、この法を説くことが難事であることが強調され、法を聞いて歓喜し讃めて一言をも発せば、一切の諸仏を供養するに等しいとされ、慙愧（罪を恥じること）すること清浄にして仏道を求める者にこそ一乗の法を説くべきことが述べられ、方便品の最後を飾るこの偈が

（4・16）汝等は既に已《すで》に諸の仏・世の師の随宜方便の事《じ》を知りぬ。また諸の疑惑無く、心に大歓喜を生ず。自ら当に作仏すべしと知れ。

といった言葉をもって閉じられている。

（注）

1　『法華経の事典』一七九頁。

2　例えば、平川彰著『仏教通史』四四頁。

3　『岩波仏教辞典』四五五頁。

4　方便品で説かれている仏知見は、一切智や一切種智などと表現されているが、具体的に何を意味するか露わには説かれていない。法華経で説く仏知見の意味を考える際に、第六章で提示する（6・1）の中で、「菩薩の法にして、遊戯神通して仏国土を浄めて衆生を成就すること」と書かれていることが注目される。（6・1）は、方便品で仏知見の志向が説かれたことを踏まえた上での四大声聞の領解であり、その意味からすると、仏知見という言葉の内実がここで語られているように思われる。このことから、法華経で説く仏知見の主たる内実は、一切衆生の

救済に有り、この目的に資する一切諸仏の智慧を意味しているのではないかと考えている。仏の知見を表わす具体的な教義としては、例えば、仏のみが持つ格別優れた特性として仏の十力即ち処非処智力・業異熟智力・静慮解脱等持等至智力・根上下智力・種種勝解智力・種種界智力・遍趣行智力・宿住随念智力・死生智力・漏尽智力が思い浮かぶが、仏のみが持つとされるこれらの智力の趣意は、単にこれらの能力を持つことにあるのではなく、やはり、一切衆生の救済に資するところにあると理解される。

5 坂本幸男・岩本裕訳注『法華経』上九一頁。

6 苅谷定彦著『法華経〈仏滅後〉の思想』八六頁において、「若しは二、若しは三」の「二」、「三」の解釈について、説明の仕方は異なるが、筆者と同趣意の見解が述べられている。これに関連して、拙著『日蓮思想の論理構造』参考文編1において、数には、いくつかの中から何個かを選ぶもしくは何番目かを取り出す際に使われる「数える数」の他に、全体を何個かに分ける際に使われる「分ける数」といった根本的に異なる使い方があることを注意し、仏教で法数などに使われる数は、ほとんどすべてが後者であることを論じた。ここで問題にしている一仏乗の一についても、全体を一つに分ける、つまりは複数に分けられないことを指し示しているものと理解され、一番目を示す一とは原理的に異なっていると考えている。

7 後掲の（4·5）に、「一仏乗において分別して三と説く」と書かれており、一仏乗と三乗とは別格である。

8 平川彰著『仏教通史』三二一頁参照。

9 大正蔵三四・七九上。

10 因みに、坂本幸男・岩本裕訳注『法華経』上一二九頁を見ると、「正直に方便を捨てて」といった言葉に当たる部分が「ためらう心をすべて捨て」と訳されている。本文に述べたような解釈をすれば、字面は異なってはいるが、両訳の言わんとする趣意は同じである。

第五章　舎利弗の領解

五・一　踊躍歓喜する舎利弗

方便品第二に続く譬喩品第三に読み進むことにしよう。

釈尊が方便品を説き終えられたその時に、舎利弗が踊躍歓喜して座より起って合掌し、釈尊の尊顔を仰ぎ見ながら、次のような感懐を述べた。

（5·1）今世尊よりこの法音を聞いて、心に踊躍を懐き未曾有なることを得たり。所以《ゆえ》は如何《いかん》。我昔仏より是《か》くの如き法を聞き、諸の菩薩の授記作仏を見しかども、而も我等はこのことに預からず。甚だ自ら如来の知見を失えることを感傷しき。

つまり舎利弗は、これまでに多くの菩薩達が授記されて仏になったことを見てきたが、われわれには授記されなかったため、如来の知見が得られず悲嘆していたところ、方便品で仏知見への志求《しぐ》が説かれ、今まで経験したことのなかった喜びを感じていますと申し述べたのである。

この舎利弗の述懐も、法華経成立当時の思想状況を踏まえて書かれたものと理解するとよくわかる。当時、大乗仏教では菩薩行を積めば仏に成れると説いたが、部派仏教では阿羅漢になることを最終目標として仏知見を志求することがなかった。ここで舎利弗は、部派仏教徒の代表、それも最優等生の役を演じており、彼は多少の疑問を感じながらも、まさに声聞の字義どおりに、師匠の教えに従って、仏知見を求めなかったのである。このような状況下で、方便品で仏知見の志求という新しい価値観に触れ、かつてない大きな喜びを得たことが述べられているものと理解される。

舎利弗はこれに続いて次のように申し述べた。

（5・2）世尊、我常に独《ひと》り山林樹下に処して、もしは坐しもしは行じて、毎《つね》に是の念を作《な》しき、我等は同じく法性に入れり、云何ぞ如来は小乗の法を以って済度せらると。これ我らが咎なり、世尊には非ず。所以《ゆえ》はいかん。もし我等、因《よ》る所の阿耨多羅三藐三菩提を成就することを説きたもうを待たば、必ず大乗をもって度脱せらるることを得ん。然るに我等、方便随宜の所説を解《さと》らずして、初め仏法を聞いてたまたま便《すなわ》ち信受し思惟して証を取れり。世尊、我昔よりこのかた、終日竟夜《ひねもすよもすがら》つねに自ら刻責《こくしゃく》しき。而るに今仏より、未だ聞かざるところの未曾有の法を聞きて、諸《もろもろ》の疑悔《ぎげ》を断じ身意《しんに》泰然として快く安穏なることを得たり。今日乃《すなわ》ち知りぬ。真にこれ仏子なり。仏の口より生じ法化《ほうけ》より生じて仏法の分を得たり。

この文章の趣意も、法華経成立当時の思想状況を念頭に置きながら読むとよく理解される。当時、部派仏教徒達は、生老病死に代表される様々の苦を除くため、独り山林の樹下において、あるいは坐しあるいは歩行しながら、もっぱら煩悩を滅し去って寂滅の境地に入ることを目指して修行を続けていたのである。このような修行を続けながらも、我等も菩薩と同じく真理を求める徒でありながら、どうして、如来は小乗の法で済度されるのかと訝しく思っていたことが書かれている。これは、部派仏教徒である自分達が、これまでに仏知見を求めることがなかったという歴史的事実を踏まえて書かれたものと理解される。これに対して、彼は、これは釈尊の罪ではない、なぜなら釈尊が、教えの因《もと》である最高の法つまりは法華経を説かれるのを待てば、我等声聞達もその教えによって最高の悟りを得ることができるのだからと述べている。また、これまで釈尊が宜しきに随って説かれてきた方便の教えを遇《たまたま》先師から教わり信受して悟りを得たが、常日頃、これでいいのかと疑問に思ってきた。しかるに、今世尊からこれまでに聞いたことのなかった説法を聞いて、今まで懐いていた色々な疑惑が氷解したとその喜びを表明している。このことを気づいた現在にあっては、自分は、真の仏弟子に成れたのであると述懐しているのである。

　ところで、(5·2)において、小乗の法および大乗といった言葉が書かれているが、ここに言う小乗及び大乗のそれぞれを、所謂小乗即ち部派仏教の教理を包括的に捉えたもの及び所謂大乗即ち大乗仏教の教理を包括的に捉えたものと理解することもできなくはない(注1)が、この文脈においては、筆者は、小乗及び大乗のそれぞれを、これらの言葉の原意にかえって、より劣った法及びより優れた法と理解した方がよいように思う。なぜなら、ここで述べられている大乗は、方便品を聞いた舎利弗の述懐であり、もしこの大乗が所謂大乗を意味するなら、その内容は法華経が説かれる以前から既に説かれていたことであって、(5·2)の中で、「未だ聞かざるところの未曾有の法」を聞いて、「今日乃ち知りぬ」と表現するはずがないからである。ここでいう大乗は、(4·7)に言う大乗と同様に、一切衆生の救済を目指して仏知見を志向するような(法華経編纂者から見て)最も勝れた教理を意味しているように思われる。また、小乗の法についても、所謂小乗仏教の教理と理解しない方がよい。なぜなら、舎利弗が「如何ぞ如来は小乗の法を以って済度せらる」と毎《つね》に考えていたと書かれており、もしここで言う小乗の法を所謂小乗の意味に理解すると、部派仏教徒のうちの最優等生である舎利弗が部派仏教の教理全体を貶すような念を常日頃持っていたことになり、このようなことが想定されることはありえないと思われる。ここでは、どうして部派仏教の教理の中に、大乗仏教が説くような仏に成る教えが含まれていないのかと日頃不審に思っていたことが述べられているものと理解される。

前掲の(5·2)に続いて、同趣旨のことが偈の形でより詳しく述べられている。偈の内容の詳細は略すが、その末尾は、これまで仏と成ることを期すことのなかった舎利弗が、仏知見を志向するようになり、次のような誓いの言葉を申し述べるところで終わっている。

(5·3)我は定《さだ》んで当に仏と作《な》りて、天・人に敬われ、無上の法輪を転じて諸の菩薩を教化すべし。

ここで言う菩薩は、言うまでもなく、法華経の諸処で書かれている句「教菩薩法」に言う菩薩と同義であり、仏に成ることを目指す者を意味するものと理解される。

偈に続いて釈尊は舎利弗に対して、これまでの説法の次第を以下のように説明された。

(5·4)我今天・人・沙門・婆羅門等の大衆の中に於いて説く。我昔曾て二万億の仏の所《みもと》に於いて無上道の為の故に常に汝を教化す。汝亦長夜に我に随って受学しき。我方便を以って汝を引導せしが故に我が法の中に生ぜり。舎利弗よ。我昔汝をして仏道を志願せしめき。汝今悉く忘れて、便《すなわ》ち自ら已に滅度を得たりと謂《おも》えり。我今還って汝をして本願所行の道を憶念せしめんと欲するが故に、諸の声聞の為に是の大乗経の妙法蓮華・教菩薩法・仏所護念と名づくるを説く。

この釈尊の言葉の趣意も、仏教史と重ね合わせながら理解するのが至当であろう。この中で舎利弗が「汝」と呼びかけられているが、ここでは、仏教発祥当時から法華経成立に至るまでの仏弟子達の変容ぶりが、舎利弗に擬されて表現されているように思われる。即ち、仏教成立の当時、釈尊の導きによって仏教の信奉者となった初期仏教の仏教徒達が汝の昔の姿として描かれ、その後数百年にわたる年数を経たのちの法華経成立当時の部派仏教徒達が、ここで釈尊より呼びかけられている舎利弗として描かれているのではないかと思われるのである。

このような観点を加えながら（5-4）を読み直すと、（5-4）の趣意はおおよそ以下のような内容だと理解してよいだろう。

これまでに、大衆に向かって、多くの諸仏と共に、多種多様な教えを説いてきたが、それらはいずれも仏弟子達を最高の教えつまりは一仏乗に導くことを目指して教化してきたものである。みんなはよくこれを修学した。その際に、理解を促すための手立てとして説いた方便の教え、つまりはそれぞれの機根に合わせて説いた教えによって、仏の教えに浴するようになったのである。仏教発祥の当初には、皆に仏道（ここでは仏に成ることを目指す教え）を志願するように教化したが、皆はこのことをすっかり忘れて、方便の教えに随順して、自ら既に悟りを得たと思っている。今本願所行の道つまりは仏知見への志向を思い起こさせるために法華経を説いているのである。

既述のように、法華経成立当時の部派仏教にあっては、それぞれが自らの苦縛を除くことに専念していたが、三・三節でも触れたように、仏教誕生の当初においては、仏弟子達は一切衆生を救おうとする釈尊の本願をそのまま自らの誓願として、師釈尊と同じようになること、つまりは仏知見の開示悟入を目指して修行に励んだ。ここでは、皆にこのことを思い起こしてもらいたいために説いていると述べられているのである。既に何回か指摘したように、法華経では、しばしば、仏教史を踏まえて叙述されている。このような観点からみれば、法華経は、種々の部派に分かれて煩瑣な教義を競い合っている現状を、仏教誕生の原点に還って見直すべきであると呼びかけているように思えてならない。

五・二　舎利弗の受記

これに続いて釈尊は、

(5·5) 舎利弗よ。汝は未来世において、無量無辺不可思議劫を過ぎて、若干千万億の仏を供養し、正法を持《たも》ち奉り、菩薩の行じるところを具足して当《まさ》に仏と作《な》ることを得べし。

と、舎利弗に対し、所謂授記即ち未来において仏に成ることを保証された。

次に、その記の内容がより具体的に説明されている。まず、その仏の名は華光《けこう》如来であり、それには応供・正遍智・明行足云々といった所謂仏の十号が付されている（三・三節参照）。また、仏が活躍する国の名は離垢《りく》とされ、その国の様子が「その土平正」、「清浄厳飾《ごんじき》」等々の麗句を重ねて表現されている。さらに、華光如来の説法の内容が次のように説明されている。

（5-6）華光如来亦三乗を以て衆生を教化せん。舎利弗、彼の仏出で給わん時は、悪世にあらずと雖も本願を以っての故に三乗の法を説き給わん。

ここで、始めのところに「三乗を以て衆生を教化せん」と書かれているが、たしか、方便品では、仏の教えは一仏乗のみだと説かれていたと記憶している（（4-4）参照）。両者は整合していない（注２）。これをどう理解すればよいのだろうか？　この疑問を念頭におきながら、（5-6）を再読しよう。文脈からすれば、（5-6）は、この娑婆世界ではなく華光如来の国土について書かれたものと理解される。ここで「悪世にあらず」とあるのは、彼の国土と娑婆世界を比較しての言及であろう。つまり、娑婆世界は堪え忍ぶべき悪世であるが、彼の国は、離垢つまり垢から離れた浄土と捉えられているのである。（5-6）の後半では、それにもかかわらず、彼の仏は本願を以ての故に三乗を説くとされている。この本願を、もし釈尊の本願（つまりは法華経編纂者の本願）と同一のものと理解すると、確かに一仏乗の教理と整合しなくなる。しかし、この文脈では、この本願は、華光如来のもとの願い、つまり舎利弗が仏になる前の願いと理解するべきであろう。方便品にも書かれていたように、釈尊は、悪世にあって抜苦を切望する衆生に対し、いきなり一仏乗を説いても理解されないため、声聞・

縁覚・菩薩それぞれに対して分別して三乗を説かれた（（4·5）参照）。このことを踏まえていえば、舎利弗は声聞であり、釈尊より三乗に分別した教えを受けて修行した。成仏する前の舎利弗の願いは、仏の教えを忠実に守る声聞なのだから、自ら受けた釈尊の説法にならって一切衆生に三乗を説くことにあると言ってよいだろう。つまり、師の教えに忠実な舎利弗のことだから、仏になっても、悪世でないからその必要もないだろうに、（一仏乗に於いて）分別して三乗を説くことになるだろう、といった、いわば軽妙な言い回しと受け取ると、（5·6）を一仏乗の思想に抵触することなく理解できる。

ともあれ、これに続いて、劫《こう》（仏が活躍する時代の名称）が大宝荘厳《たいほうしょうごん》とされ、その理由は「その国の中では、菩薩をもって大宝と為すが故なり」と説明され、その国に充満する数多くの菩薩達の様子が描写されている。そしてさらに、この仏の寿命は十二小劫とされ、十二小劫を過ぎて堅満《けんまん》菩薩に阿耨多羅三藐三菩提の記を授けたことが述べられている。また、華光如来の滅後については、正法（仏の教えが正しく護られている時代）、像法（仏の教えが像《かたち》だけのものになる時代）共に三十二小劫とされている。続いて同趣旨の内容が偈の形で再説されているがここでは省略する。

ところで、（5·5）においては確かに舎利弗の成仏が保証されているが、無量無辺不可思議劫にわたって多くの仏を供養して後と表現されている。これは、我々のような凡夫には考えも及ばぬ到達不可能といってもよいような条件である。これをどう理解すればよいのだろうか？

三・三節で述べたように、当時の部派仏教徒達にとっては、仏はあらゆる智徳を兼ね備えた存在とされ、このこともあって、非常に長い期間菩薩の修行を積んだからこそ仏に成れたのだと考えられた。(5-5)で「無量無辺不可思議劫を過ぎて」と書かれているのは、このような当時の成仏観を踏まえて述べられたものだろう。それに、舎利弗はあくまでも声聞の代表として描かれているのであり、そのままの有り方で成仏が保証されているわけではない。あくまでも、一切衆生の救済を願う菩薩としての修行を重ねることが必要とされているのである。さらに加えて、「千万億の仏を供養し」と書かれていることが注目される。これは、現代的な観点から言い換えれば、自らが最高とする考えに固執することなく多様な見方を学んで身に着けることが必須とされていると言ってよいだろう。この箇条は、本書でこれまでに説明してきた意味においての多様の統合を志向する場合に不可欠な条項であり、多様な教えの統合を説く法華経の経意に沿った要請であると言える。

舎利弗が記を受けるに当たっては、上に見たように、仏の名前の他に、その仏の国の名や劫の名が説明されていた。このような記述は、仏は一国土に一仏であるといった当時の仏陀観によるものであろう。既述のように、法華経成立当時の部派仏教では、仏はあらゆる智徳を兼ね備えた存在であり、一国土全体を導く者といったイメージで把握されており、このことからの必然的帰結として、一つの国土においては、一時代に一仏のみが存在すると考えられていた(注3)。このような考え方に基づいて、授記の際には、仏名と共に国の名や劫の名が付されるのが通例となっているのである。

以上述べたように、舎利弗の受記に関する叙述は、授記の際の定められた形式を踏まえたうえで述べられていると言ってよいだろう。私見を交えて言えば、ここで語られている記の説明は、あくまでも当時の部派仏教徒達の成仏観を踏まえ、それに合わせた形で、法華経の考え方も幾分かは付加して述べられたものであり、皆成仏道を主張する法華経唱道者が懐く成仏観と直接結びつけて理解しない方がよいと思われる。というのは、このような、長い修行を積んだのちに一国土を導く聖者に成ることを目指す一国土一仏的な成仏観は、法華経が説く皆成仏道の理想には整合しない。

こころみに、一仏国土をひとつの会社に置き換えて思考実験をしてみよう。このような意味の仏は、会社では社長に比され、声聞や辟支仏達は、いわば、会社のなかで、みんなに尊敬される人になって、社長になるのは到底無理だとしても、少しでもより高い位につくことを目標にして切磋琢磨するエリート社員に比されるだろう。このようなエリートに対し、ここで述べられている記は、会社で言えば、自分自身の栄達のみを願うのではなく、総ての社員が幸せに暮らせるような会社になることを念頭におきながら、会社の繁栄のために努力すれば、長い修行期間が要るかもしれないが、間違いなく社長になれるだろうと保証しているようなものである。しかし、ひとつの会社に社長はひとりに限られていることから、二人以上の社員がいる会社では、一人を除いて他は平社員とならざるを得ない。つまり、みんなが社長になるためには、それぞれが平社員の誰もいない別会社を作ることが必要になる。この思考実験からわかるように、もし成道の意味を一国土一仏的な成仏観に則って理解すると、皆成仏道が実現した暁には、全ての衆生がそれぞれ別の国に住まねばならないことになる。なぜなら、もし一仏国土に二人以上の人がいると、ひとりの他は仏でなくなることになり、皆成仏道に矛盾するからである。これでは、皆成仏道が、個々人が別々の世界に閉じこもるといった憂慮すべき現代の風潮を先取りしたような教えになってしまう。

それでは、皆成仏道に適合した成道観は、どの様な考え方といってよいのだろうか。ここで思い出されるのは、方便品で説かれた小善成仏の教説である。そこでは、完全無欠な聖人になる修行よりもむしろ、誰にでもできるような簡単な行為の実践が奨められている。皆成仏道にふさわしい成道観は、これに似たイメージで捉えるべきだと思われるが、四・三節の末尾で紹介した智顗の解釈では、いまだ、一国土一仏的な成仏観が払拭されていないように思われる。この問題は、のちに法師品を読む際に検討する（九・五節参照）ことにしよう。

ともあれ、仏から舎利弗に記が授けられた。その授記の形式はどうあれ、所謂小乗教徒と目される舎利弗に対し、かつて一度も説かれたことの無かった成仏の保証が与えられていることが注目される。つまり、自らを仏とは隔絶したものとし、一切衆生の救済を願う仏と同質の目標を持とうとしなかった部派仏教徒達に対し、ここで、あなたも仏に成れますよと呼びかけているのである。

五・三　三車火宅の喩え

舎利弗が記を受けたそのとき、その会座に列なる数多くの大衆は、この光景に接して歓喜し踊躍し種々の供具をもちいて仏を供養し、

（5·7）仏昔波羅奈《はらない》に於いて初めて法輪を転じ、今乃《すなわ》ち復《また》無上最大の法輪を転じたもう。

と申し述べた。そして、同趣旨のことが偈の形でも述べられている。波羅奈は、古代インド十六大国の一つで、東北方に釈尊が初めて法輪を転じられた鹿野苑がある。言うまでもなく、(5-7)は、釈尊の初転法輪を踏まえて述べられたものであり、ここで為された説法が釈尊の初転法輪に匹敵する程重要であることを言わんとしているものと理解される。

これに続いて、舎利弗は釈尊に、「自分は、今まで懐いていた疑問が解消し、仏前で記を授かったが、多くの阿羅漢達は、世尊が説かれた四諦の教えに従って修行し、それぞれ我見を離れ涅槃を得たと満足していたが、世尊より未だ聞かざる説法を聴き、皆疑惑を懐いています。どうか四衆の為に、更に詳しく説いて下さい」(取意)と懇請した。

これに対し釈尊は、これまでに諸仏が説かれた色々な法門が、皆《みんな》を菩薩に導くための方便であることをよく理解してもらうために、大略次のような喩え話を述べられた。

ある村に年老いた大長者がおり、その舎宅は広大であったが門は唯一つであった。突然舎宅全体が火に包まれたが、この舎宅の中にいた子供たちは、火が身に迫っていることを厭い患うことなく、思い思いに遊びにふけり一向に外に出ようとしない。そこで父は一計を案じ、「私は、羊車、鹿車、牛車といった珍しい玩具を持っており、それらは門外にある。早くこの火宅から門の外に出なさい。そうすればみんなの望みに応じてそれらを与えよう」と子供達に伝えた。これを聞いた子供達は競って門外に飛び出した。そこで長者は、子供達が安全に門外に出たことを確かめ、門外の四つ辻に導いて坐らせた。子供達はそれぞれ望むものを早く下さいと父にねだったが、父は、始めの約束とは違ってどの子供にも大白牛車即ち白い牛に牽かれた大きい車を与えた。子供達は等しくその大白牛車を得て、これに乗って今迄味わったことのない喜びにひたった。

この喩え話を終えて後、釈尊が舎利弗に、この長者が、子供たちのそれぞれが望む玩具を与えると約束しながら等しく大白牛車を与えたが、虚妄の約束をしたことになるだろうかと問いかけた。舎利弗は、長者は子供たちを救うために為したことで、もし長者がどの一車さえも与えなかったとしても虚妄とは言えない、まして子供達にそれぞれが望んでいたより以上に価値のある大白牛車を与えているのだから尚更であると応えた。そこで釈尊は舎利弗に、「如来も亦是くの如し。則ち一切世間の父なり」と告げられ、この物語の長者と同様に、子供達に比される一切衆生を救うことこそが如来の目的である、と述べられた。

これに続いて、この喩え話の趣意が大要以下のように説明されている。

物語における舎宅は、欲界・色界・無色界からなる三界、つまりは有為転変する現実の世界を喩えたものである。また、火宅はこの三界が衆苦充満した世界であることを表したものである。そして、遊びにふけり一向に外に出ようとしない子供たちは、迷いの世界にいながらもそれに気付かず、煩悩に振り回されながら享楽を求めて日々を送っている衆生を喩えたものである。如来は衆生をこのような迷いの世界から悟りの世界に導こうと考えられたが、衆生は一向に耳を傾けようとしない。そこで、衆生が当座の危険を逃れるための方便として、声聞・縁覚・菩薩に、それぞれに応じて別々の教えを説かれてきた。これらが羊車・鹿車・牛車に喩えられている。しかし、如来の目的は一仏乗以外にない。この一仏乗の教えが、すべての子供たちに等しく与えられた大白牛車に喩えられているのである。

如来は、始めは声聞乗・縁覚乗・菩薩乗といった三乗により衆生を引導してきたが、今ここでこれらを打ち消して一仏乗を説く。しかしこれは決して如来の虚言ではない。この意を込めて、(5-8) 諸仏は方便力の故に、一仏乗において分別して三と説きたもう。

という言葉が再述されている。

四・二節で、(4-4) に書かれた「余乗の若しは二、若しは三あることなし。」の中の二及び三の解釈において、三車家と四車家とが争ったことを述べた。この論争の要点は、牛車と大白牛車、つまりは菩薩乗と一仏乗を同質のものと見るか否かの違いにあるが、上にみたように、ここで (5-8) が再述されており、ここにいう大白牛車と他の三車は質的に大きく異なるものと理解される。

私見を言わせてもらえば、三車家と四車家については、拙著『日蓮思想の論理構造』において詳しく論じたように (注4)、二や三を序数と取るか、個数と取るかの違いもさることながら、一仏乗の一の理解が、両者の間で本質的に異なっている。三車家は、声聞乗・縁覚乗・菩薩乗といった種々の教えの中で、これ等を比較して菩薩乗が最勝であり、その理想的な有り方として一仏乗が説かれ、それ以外は誤っていると主張しており、四車家は、声聞乗・縁覚乗・菩薩乗といった種々の教えを一体のものとして捉え、それらが全体としてひとつであるとして、これを一仏乗と呼んでいるものと理解される。つまり、一仏乗の一は、三車家にとっては色々な教法の中の一番目を意味する一であり、四車家にとっては全体として一つであることを表す一と捉えているものと理解される。

五・四　三界は安きことなく猶火宅の如し

これに続いて常のようにこれまでの内容が偈の形で再説されている。大旨は長行の部分と同じであるが、長行には見られない内容も含まれている。ここでは、長行で触れられていない部分に焦点をあてて、この偈のおおよその内容を追っていくことにしよう。

まず、上述の喩え話が再述され、梁や棟が傾き歪んで今にも倒れんばかりの長者の舎宅に、蜥蜴《とかげ》や蛇や蝮《まむし》などの悪虫がほしいままに走り回っている状況が詳細に描かれている。そのような処に火事が発生した。これに対し、百足・げじげじ・毒蛇の類が火に焼かれて争い走って穴を出る様子や、悪鬼が慌てふためく様子等がリアルに描写されている。このような詳細な描写も、我々の住んでいるこの三界が如何に醜悪なものであるかを、実感をもって把握させるために描かれたものであろう。

続いて、三車を提示して子供達を誘引し、子供達が火から逃れたことを確かめたのち大白牛車を与えた話が再述されている。その叙述の中で、苦に喘ぐ衆生の情況が

（5·9）三界は安きことなく猶火宅の如し。衆苦充満して甚だ怖畏すべく、常に生・老・病・死の憂患《うげん》ありて、かくの如き等の火は熾然《しねん》として息《や》まざるなり。

と表現され、このような衆生を救済しなければならないとする仏の心情が、

(5·10)今此の三界は皆是れ我が有なり。其の中の衆生は悉くこれ吾が子なり。而も今此の処は患難《げんなん》多し、唯我一人のみ能く救護《くご》をなす。

と、主従・親子・師弟といった世俗的な関係を踏まえて描出されているところが印象的である。

続いて、もし法華経を聞き喜び信受する者がおれば、この人は不退転の決意をもった菩薩であり、過去に多くの仏に仕えて法に馴染んできた結果であるとされている。更に、法華経を理解するには深智が必要であり、浅識の者は悟ることができないことが強調され、俊秀で聞こえた舎利弗にも、

(5·11)汝舎利弗、尚此の経に於いては信をもって入ることを得たり。況んや余の声聞をや。その余の声聞も、仏語を信じるが故にこの経に随順する。己《おの》が智分に非ず。

と、信の重要性が説かれている。

ここで、「己が智分」が否定され「仏語の信」が強調されているが、仏教は転迷開悟を求める宗教であり、この信を所謂啓示宗教のように、仏の教えを理屈抜きで一切合切信じるといった意味に理解しない方がよいだろう。それではここにいう信の内実をどのように理解すればよいのだろうか?

ここでいう仏語の内実は、これまでの文脈を踏まえると、一仏乗の主張に他ならないだろう。とすると、信は、法華経で説かれている一仏乗の教えに共感を懐き、自らの人生の第一原理とすることと言ってもよいだろう。今の場合、声聞・辟支仏の二乗は、煩悩を滅することによって苦縛から逃れることに最高の価値をおいて修行に励んでおり、これに対し法華経では、皆成仏道の実現といった新しい価値観への転換を打ち出しているのである。価値観の転換は、よりよい手段を求めると

いった分別の問題を越えており、信を以ってしか入り得ないと思われるのである。

これに続いて、法華経を誹謗する者の罪報が説かれている。もし法華経を誹謗すれば、命終後に地獄界に堕ち、長い間苦しみを味わい、地獄界から出たとしても畜生界に生まれ、輪廻転生《りんねてんしょう》を繰り返して後に、運よく人として生まれることができたとしても、種々の欠陥を持った者となるだろう等と、法華経を信じないと蒙る不利益が並べ立てられている。

そして、次のような結論が下されている。

(5-12) この経を謗ぜん者、もしその罪を説かんに、劫を窮《きわ》むとも尽きじ。この因縁を以って、我ことさらに汝に語る。無知の人の中にしてこの経を説くことなかれ。

この部分の叙述は、法華経を信じる者を善とし、謗じる者を悪とみたてて、いわば勧善懲悪を説いている様な感じがして、皆成仏道を標榜して広宣流布を説く法華経には似つかわしくないような書きぶりである。このような叙述も、法華経を信奉し弘宣するグループが多くの誹謗中傷を受けたことに対する組織防衛的な意味が付されているようにも思われる。

続いて、法華経を説くべき人として、「智慧明了であって、多聞強識《ごうしき》(博学)にして仏道を求むる人」や「瞋《いかり》なく質直柔軟にして、常に一切を愍み、諸仏を恭敬する人」や「ただ大乗経典の受持を楽《ねが》って、乃至余経の一偈を受けざる者」等々が挙げられている。また、「人の至心に仏舎利を求めるが如く、是くの如く経を求め、得已《おわ》って頂戴せん。その人復余経を志求せず、亦未だ曾て外道の典籍を念ぜじ。是くの如きの人に乃ち為に説くべし」(注5)とも述べられている。

これらは、(5・12)を逆の面から補う意味で述べられたものであろう。つまり、このような人達でなければ、法華経を正しく理解してもらえないだろうといった意味から書かれているように思われる。見方を変えれば、法華経をよく理解するために心しなければならない事項が書かれているとも理解できる。ともあれ、様々なタイプの法華経を説くべき人々が挙げられたところで譬喩品は終わっている。

ところで、この中で、「ただ大乗経典の受持を楽って、乃至余経の一偈を受けざる者」といった文章を紹介したが、時にはこの一節が文脈から切り離して解釈され、法華経を信じる者は法華経以外の如何なる経典も受持してはいけないと解され、法華経は排他的な教えである、と理解されることがある。しかし、この文脈のなかではそのような意味には受け取れない。なぜなら、もしこの様に理解すると、法華経のみを信じる人に法華経を説け、といっていることになり意味が通らない。この一節の趣意を文脈にそって解せば、法華経を真に理解する人は希《まれ》であり、心を柔軟にしてひたすら真理を求める人であって始めて理解できる。従って、法華経は、ひたすらより優れた経典の受持に心がけ、より劣った経の一偈を信受し固執することのない者に対して説くべきである、と述べているように思われる。

(注)

1　例えば、松本史朗著『法華経思想論』一九六頁をみると、小乗及び大乗の意味をそれぞれ部派仏教の教え及び大乗仏教の教えと理解し、「この散文部分の作者が、「大乗」は優れ「小乗」は劣っているという〝大乗主義〟の支持者であることは明らかである」と書かれている。しかし、文脈からみて、この部分の作者が〝大乗主義〟に立っているとは考え難い。譬喩品の長行の部分で、声聞と目されている舎利弗への授記が語られ、更には、「一仏乗において分別して三と説く」という言葉が再説されていて、三乗が並列して捉えられていることから、同書にいうように譬喩品長行の作者がたとえ方便品の作者と異なっているとしても、〝大乗主義〟に立っているとは思えない。

2　松本史朗氏は、『法華経思想論』二三一頁において、梵文法華経から（5·6）に相応する箇所の文言を引用し、「これは驚くべきことであると思われる。というのも、「方便品」散文部分では、全く逆のことが言われていたと考えられるからである。」と述べられている。このことから氏は、この部分では、「「方便品」散文部分の〝一乗真実説〟とは逆の立場、即ち、〝三乗真実説〟が説かれていると見るのが、妥当であろう。」と結論されている。本文に書いたように、筆者は、（5·6）の前半の部分は、法華経編纂者の考えを述べたものではなく、声聞舎利弗のやりそうなことを想像して、いわば軽口として書かれたものと理解する。このことから、（5·6）が方便品で説かれている一仏乗の教理と矛盾するとは思えない。従って、ここで〝三乗真実説〟が説かれているという結論には同意しかねる。

3　例えば、高崎直道著『仏教入門』五五頁。

4　拙著『日蓮思想の論理構造』二・四節および参考文編1「数える数と分ける数」参照。

5　この文言の書き出しの部分で、仏舎利崇拝と同程度、もしくはそれ以上に経が重視されており、法師品で説かれている舎利供養を不要とする考え方を先取りしていて興味がもたれる。

第六章　四大声聞の信解

六・一　無量の珍宝求めざるにおのずから得たり

譬喩品第三に続く信解品第四に読み進むことにしよう。

方便品及び譬喩品における対告衆《たいごうしゅう》（皆を代表して釈尊から説法を聞く者）は専ら舎利弗であったが、信解品に入ると、慧命須菩提《えみょうしゅぼだい》・摩訶迦旃延《まかかせんねん》・摩訶迦葉《かしょう》・摩訶目犍連《もっけんれん》（以下では、それぞれ須菩提・迦旃延・迦葉・目連と略称）の四人の声聞達に変わる。いずれも釈尊の十大弟子の中に数えられる面々であり、それぞれ順に解空《げくう》第一・論議第一・頭陀《ずだ》第一・神通第一と称されている。以下では、慣例に倣って四大声聞と総称することにする。

信解品は、彼等四人が、釈尊からこれまで聞いたことのなかった説法を聴き、同学の舎利弗が未来に仏になれるという記を受けた様子を見て歓喜踊躍する場面から始まる。彼等は釈尊の御前に進んで最高の礼を尽くし、尊顔を拝しながら次のように感懐を述べた。

（6·1）我等僧の首《はじめ》に居し、年並びに朽邁《くまい》せり。自ら已《すで》に涅槃を得て堪任《かんにん》する所無しと謂《おも》いて、復《また》阿耨多羅三藐三菩提を進み求めず。世尊往昔《おうしゃく》の説法既に久し。我時に座に在って身体疲懈《ひげ》し、但だ空・無相・無作《さ》のみを念じて、菩薩の法にして遊戯《ゆげ》神通して仏国土を浄めて衆生を成就することに於いては心喜楽《きぎょう》せず。所以《ゆえ》はいかん。世尊は我等に、三界を出でて涅槃の証を得せしめたまえばなり。又今我等は年已に朽邁《くまい》せり。仏が菩薩を教化したまう阿耨多羅三藐三菩提に於いて一念好楽《こうぎょう》の心を生ぜざりき。我等今仏前において、声聞に阿耨多羅三藐三菩提の記を授けたもうを聞き、心甚だ歓喜して未曾有なるを得たり。謂《おも》わざりき、今忽然に希有の法を聞くことを得んとは。深く自ら慶幸《ぎょうこう》す、大善利を獲《え》たりと。無量の珍宝求めざるに自《おのず》から得たり。

この四大声聞の陳述についても、譬喩品の冒頭に書かれた（5·2）の場合と同様に、法華経成立当時の仏教の有り方、更には、仏教創成から当時にいたるまでの歴史的推移が織りこまれているように思われる。言うまでもないことだが、ここで歴史的推移と言ったのは、史実そのものではなく、当時において史実として理解されていた内容を意味する。この観点からすれば、四大声聞は、「我等僧の首に居し」と書かれているように、法華経成立当時の部派仏教徒達のなかで首座を占めているような比丘がモデルとされているのだろう。それも、当時の伝統にそった教義に従いながらも、その有り方に幾分かの疑念を感じ始めていた者達が想定されているように思われる。

まず、四大声聞が「年並びに朽邁せり」と述べているが、字面通りに受け取ると、法華経が釈尊の最晩年の説法として設定されていることから、その直弟子である四大声聞も老齢となって朽ち衰えたことが述べられているものと理解されるが、この言葉のなかに、当時の仏教界の有り方に対する法華経編纂者の見方が表明されているように思えてならない。すなわち、「年並びに朽邁せり」の年という言葉で、四大声聞の生涯というよりも、むしろ仏伝に登場する四大声聞が実際に活躍していた仏教創成の時代から法華経が成立した時代に至るまでの年限が念頭におかれ、これを「朽邁せり」と表現しているのではないのだろうか。一・一節で述べたように、仏教は釈尊の初転法輪によって始まったが、当初は一枚岩であった仏教教団も、釈尊滅後百年位経った頃から分裂が始まり、その後、多くの部派に分かれて各部派毎に独自の教法が説かれるようになり、当初の釈尊の教えが変容して、仏教創生当時の生気が失われようとしていたのである。

こころみに、仏滅後の初期に書かれたとされているいくつかの経典を読むと、臨機応変に、仏道修行者の日々の生活に即した教えが活き活きと説かれていることが実感される。また、各人がそれぞれに従って異なった理解をしたとしても、求めるところはひとつであるとする法華経が説く一仏乗の教理に通じるような教えも説かれている。たとえば、数多い仏教経典のうちで最古層に属するとされている『スッタ・ニパータ』には次のような詩句が書かれている（注1）。

八八三　或る人々が「真理である、真理である」と言うところのその（見解）をば、他の人々が「虚偽《きょぎ》である、虚妄《きょもう》である」と言う。このようにかれらは異なった執見をいだいて論争をする。何故に諸々の〈道の人〉は同一のことを語らないのであろうか？

八八四　真理は一つであって、第二のものは存在しない。その（真理）を知った人は争うことがない。かれらはめいめい異なった真理をほめたたえている。それ故に諸々の〈道の人〉は同一

のことを語らないのである。(注2)

これに対し、部派仏教時代ともなると、各部派毎に緻密な考察が重ねられ、それらが体系化され権威づけられ固定化された。いくつかの初期仏教経典や部派仏教時代の論書を覗き見た筆者の勝手な感想を述べさせてもらえば、初期仏教において説かれていた瑞々しい教えが、徐々にその色合いを失って硬直したものに変わっていったような印象を受ける。法華経の編纂者がもし同じような感想をもったとすれば、当時の部派仏教徒の有り方を「年已に朽邁せり」といった言葉で表現することは、有り得ないことでもないだろう。このことは、(5･4)のなかに「本願所行の道を憶念せしめんと欲す」と書かれていたことと重ね合わせて理解すれば一層確からしいように思われる。

これに続いて、これまでの教えに従って修行し、自ら已に涅槃を得てこれ以上堪え忍び努力する必要がないと思いこみ、阿耨多羅三藐三菩提、つまりは仏の知見をそっくりそのまま求めようとしなかったことが表明されている。続いて「世尊往昔の説法既に久し」と書かれている。字面では年若いときに聴いた釈尊の説法を指しているのであろうが、内実は、法華経成立当時から数百年をも遡る、釈尊が実際に活躍された遠い過去に思いが馳せられているように思われる。次に「身体疲懈」とあるが、一般に「疲懈《ひげ》」は自ら根をつめて為してきた行為に疑問が生じたときに起こるものである。ここで、法華経成立当時において、部派仏教で課せられていた修行を継続していくことに対し、それほど魅力を感じなくなってきた様が描かれているのではないだろうか。そして、これまで長い間、ただ空(あらゆる存在は実体を欠いている)・無相(あらゆる存在に特定された属性はない)・

無作（あらゆる存在にものを形成する作用がない）といった教えに従い、煩悩を無くして涅槃寂静を求める修行を続けてきたが、遊戯神通に仏国土を浄め、衆生を成就するといった菩薩の法には心を動かすことがなかったと述懐している。ここで、仏国土を浄めることや衆生を成就することが無かったことを悔いている点が注目される。いずれも一切衆生の済度を志向する考え方で、これまでの部派仏教では標榜されなかった教義である。心を動かすことがなかった理由は、仏が世俗を離れて涅槃の悟りを得るようにと説かれたからである。そのため、菩薩を教化することを進んで求めようとしないままに長い年月を費やしてしまったと述懐している。これも、法華経が説かれる以前には、長く仏知見の志向がなされなかった歴史的事実を叙述しているものと理解される。

そして、今、仏知見を志向する菩薩の教えが説かれて、声聞の代表である舎利弗が新しい価値観に目覚めて歓喜踊躍し、記を授けられた様子を目の当たりにして、かつて味わったことのない感動を覚えたことを告白し、その思いを「無量の珍宝求めざるに自《おのず》から得たり」と表現している。ここで、この文言は、今迄求めようとしなかった大きな価値に気付いたことの述懐であり、価値観の転換を意味するものと理解される。その意味では、前掲（5･11）で述べられている「信を以って入ることを得たり」と同趣旨とも思われる。つまり、仏道修行をする価値を、これまでは個々人が聖者となることに置いていたが、これを一切衆生の救済を求める仏知見を志向することに転換することができたことによって、かつてなかった喜びを感じたことを表明しているのであり、羅什がこの品のタイトルを「信解品」と訳した理由もこのあたりにあるように思われる。

六・二　長者窮子の喩え

そこで四大声聞は、釈尊に、自分達が世尊の説法をどのように信解したかを知ってもらうために、長者窮子《ぐうじ》の喩えと呼ばれている譬え話を申し述べた。

それは、ある大長者とその息子の話である。息子は幼い頃に父のもとから逃げ逝《さ》り、他国に住んで五十余年に及び、貧困に窮して毎日の糧を求めて諸国を放浪していた。一方父は、諸方で商いをして多くの財宝を手にして一処に留まり大邸宅を構え、馬・牛等無数の家畜を所有し使用人も多く抱えていた。このような生活の中にも、かつて家出した息子を見つけ出せないものかと願っていた。

ある日窮子は、たまたま父が在住する都市にやってきた。彼はそこで大長者の豪勢な邸宅を見て、

（6-2）此れ、或いは是れ王か或いは是れ王と等しきか。我が傭力《ゆうりき》して物を得る処に非ず。

と考えて他所に走り去った。長者は門外にさまよう窮子の姿をとらえ、即座に息子であることを知った。彼は使用人を介して邸宅に来るようにし向けたが、窮子は何の罪も犯していないのになぜ捕えようとするのかわからず、殺されるかもしれないと恐れて地に倒れる。そこで長者は、窮子の思惑を察して、多額の賃金を出すから下掃除《しも》をしてもらえないかと交渉するように使用人に命じた。息子はそれに応じてこの大邸宅で働くことになった。しかし、下掃除はしても常におどおどした態度に終始して、大長者には近づこうとしない。長者は、自ら下人に身を扮して窮子に近づいていき、徐々に慣れ親しみ、慰めや励ましの言葉を掛けることができるようになり、窮子に与える仕事も次

第に責任を伴うものに変えていった。

時に長者は病気になって床に伏し、もはや寿命も長くないことを悟った。そこで、親族・国王・大臣等を枕元に呼び集め、窮子が自分の息子であることを明かし、自ら持つ宝蔵の総てをこの息子に譲り、これまでに自分が行っていた差配を総て息子にやらせると宣言した。

このとき息子は、父のこの言葉を聞いて、

（6·3）我は本心《もと》に悕《ねが》い求むる所あること無かりしに、今この宝蔵自然にして至れり。

と大いに歓喜した。

以上が喩え話の粗筋であるが、この話を終えてのち、四大声聞達は、まず、この喩え話に対し、

（6·4）世尊。大富長者とは則ち是れ如来なり。我等は皆仏子に似たり。如来は常に我等を為《こ》れ子なりと説きたまえり。

と説明する。

譬え話の中では、如来が（6·4）でも述べられているように大富豪に譬えられ、我等四大声聞つまりは当時の部派仏教徒達のなかで首座にあった者達が窮子に譬えられている。（6·4）で「我等は皆仏子に似たり」と書かれているのは、文面上は、窮子が大富豪の実子であることを踏まえて書かれたものと思われるが、筆者はここで、（5·2）で「真に是れ仏子なり」と書かれていたことを思い出す。これは、舎利弗が釈尊から仏知見の志求といった新しい価値観に目覚めて発せられた言葉である。その文脈から言えば、仏知見を奉持する者こそ真の仏子と理解してよいだろう。とすると、「仏子に

似たり」とあるのは、自分達が仏知見の一分を懐く者との意味に理解してよいだろう。譬え話の中で、窮子は、父の全財産をそのまま受け継ぐべき身でありながら、誰が父かも認識せずに父から遠ざかろうとするが、このような筋運びがなされているのは、仏弟子達が、仏子として仏知見をそっくりそのままに受け継ぐべき身でありながら、如来の意趣を理解することなく、仏知見から遠ざかろうとする状況を表出したものと理解される。また、(6·4)の「如来は常に我等を為れ子なりと説きたまえり。」といった叙述は、譬え話の中では、父が窮子を我が子と知って、常に心を砕いて教導する場面を指しているようにも思えるが、この文言を(5·4)の中で書かれた「無上道の為の故に常に汝を教化する」といった如来の言葉と重ね合わせて理解することも可能であろう。

三・三節で述べたように、法華経成立当時の部派仏教徒達は、仏を、智徳兼ね備えて一切衆生の救済に努める存在と規定したが、自らをそのような理想からはるかに隔絶した存在であると規定し、仏と同質の者に成ることは念頭になかった。(6·2)はこのような状況を表現したものだろう。つまり、声聞達が、仏の知見の偉大さに幻惑され、「我傭力して物を得る処に非ず」と思い込み、自分達と無縁のものとして遠ざけている状況が描かれているものと理解される。

これに続いて、四大声聞は釈尊に、次のように陳述している。

(6·5)我等三苦を以っての故に、生死の中に於いて諸の熱悩を受け、迷惑無知のために小法に楽《ぎょう》着《じゃく》せり。今日世尊、我等をして思惟して諸法の戯論《けろん》の糞《あくた》を蠲除《げんじょ》せしめたもう。我等中に於いて勤加《ごんか》精進して涅槃に至る一日の価を得たり。既に此れを得終わって、心大いに歓喜して自《みずか》ら以って足れりとす。

つまり、我等は苦苦（好ましくない対象から感じる苦しみ）・壊苦《えく》（好ましいものが壊れることにより生じる苦しみ）・行苦《ぎょうく》（世の移り変わりから感じる苦しみ）といった三苦に振り回され、道理に暗く無知のため、苦を離れることのみを求める小法に執著して、あたかも窮子が糞を除去する仕事に一日の糧を得て満足するように、それ以上のものを求めなかったと告白しているのである。

四大声聞は更に続けて、おおよそ次のような説明を加えている。

仏教で説かれている教えに従って勤めて精進しているのだから得るところは大きいと思い込んでいました。世尊は我々がこのように劣った教えに執着していることを知って、我々が、宝蔵にも喩えられる如来の知見をそっくりそのまま相続する身でありながら、このことを露わには説かれなかったため、世尊が説かれた方便としての教えに従い、ちょうど窮子が糞を除去する仕事をして一日の糧を得て満足したように、この優れた法を志求しませんでした。我々は、しばしの平安を得るための一日の糧に大きな利益を得たものと思い込んでいました。これは、我等は真に仏子であることに気付かなかったことによります。今我々はやっと悟りました。大長者が息子に全財産を譲りわたすのと同じように、世尊が衆生の教化に物惜しみされることはありません。我々の方が、昔からずっと仏の子であったにもかかわらず劣った法に満足していたのです。もし我々が大（もっと優れた法）を楽《ねが》う心を起こせば、仏は我々のために優れた法を説かれるのです。今、この経のなかで一乗の教えが説かれたのはそのことだと理解しました。

これらの叙述は、法華経成立当時に部派仏教徒達が最上のものとして奉じていた教義に対し、これを相対化して、より大きな目標を指し示したものと理解されるが、その主意は、ここでも、方便品で説かれた仏知見の開示悟入にあり、つまりは一切衆生を救おうとする仏の誓願を、そっくりそのまま自らの理想とするべきであると呼びかけており、一仏乗の教えの内実がここに再表明されているものと理解される。

四大声聞は、釈尊に、以上のように申し述べたのち、更に次のような言葉を付け加えた。

（6·6）しかも昔、菩薩の前に於いて声聞の小法を楽《ねが》う者を毀呰《きし》したまえども、然も仏実には大乗を以って教化したまえり。この故に我等説く。本心に悕《け》求《ぐ》する所無かりしかども、今法王の大宝自然にして至れり。仏子の得べき所の如きは皆已に之を得たり。

ここでは、世尊がかつて、菩薩の前に於いて声聞の小法を楽《ねが》う者を毀呰《きし》（謗《そし》ること）したもうことが書かれているが、ここに言う「菩薩」は、声聞・辟支仏・菩薩と並置されるうちの菩薩つまりは所謂大乗教徒を意味し、「声聞の小法を楽う者」は、所謂小乗教徒を指していると理解するのが至当であろう。既述のように、大乗仏教は、部派仏教の有り方への批判から興り、彼らの教義を小乗と蔑んだ。上掲（6·6）の冒頭の文章は、このような歴史的事実を踏まえて書かれたものであろう。（法華経を除く）大乗仏教を通じて、種々の経典では、小乗教徒が、最早治癒できない者として毀呰されている。例えば維摩経を開くと

（6·7）已に羅漢を得て応真となる者、終《つい》にまた道意をおこし、而して仏法を具す能わざる也。根

敗の士の如きは、其れ五楽《らく》に於いてまた利する能わず。（注３）

と書かれており、また、華厳経を開くと、次のような叙述に出会う。

（6-8）如来の智慧大薬王樹は、唯二処において生長の利益をなすこと能わず。所謂二乗の無為広大の深坑《じんきょう》に堕ちると、及び善根を破る非器の衆生の大邪見、貪愛の水に溺るるとなり。（注４）

おそらくは、このような考え方が、（6-6）で、「菩薩の前に於いて声聞の小法を楽《ねが》う者を毀呰したまえども」と表現されているのだろう。一方、法華経では、舎利弗を始め多くの声聞にも記が授けられている。このことが、（6-6）で「実には、大乗を以って教化したまえり」と表現されているものと理解される。言うまでもないことだが、ここで言う大乗は、法華経が説く教え、つまりは仏知見への志向を意味するものと理解するのが至当であろう。

上掲（6-6）の最後の部分は、六・一節末で触れた「求めざるに自ら得たり」と同趣旨のことが、ここでも述べられているものと理解される。

続いて摩訶迦葉が、これまでの内容を偈の形で再述して、「信解品」は閉じられている。その内容についてはここでは省略する。

六・三　三草二木の喩え

信解品第四は四大声聞が釈尊の説法に対する信解を申し述べたところで終わったが、次の薬草喩品第五では、まず、世尊が摩訶迦葉やその他の大弟子達に対し、「善い哉、善い哉。迦葉。善く如来の真実の功徳を説く。誠に所言の如し。」と、信解品における四大声聞の信解を認可された。ここで述べられている「如来の真実の功徳」という言葉は、長者窮子の喩えのなかで、大長者がもつ多くの財宝が総て子に譲られたように、大長者に比される仏が持つ知見を総て、四大声聞がよく信解したことを指しているものと理解される。

続いて、如来には幾ら説いても説き尽くせないほどの非常に多くの功徳があると前置きされ、如来は諸法の王であり、説くところはすべて真実であり、一切の法を、方便を用いて説いて一切衆生を一切智地、つまり仏と同じ境地に至らしめることが述べられている。

ここで釈尊は、如来の徳を更に詳しく説明するため、一般に三草二木の喩えとして知られている大要以下のような喩え話を述べられた。

三千大千世界の山川・渓谷・土地《どち》には、色、形が異なる様々な草木や叢林や種々の薬草が生えている。これらの植物のうえに、突如厚く垂れ込めた雲が現れて一面を覆い、一時に等しく雨が降り灌いだとしよう。草木や叢林や薬草には、小根・小茎・小枝・小葉のものもあれば、中根・中茎・中枝・中葉のものもあり、大根・大茎・大枝・大葉のものもある。三千大千世界を覆い尽くす一雲がもたらす雨は、いずれの草木にも平等に降り灌ぐが、諸樹の大・小、上・中・下に随って差別があって、それぞれに応じて恩恵を受け、成長し華果を着けて実がなる。

そして、この喩え話の趣意を

（6·9）迦葉当に知るべし。如来も亦復《またまた》是くの如し。世に出現すること大雲の起るが如く、大音声を以って普く世界の天・人・阿修羅に遍ぜること、彼の大雲の遍《あまね》く三千大千国土に覆うが如し。

と説明された。そして世尊は、自らを「我は是れ如来・応供・正遍知・明行足・善逝・世間解・無上士・調御丈夫・天人師・仏世尊」と仏を称《たた》える所謂十号で以って形容し、

（6·10）未だ度せざる者は度せしめん。未だ解《げ》せざる者は解せしめん。未だ安せざる者は安せしめん。未だ涅槃せざる者は涅槃を得せしめん。

といった仏の誓願が述べられている。そして、自らを次のように規定されている。

（6·11）我はこれ一切知者・一切見者・知道者・開道者・説道者なり。

その時、非常に多くの衆生が仏のもとに来至して法を聴いた。如来はこれらの衆生に利・鈍や精進・懈怠《けたい》の別があることを観て、それぞれに合わせて無量の法を説き、みんなはこの法を聞き已《おわ》って、現世は安穏にして、後に善処に生じることを得、それぞれの能力に応じて仏道に入ることを得た。更に、仏は自らの説法の次第を

（6·12）如来の説法は一相一味なり。所謂解脱相・離相・滅相、究竟して一切種智に至らしむ。

と説明され、このことは仏のみが知り衆生は覚知していない。そして、これまでは衆生の心欲を観じて一切種智を説かなかったことが明かされている。これに続いて、

（6·13）汝等迦葉甚だこれ希有なり。能く如来の随宜の説法を知って能く信じ能く受く。所以《ゆえ》は何ん。諸仏世尊の随宜の説法は解り難ければなり。

といった如来の言葉が述べられ、薬草喩品の長行の部分が閉じられている。

以上、薬草喩品の長行の部分の大筋を辿ってきたが、ここで書かれている趣意をどう受け取ればよいか、少し立ち止まって考えてみることにしよう。

上掲（6-9）や（6-11）においては、如来が、あたかも一神教にいう神と同じような人智を超えた能力を持つ超越者のように描かれており、その超越者が衆生のために恩恵を施すといったような筋立てがなされている。この喩え話のなかでは、草木に大・小や上・中・下の差別があり、仏はそのいずれに対しても平等に慈悲を垂れているとされ、大は大なりに小は小なりに利益を受けているのであり、その恩恵に感謝すべきであると説いているようにも受け取れる。このような説法に接すると、合理主義的思考にならされてきた筆者の感覚からすれば、あたかも、封建君主が人民に恩寵を施す様な情況がイメージされ、少々の戸惑いを感じる。人智を超えた能力のある超越者なら、どうして大・小や上・中・下の差別があること自体を問題にしないのだろうか？　これでは、一切衆生の平等を説く法華経にふさわしくないようにも思われてくる。実際、本書では省略するが、後に書かれている偈を読むと、薬草には下草、中草、上草の区別があり、それぞれが転輪聖王・釈梵諸王、二乗、菩薩乗に比されており、それぞれが差別されながら温存されているようにも受け取れ、これまでに説かれた一仏乗の教理に整合しないのではないかとさえ思えてくる。それに、如来が大雲に喩えられて実体視され、一切に潤いを与える源泉として捉えられていて、あらゆるものに実体が無いと説く空の思想との整合性が気になってくる。だとすると、薬草喩品の一部分もしくは全体が、原初の法華経の作者とは異なる思想をもつ何者かによって、のちに付加されたのではないかといった考えも起りうる（注5）。法華経成立論はともかくとしても、上述の薬草喩品の内容が一仏乗の考え方と本当に整合しないのかどうか、上述の喩え話を、趣意がどこにあるかを探りながら、文脈にそって再読することにしよう。

この喩え話で、文面上では、人智を超えた能力をもつ人格身である如来が、大雲が慈雨をもたらすように、一切衆生に慈悲を垂れるといった筋運びになっているが、大雲と慈雨は一方が他方を従えているわけではなく相即の関係であり、ここで語られている主人公はむしろ慈雨の方にあるように思われる。ここで観点を変えて、一人格身としての如来が衆生を救済するために教法を説くといった把握を逆転させて、法華経成立当時までに考えられていた総ての教法を考え、それらを一体のものとして捉えて、その全体を如来が説いたものと捉えなおすことを試みてみよう。このような考え方は、法華経を字義どおりに如来の説法と受け取る見地からすると不遜な解釈だとお叱りを蒙ることとは思うが、釈尊の教えの真意を求めて研鑽した結果を、「如是我聞」として把握し、如来の説法として表現する法華経編纂者にとっては、心情的にはともかくとして、論理の積み重ねの上から言ってそれほど事実からかけ離れた発想ではないと思われる。ともあれ、このような観点から読み直すと、一切衆生を遍く覆い尽くす大雲、そして（6・12）に書かれた言葉一相一味は、互いに有機的に関連し合った多種多様な教法の全体を叙述したものと理解される。ここでは、草木に、上草・中草・下草、大樹・小樹の差別があり、それぞれに応じた恵みを受けるとされているが、方便品においても、(3·3)や(3·4)に書かれているように、如来があらゆる教法を知悉した超越者として描かれており、多種多様な衆生のために、それぞれに合わせて巧みな方便を駆使して法を説いてきたことが強調されていて、その方便が称嘆されている。両者の構図は酷似していることに気づかされる。四・四節で掲げた(4·14)にあるように、方便品では、「仏種は縁によって起こると知ろしめす」と説かれているが、大雲を諸縁の全体と受け取ることも可能であろう。縁起は、その働く対象の状況によって異なった働きをするが、その作用する原理は一切の存在に対して平等である。そう思って読み直すと、(6·11)や(6·12)は、方便品の冒頭で述べられている(3·2)～(3·4)とは矛盾していない、というよりむしろ同趣旨である。

方便品における方便称嘆は、方便を手放しで肯定しているわけではなく、真意は一仏乗にあり、仏の多種多様の教法は、「宜しきに随って説く所」であって、いずれも如来の密意が込められたものであり、それらは、条件が変われば、一仏乗の観点からみなおすべきであると説いているのである。上述の喩え話も同趣旨であると理解される。実際、(6·10)において仏の誓いが語られ、(6·12)において一切衆生を一切種智に至らしめることが目的であると明かされている。

ところで、(6·12)で、「解脱相・離相・滅相」という言葉が書かれているが、これらはそれぞれ、生死を離脱し・偏空を離れ・自他の別を滅するといった意味であると思われるが、この文脈においては、これらそれぞれの教法を推奨するために書かれているのではない。部派仏教ではこれらを最終目標として尊んでいるが、これらを一相一味と捉えて、一切種智に向かわせる一途とみるべきことが説かれているのである。

ついでながら、（6·10）に関連して、平岡聡訳『佛陀の大いなる物語』（梵文『マハーヴァストゥ』の全訳）を読んでいると、その中の一話「ジョーティパーラの授記」において、これと同内容の次のような一節が目についた。

（6·14）［自ら］渡って［他を］渡らしめ、［自ら］解脱して［他を］解脱せしめ、［自ら］安穏になって［他を］安穏ならしめ、［自ら］般涅槃して［他を］般涅槃せしめよう。私は、多くの人の利益のために、多くの人の安楽のために、世間を憐愍するために、大勢の人の利益のために、そして人天の利益と安楽のために、そうなろう。（注6）

『マハーヴァストゥ』といえば最古の仏伝として知られている経典であり（注7）、これも、法華経と仏伝文学が親しい関係にあることを示すひとつの証左であると思われ興味がもたれる。

薬草喩品には、これに続いて、常のように偈の形で同趣旨の内容が再説されている。詳細は略すが、「三草二木の譬え」が長行よりもより詳しく述べられ、種々の仏道修行者のタイプを挙げられ、これらのそれぞれが、上・中・下の三草及び大・小の二木に喩えられることを説いている。そして、末尾に、

（6·15）迦葉当に知るべし。諸々の因縁種々の譬喩を以って仏道を開示す。これ我が方便なり。諸仏も亦然なり。今汝等のために最実事を説く。諸の声聞衆は皆滅度せるにあらず、汝等の所行はこれ菩薩の道なり。漸漸に修学して、悉く当に成仏すべし。

と書かれており、三乗を開いて一仏乗を顕すことを説く方便品の趣旨が再述されており、ここでも皆成仏道が標榜されているものと理解される。

なお、梵文直訳書では、このあとに「日光・壺の喩え」、「盲目の喩え」と称されている譬え話が書かれているが、ここではこれ以上立ち入らないことにする。

六・四　四大声聞への授記

以上みてきたように、信解品第四において四大声聞が信解を述べ、薬草喩品第五に入って、釈尊がこれを認可され、更に三草二木の譬えを挙げて理解を深めるといった筋運びがなされてきたが、次の授記品第六においては、四大声聞に記が授けられる。

まず摩訶迦葉に対し、未来世において三百万億の諸仏に仕えて諸仏の無量の大法を宣伝することができ、最終的には仏に成るだろうと記が授けられた。その仏の名は光明如来、国は光徳、劫は大荘厳と名付けられており、滅後は正法、像法いずれも二十小劫と記されている。

これに次いで、その国には穢れや悪がない、国土が平正である、宝石で飾られている等々の言葉を重ねて、その国がいかにすばらしいところであるかを描出することに努めている。

これに続いて、同趣旨のことが偈の形で再説されているがここでは省略する。

その時、目連・須菩提・迦旃延の三名は、皆悉く緊張して身をふるわせ、一心に合掌して釈尊を仰ぎ見、瞬きもせず声を揃えて、おおよそ次の様な趣旨の偈を申し述べた。

世尊。我等をも哀愍《あいみん》したまい記を戴きたくお願いします。もし戴ければ、甘露を注ぐと熱が除かれて清涼な気分になれるように心安らかになります。これまでの説法でみんなが仏に成れるという教説は聞きましたが、飢えたる国から来た者が大王膳に着いたようなもので、これまで小乗教徒であった我々が本当に仏になれるか危ぶまれ、未だ食さずにおります。大王膳には着いたもののお許しが出るまで箸をつけることができないのと同じです。我等は常により劣った教えに甘んじて仏の無上慧を求めることを知らずに来ました。声聞も仏に成れるという教えは聞きましたが、未だ疑心暗鬼の状態です。願わくは我々にも記を授けて下さい。

釈尊は、これらの大弟子達の願う所を知ってそれぞれに記を授けられた。須菩提、迦旃延、目連のそれぞれに対し、仏・国・劫の名前及び仏の寿命や正法・像法の年数などが述べられ、それらの国の有様が詳しく叙述され、それぞれについて、偈の形でも再説されている。趣旨は迦葉の場合と同じ故、ここでは詳述しないことにする。

授記品は、話としては、これで終わりであるが、末尾に、

(6・16)我が諸の弟子の威徳具足せるその数五百なるもの皆当に授記すべし。未来世において咸《ことごと》く成仏することを得ん。我及び汝等の宿世の因縁我今当に説くべし。汝等善く聴け。

と述べられている。この文は、後述の五百弟子受記品第八において多くの声聞が授記されることを予告し、次の化城喩品第七への導入が図られているものと理解される。

（注）

1　中村元訳『ブッダのことば』一六二頁。

2　勝呂信静氏は『法華経の思想と形成』五八八頁において、法華経の教説について、「一乗を、真理は唯一であるという立場を示すものと解釈すると、このような思想は原始仏教聖典のうちで最古層に属するとされる『スッタ・ニパータ』において表明されている」と指摘され、ここで引用した箇所を含め、八七八から八八四に至る詩句が挙げられている。

3　大正蔵一四・五二九下。

4　大正蔵一〇・二七二中。

5　苅谷定彦著『法華経〈仏滅後〉の思想』一六五頁や前掲の松本史朗著『法華経思想論』六一〇頁においては、このような見解が述べられている。

6　平岡聡訳『佛陀の大いなる物語』上巻二三四頁。

7　『岩波仏教辞典』、七〇四頁。

第七章　遠い昔からの仏の縁

七・一　大通智勝如来

授記品第六では四大声聞に記が授けられたが、これに続く化城喩品第七に入ると、釈尊が、「諸々の比丘に告げたまわく」と前置きされて、前節（6·16）で予告された「我及び汝らの宿世の因縁」を説き始められた。

昔、大通智勝如来と呼ばれる仏がおられた。この仏の国は好成《こうじょう》、劫は大相《だいそう》と称されている。この仏が滅度されたのは非常に遠い昔のことであり、その年数が次のように説明されている。

三千大千世界のあらゆる地種を微塵に磨《す》り潰し、得られた粒をすべて集めて東方に向かって千の国土を過ぎるごとに一粒ずつ落しながら粒が無くなるまで飛び続ける。そして、このときに通過した国土をすべて抹して塵とし、その一塵に一劫をあてがった年数を想像しなさい。大通智勝如来が滅度されたのはこれより更に無量・無辺・百千万億阿僧祇劫も以前のことである。

そして、その年月について、「我如来の知見力を以っての故に、彼の久遠を観ること、猶今日の如し」と述べられている。

続いて、同内容のことが偈の形で再述されているがその内容は省略する。

上述の年数は一般に三千塵点劫《じんでんこう》と称されているが、三千大千世界のあらゆる地種といっても、具体的な対象があるわけではなく、まして一国土がどれくらいの個数の塵に分けられるかなど決めようがないが、もしそんな数を数えることができたとすると、ともかくもとても大きい数であることは間違いない。周知のように、劫自体が非常に長い年数を意味する。このことからすれば、法華経の編纂者が語りたい趣意は、大通智勝如来が滅度してからの具体的な年数を話題にしているのではなく、ともかくも非常に遠い昔のことであることを読者に実感させることにあると言ってよいだろう。それに、「さらに無量・無辺・百千万億阿僧祇劫も以前のこと」と付言されている。それでは本当に三千塵点劫プラス無量・無辺・百千万億阿僧祇劫なのかと念をおせば、きっと、いやもっとずっと以前のことだと答えるに違いない。いわば、読者がどんな大きい年数を想像したとしても、それよりもずっと以前だと言いたげである。

このような説明に出会うと、かつてどこかで知った次のような小話を思い出す。

(7·1) 負けず嫌いの二人が、どちらがより大きい数を思いつくかを競い合った。始めはふたりが互いに相手より大きい数を言い合っていたが、そのうちにひとりが、「お前の考えている数のその次の数」と言った。他方は、何を言ってもダメだと気付き潔く敗北を認めた。

ところで、この二人が共に「お前が考えている数のその次の数」と言ったらどうなるだろうか。かりにこの二人をAとBとする。Aがある数nを思いついたとすると、Bはその次の数n+1に思い当たる、それによりAはその次の数n+2に思い当たる。これを次々と追っていくと、二人が考えているそれぞれの数は際限なく大きくなっていき、どんな数を取ってきてもその数を追い越していく。そのようなどんな数よりも大きい数はもはや無限大という以外に呼びようがない。とすると、「三千塵点劫」もその意趣は、久遠の昔と言うしかないだろう。しかし、ここでは大通智勝如来が滅度した時点について語っている以上、その年数が幾ら大きくても確定した有限の数であるはずである。どんな数よりも大きい有限の数、理論上そんな数は有り得ない。とすると、久遠の昔に成道した仏なんか、そんな無意味な存在は考えない方が得策なのだろうか、等と疑念が湧いてくる。ここではとりあえず、それ以上の詮索は宿題として残して（十二・四節参照）、ともかくも想像を絶したとてつもなく大きい数と理解して先に読み進むことにしよう。

ここで、上述の三千塵点劫の説明が、偈の形で再述されているがここでは省略する。

続いて、大通智勝如来の寿命は五百四十万億那由他《なゆた》劫であると述べられている。ここで那由他は一説に一千億とも言われている大きな数を表している。この年数も、余計な詮索はやめてとてつもなく大きい数といった理解でとどめておく方が得策のようである。

この仏については、

(7·2) その仏、もと道場に坐して魔軍を破し已《おわ》って、阿耨多羅三藐三菩提を得たもうに垂《なんな》んとするに、而も諸仏の法現在前せず。是くの如く一小劫乃至十小劫、結跏趺坐して心身動じたまわず。而も諸仏の法猶在前せず。その時に忉利《とうり》の諸天、先んじて彼の仏の為に、菩提樹の下に於いて、仏この座に於いて当に阿耨多羅三藐三菩提を得たまうべしと、高さ一由旬の師子座（仏のためにしつらえられた座）を敷けり。適《はじ》めてこの座に坐したもう。

と書かれている。ここで、一由旬は距離を表わす単位で、牛に車をつけて一日ひかせる行程で、約7キロメートルとされている（注1）。

仏がこの座に着かれ、梵天王達やその余の諸天達が十小劫の間仏を供養したのち、諸々の比丘に、

（7-3）大通智勝仏十小劫を過ぎて、諸仏の法乃《いま》し現在前して、阿耨多羅三藐三菩を成じたまいき。

と述べられている。

上掲（7-2）で、「魔軍を破し」や「菩提樹の下に於いて」といった言葉は、仏伝を踏まえて叙述されたものだろう。仏伝では、釈尊は、八相成道の一つである降魔《ごうま》、即ち釈尊が悟りを得る際に、魔王をはじめ多くの悪魔・魔女達が脅迫・誘惑等の妨害をしたが、これらを総て降伏させたのちに、菩提樹の下において悟りを得られたとされている。ここで興味がもたれるのは、降魔を終えて、将に悟りを得んとしながらも、諸仏の法が現れず、梵天王達や諸天が師子座を設け長く供養をしてのち、阿耨多羅三藐三菩提《あのくたらさんみゃくさんぼだい》を得たとされている点である。この叙述のなかに、法華経編纂者の主張が込められているように思えてならない。仏伝では、釈尊は降魔を経て完全な悟りを得られ、その後梵天の勧請によって、衆生の済度が決意されて初転法輪がなされたとされている。これに対し、こ

こでは降魔の後に得た悟りが、「阿耨多羅三藐三菩提に垂ん（ほとんど近い）とする」ものではあっても、真の阿耨多羅三藐三菩提とは言えないとし、梵天等の諸天の供養の後に真の阿耨多羅三藐三菩提を得たとされているのである。いうまでもないことだが、ここで梵天等の供養といった表現は、仏伝にいう梵天勧請に因んで述べられたものであろう。

一・一節でも触れたが、もし降魔の後に得た悟りのみで終止したならば、仏教が、個々人が聖者になる教えといった性格で止まることになり、これに梵天勧請や初転法輪が加わることにより、一切衆生の救済という性格が付されて仏教が世界宗教に成長したのである。仏教の通説では、降魔を経て完全な悟りを得、その後に梵天勧請があって、その内容を衆生に恵みとして分け与えたと説かれているが、ここで法華経編纂者は、最初に得た悟りを不完全であるとし、その根幹において衆生の救済がセットされたものこそ完全な悟りであると主張しているものと理解される。

上掲（7·3）で注目されるのは、仏の法ではなく、「諸仏の法猶在前せず」と書かれていることである。ここでは、ひとりの優れた仏の悟りではなく、諸々の仏の法を包括する智慧が志求されているのである。また、（7·3）で書かれている阿耨多羅三藐三菩提は、この語の字義に即して言えば、真実にして完全なる最上の悟りを意味するが、これまでに読んできた文脈を踏まえると、このようにいわば抽象的に理解するよりも、むしろ、より具象化して、仏の一切智、つまりは一切衆生を救うために説かれた一切の教法を会得した悟りを意味し、更には、それらを一体のものとして捉えて一切衆生の救済に供する一仏乗の教理を含意していると理解した方がよいように思われる。

七・二　転法輪の勧請

大通智勝如来が未だ出家していない前に十六人の子供がいた。後の記述で子供達は王子と表現されている。このことから、大通智勝如来は出家前に王であったとみなされる。おそらくは、仏伝で釈尊が王家の出身であることを踏まえて叙述されたものであろう。ともあれ、子供達は、父が阿耨多羅三藐三菩提を得たことを聞いて、それぞれが好んで弄んでいた珍しい玩具を捨てて仏のもとに往詣した。子供達の母は涕泣しながら彼等を見送った。また、彼等の祖先である轉輪聖王や百人の大臣やその他の多くの人民が、子供達と共に大通智勝如来のもとに出かけ、仏を供養し讃歎し、一心に合掌して仏を仰ぎ見ながら、大要次のような内容の偈を申し述べた。

大威徳ある世尊は、衆生を救うために非常に長い期間を掛けて仏と成り、諸願を達成された。我々は、世尊が仏道を完遂されたのを見て歓んでいます。衆生は常に苦悩に喘ぎながらも、導師がいないため苦を滅する方法を知らずにきました。今世尊が煩悩を離れ安心を得る最上の法を得られたことを知り、我々も大利を得ることができます。この故に我々は、無上の師世尊に帰依します。

そのとき十六人の王子は、偈をもって世尊を讃め已《おわ》ってのち、みんなで声を揃えて、

(7·4) 世尊、法を説きたまえ、安穏ならしむる所多からん。諸天人民を憐愍《れんみん》し饒益《にょうやく》したまえ。

と申し上げた。そして更に偈を重ねて、同趣旨の勧請がいろいろと言葉を尽くして言上されている。

これに続いて、大通智勝如来が悟りを得られたときの情況が述べられている。十方それぞれにわ

たる五百万億の諸仏の世界が六種に震動し、其の国の中間で、これまで暗くて日月の光も届かなかった所までが皆明らかとなり、その中の衆生は互いに相見る事ができて、「この中に云何ぞ忽ちに衆生を生ぜる」（注２）と言い合った。つまり、これまでは個々ばらばらにそれぞれの世界しか見ていなかったが、光明が放たれ、世界の隅々まで一望の下に捉えることができ、他に多くの衆生が存在することを知ったのである。因みに、方広大荘厳経降生品第五を開くと、菩薩（成道前の釈尊）が兜率天から降って誕生する際に、三千大千世界が大明につつまれたことが書かれ、その状景描写のなかでこれとほとんど同じ文章が記されている（注３）。また、過去現在因果経巻第一においても、同じく菩薩降誕描出の際に殆ど同じ文言が書かれている（注４）。

また、その国界の諸天の宮殿乃至梵宮まで六種に震動し、大光明が放たれて世界に遍満した。そのとき、東方五百万億の諸々の国土において、その中の梵天の宮殿がひときわ光り輝き、諸々の梵天王が、「今は宮殿の光明昔より未だあらざる所なり。何の因縁を以ってこの相を現ずる」と疑問を懐き、この理由を究めるため西方に赴くと、大通智勝如来が、道場菩提樹のもとに座して諸天等に取り囲まれ、十六王子が転法輪を懇請しているところが見えた。

梵天王達は仏に礼をつくして、

（7-5）我等先世の福あって、宮殿甚だ厳飾《ごんじき》せり。今以って世尊に奉る。唯願わくは喜んで納受したまえ。

と、彼の仏に宮殿を差し上げる事を申し出た。そして、

（7·6）唯願わくは世尊。法輪を転じて衆生を度脱し、涅槃の道を開きたまえ。

と、偈をもって法輪を転じることを懇請した。大通智勝如来は黙然としてこれを許された。

これに続いて、ここでは詳述しないが、東南方及び南方の梵天宮についても同じような状景が繰り広げられたことが書かれている。また、西南方乃至下方も同様であったとされ、更に上方の梵天達について、同様の情景が多くの紙数を費やして描かれている。その描写のなかで、

（7·7）願わくは此の功徳をもって普《あまね》く一切に及ぼし、我等と衆生と皆共に仏道を成ぜん。

といった梵天達の願いが語られている。

ここで諸々の梵天が登場しているが、この場面は、言うまでもなく仏伝に言う「梵天勧請」を下敷きにしたものと理解される。それにしても、梵天が彼の仏に宮殿を差し上げることを申し出る場面の描写に非常に多くの誌面が費やされていることに驚かされる。これも法華経編纂者が梵天勧請をことのほか重視した証左であろう。その際に、（7·4）に書かれているように、仏に衆生の救済が請われている。更に、（7·7）におけるように、一切衆生と共に救われることの願いが語られている。ここでも、皆成仏道を標榜する法華経ならではの筆運びがなされいることが確認される。

ところで、ここでは仏に宮殿を差し上げるといった場面が描かれていて、現代人の感覚からすると少々唐突な表現のような感じもするが、方広大荘厳経を読んでいると、処胎品第六で、聖后摩耶夫人が菩薩を身ごもった際に、天帝釈、夜摩天子、兜率天子等の諸天が、次々と、聖后に安んじてもらうために宮殿を献上する場面にぶつかった（注5）。

七・三　大通智勝如来の説法

そのとき大通智勝如来は十方の諸梵天王並びに十六王子の願いに応えて法を説かれた。まず、

（7·8）即時に三転十二行の法輪を転じたもう。若しは沙門・婆羅門、若しは天・魔・梵、及び余の世間の転ずること能わざる所なり。

と述べられ、これに続いて、二・三節で説明したような四諦や十二因縁の法門がより詳しく説明されている。

上掲（7·8）の中で三転十二行の法輪とあるのは、苦・集・滅・道の四諦のそれぞれを、示転（四諦のそれぞれを示す）・勧転（四諦の修行を勧める）・証転（釈尊自身が四諦を実際に悟られたことを明かす）の三段階にわたって、合計十二の形式を踏んで説くことを意味する。一・一節において触れたように、仏伝では、釈尊の初転法輪の内容が四諦や十二因縁の法門であったとされているが、方広大荘厳経等には、より具体的に、釈尊の最初の説法の相手は阿若憍陳如《あにゃきょうじんにょ》等の五比丘であり、その時に説かれた法門が三転十二行の法輪であったことが記されており、また、過去現在因果経にも、上掲（7·8）の後半とよく似た文章が書かれている（注6）、三転十二行の法輪を初転法輪の説法と位置付けると、（7·8）の後半は、（仏教を除く）どんな求道者も転じることができないといった趣意と理解される。なお、ここで沙門という言葉がみえるが、、この言葉から、仏教徒をイメージしたくなるが、この文脈からすると、仏教徒以外の一般の男性出家者を指していると思われる。とも

あれ、（7·8）の全体が、仏伝を踏まえて書かれたものと言ってよいだろう。

続いて、

（7·9）仏が天・人・大衆のなかでこの法門を説かれた時、六百万億那由他の人、一切法を受けざるを以っての故に、而して諸漏に於いて心解脱を得、皆深妙の禅定・三明《みょう》・六通を得、八解脱を具しぬ。

と述べられ、第二、第三、第四の説法でも同様であるとされている。

ここで、「一切法を受けざるを以っての故に」、禅定・三明等の深妙な法門を具したと書かれているが、これらの法門はいずれも当時皆がその獲得を目指した教法である。このことからすれば、「一切の法を受けたが故にこれらの法門を具した」と書かれているならすんなり了解できるのだが、そのようには書かれていない。これをどう理解すればよいのだろうか？

こころみにいくつかの解説書を開くと、ここに書かれた一切法は一切の世俗的な法のことで、煩悩を起こすもとになる法を意味し、このような世法を受けていないので、といった意味に理解するべきであるとしている。例えば、坂本幸男・岩本裕訳注『法華経』中三三一頁をみると、ここで書かれている「一切法を受けず」の意味について、

（7·10）一切の見（誤れる思想）を受け入れない（法華文句七下）、一切法に愛着しない（法華義疏巻八），常楽我浄の四顛倒に堕せない（法華経定珍鈔三下）など多くの解釈がある。（以下略）

と種々の解釈が紹介されている。

しかし、一切法といった言葉は、薬草喩品や法師品や安楽行品においても使われていて、いずれも一切の事物の有り方を意味しており、この箇所のみでこの語句を上述のように解釈するのは少々ご都合主義なようにも思えてならない。それでは、ここで述べられている一切法を、一切の教法つまりは一切智に近い意味に理解することははたして不可能であろうか？

そこで、これまでに読んできた内容を振り返ってみることにしよう。(7·2)で、大通智勝如来が魔軍を破し終わって得た悟りは、最上のものとは捉えられていない。また、(5·4)や(6·1)に述べられている内容からみても、大通智勝如来が説いたとされている上述の四諦や十二因縁の教えは、法華経では、声聞や縁覚に合わせて説かれた権《かり》の教えであり、最上の教えと捉えられていない。そう思って(7·9)に述べられている禅定(四禅定、三・一節参照)・三明(宿命《しゅくみょう》明・天眼《てんげん》明・漏尽《ろじん》明)・六通(天眼通・天耳通・他心通・宿命通・如意心通・漏尽通)・八解脱(三・一節参照)等といった法門の内容をチェックすると、いずれも、個々人が特異な能力をつけて解脱することを志向する部派仏教で標榜された教理であり、大乗仏教が主張する慈悲心や仏国土を浄めるといった教えなどは含まれておらず、法華経編纂者から見れば未究竟の教理といってよいだろう。とすると、ここで述べられている一切法を、法華経の他の箇所で書かれている諸仏の法や一切智といった言葉に近い意味に理解しても差し支えない、というよりもこのように理解した方が文脈からみて至当なように思われてくる。つまり、一切の教法を一体のものとして捉えるといった教理、つまりは一仏乗がまだ説かれていなかったので、(やむなく)仏の方便の教えに従って、教えられた通りの(一見)深妙な教義を獲得し（当座の目的である）解脱を得たと理解した方がよいのではないだろうか（注7）。ともあれ、このような理解のもとで話の続きを見ていくことにしよう。

その時に十六王子はまだ童子であり、出家して沙弥《しゃみ》（見習い僧）になった。彼等は智慧明了《みょうりょう》で、前世において百千万億の諸仏を供養して修行を積んでおり、阿耨多羅三藐三菩提を求める者達であった。皆は声を揃えて、

（7·11）世尊。是の諸の無量千万億の大徳ある声聞は、皆已に成就しぬ。亦我等が為に阿耨多羅三藐三菩提の法を説きたもうべし。我等聴き已《おわ》って皆修学せん。世尊。我等は如来の知見を志願す。深心の所念は、仏自《みずか》ら証知したまわん。

と仏に申し上げた。その時、十六王子に従い、転輪聖王が率いる多くの衆生も出家を願った。仏はこれを受け、皆にこの大乗経の妙法蓮華経・教菩薩法・仏所護念と名付ける法を説かれた。

上掲（7·11）で、「声聞は皆已に成就しぬ」と書かれているが、この段階ではまだ法華経は説かれていおらず、彼等が成就したのは、彼等が目標とした「深妙の禅定・三明・六通」等の教義を指しているものと思われる。これに対し、十六王子は、我々にふさわしい阿耨多羅三藐三菩提の法を説いて欲しいと願っている。そして、如来の知見を志願していることが注目される。この言葉は、方便品で述べられている一大事因縁にいう仏知見と同一とみてよいだろう。また、転輪聖王の眷属達も十六王子に従って出家を願い、これらを受けて法華経が説かれたとされていることが興味深い。これは、（7·3）で、大通智勝如来の最上の悟りが、諸天の供養を受けてのちに得られたとされていること

とパラレルな関係になっている。ここでも、諸天の参与があってこの経が説かれたとされているのである。(7-9)に書かれた一切法を上述の様に解釈したうえでのことではあるが、ここで始めて衆生が一切法を受けることができたものと理解される。

ここで展開されている筋運びも、法華経成立以前の思想史を念頭において読むとよくわかる。大通智勝如来が説いたとされる四諦や十二因縁は、初期仏教や部派仏教で最も基本的とされてきた教義であり、多くの仏弟子達がこの教えに従って、一切皆苦を悟り、苦から逃れるためにその原因を究め、縁起の理法を会得してそれぞれに修行を積んで解脱を求めることを目指した。そして、禅定・三明・六通・八解脱等の教理を構築し、それらを会得することに一定の成果を得たのである。これに対し法華経では、このような苦から脱するための教えのみでは不十分であり、これらは当座をしのぐ権《かり》の教えであるとし、真実の教えとして仏知見つまりは皆成仏道が標榜されているのである。十六王子が如来の知見を志願し、諸天の願いを受けて法華経が説かれたとされているのも、この法華経の主張を、大通智勝如来にまつわる物語としてドラマ化したものと思われる。

これに続いて、十六人の沙弥達は阿耨多羅三藐三菩提を得るために、法華経の教えを受持し暗誦し精通した。彼等に加え、声聞の中にも信受する者があったが、それ以外の千万億の衆生はこの教えに疑いを懐いた。そして、仏は、八千劫に亘って休廃《くはい》なくこの法華経を説かれたと記されている。

この段落も、法華経成立当時の状況が織りこまれているように思われる。法華経が標榜する「皆成仏道」の教理に対して、部派仏教徒のなかにも共鳴し信受するものがあったが、多くの衆生は、教えの意味が分からず疑惑を懐き、むしろ、法華経を信奉するグループを迫害する側にまわった事情が織り込まれているものと思われるのである。

　ともあれ、十六人の菩薩は、そののち仏の教えに随順し、仏にならって法座に昇り、多くの衆生に法華経を説いて、この教えを示し・教え・利し・喜ばせ、阿耨多羅三藐三菩提を求める心を起こさせた。そして、この因縁によって、十六人の菩薩は最高の悟りを得て仏と成り、それぞれ、東・東南・南・南西・西・西北・北・北東の各方向に二名ずつ配されて、現在も法を説き続けている。例えば、西方に配されたうちの一人が阿弥陀如来であるとされている。そして、第十六番目が釋迦牟《しゃかむ》尼《に》仏であり、娑婆国土において阿耨多羅三藐三菩提を成じたと書かれている。

　ここでは、あらゆる方向にわたって色々な形で説かれている仏達が、大通智勝如来の血縁者として捉えられており、それらが相互に関連しあった一体のものとして捉えるべきことが示唆されている。後に如来寿量品で久遠実成の釈尊が説かれ、多様な形で説かれている仏達の働きが、この仏の働きの一環として捉えられているが、この段落を如来寿量品への伏線として理解することも可能であろう。

　以上、私見を交えながら、大通智勝如来にまつわる物語の大筋を追ってきたが、それぞれの部分でコメントを挿んだように、随所で、仏伝、更には仏教成立から法華経成立までの状況を踏まえて書かれたと思われる部分が目につく。それに、この物語の大筋自体が、降魔、成道、諸天による転法輪の勧請《かんじょう》、そして説法と、仏伝の流れに沿って書かれており、その説法の内容も仏伝にいう釈尊の説法を再解釈する形で書かれている。つまり、大通智勝如来にまつわる物語の全体が、当時捉えられていた形における仏教史の全体像を念頭におきながら叙述されたもののように受け取れる。あたかも、数百年に亘る仏教史全体を久遠の過去から連綿と伝わったものと捉え直し、これを素材にして、遠い昔におられた仏を借りて語ることによって、真理は久遠の昔から説き伝えられたものであると捉える真理観を表明しようとしているように思われるのである。

ところで、大通智勝如来の物語を読んでいると、この物語が、登場人物や細部の展開は異なるがモチーフにおいて、序品で語られている日月燈明如来にまつわる物語とよく似ていることに気付かされる。日月燈明如来は、無量無辺不可思議阿僧祇劫といった過去の仏であり、大通智勝如来は三千塵点劫を越える昔の仏とされ、共に遠い昔の仏である。いずれの仏も、まず四諦・十二因縁等の法門を説き、最後に法華経と同内容の経が説かれ、その後も、この教えが説き続けられてきたことが語られている。多くの論者が述べているように、序品の著者と化城喩品の著者は別人のようにも思われるが、両者は共通の真理観に立っている。すなわち、今説かれている法華経の内容は、遠い昔から、諸縁の連鎖を経て護持されてきたものとして捉えられている。いずれも、一神教に説くような、始原が有って終末に向かうとする真理観とは対極に位置する考え方といえるだろう。序品はこの経の導入部分でもあり、多様な有り方の叙述のみで終わっているが、この品では、上に見てきたように、同じような物語の中にも、法華経編纂者の懐く価値観が色濃く開陳されている。つまり、個々人が苦縛を脱して涅槃寂静の境地を求めるといった当時重要とされた考え方に対して、それだけでは不十分であり、多様に説かれる種々の教法を一体のものと捉えて、一切衆生を救済することに繋げることこそ目標にすべきであると主張しているものと理解される。

七・四　化城宝処の喩え

前節でみてきたように、釈尊は遠い昔からの仏の因縁を話されたが、続いて、この物語を踏まえて釈尊自らの事蹟について大略以下のように語られた。

弟子達よ。私はこれまでに非常に多くの衆生を教化した。彼等は私に従って法を聴き阿耨多羅三藐三菩提を得た。この諸々の衆生のなかには今声聞地に住している者もいる。未だ仏知見を志向しない者もいるが、彼等に対しても私はつねに阿耨多羅三藐三菩提を得るように教化してきたのである。如来の智慧は信じ難く解し難いため徐々にではあるが、仏道に入ることができるだろう。そのときに教化した多くの衆生の後身が今ここにいるお前達であり、私の滅後における声聞達である。私の滅後、弟子の中には、この経を聞かず、菩薩がなすべきことを知らず、覚らず、自らの功徳で余の国で涅槃に入る者がいるかもしれないが、このような人も、私は娑婆世界以外の他の国で別の名前の仏となって、この経を聞くように仕向けて教化する。その場合も、ときには方便の教えもあるがそれらを除けば、唯仏乗において悟りを得るのである。もし如来自らが涅槃に至るとき、皆が、信解が清浄となり、よく空の教理を理解し、禅定にいる状態にあることを知ったならば、即座に、菩薩や声聞衆を集めてこの経を説き、「世間に二乗として滅度を得ることあることなし。ただ一仏乗をもって滅度を得るのみ」と宣言する（注８）。

ここで釈尊は、皆の理解を助けるために化城宝処の喩えを説かれた。

譬えば五百由旬も離れた地で、人跡途絶え、怖しく険難な悪道しか通じていないところに珍しい宝が有り、大勢で隊を組んでこのところへ行こうとした。その隊のなかに、この道程を知り尽くした聡明な人がおり、みんなの導師となった。この険しい道の途中で、隊の多くの者が、

（7·12）我等疲極して復怖畏す。復進むこと能わず。前路猶遠し。今退き還らんと欲す。

と言い始めた。導師は何とかしてみんなを引き留めようと考え、一計を案じ、三百由旬を過ぎたところに、神通力で一城（城壁で囲まれた都市）を現出させた。

（7·13）汝等《なんだち》怖るることなかれ。退き還ること得ることなかれ。今この大城、中において止まって意《こころ》の所作に随うべし。もしこの城に入りなば、快く安穏なることを得ん。もし能く前《すす》んで宝所に至らば亦去ることを得べし。

とみんなを導いた。皆は、導師のこの言葉に従って、進んで化城のなかに入り、身心をほぐし、今迄目指していた目標が既に達したような思いを懐いた。

そこで導師は、皆が十分に疲れを取り去ったことを見届けてのち化城を消し去り、

（7·14）汝等いざや宝所は近きに在り。さきの大城は我が化作《けさ》する所にして（神通力で創ってみせたもので）、止息の為なるのみ。

と呼びかけた。

喩え話はここで終わっているが、続いてこの話の趣意が述べられている。導師は如来を喩えたものである。如来は喩え話のなかの導師と同様に、衆生の諸々の生死を如何に処すべきかを知悉しておられる。寂滅の地に逃れたいと願う衆生に対し、もし但《ただ》一仏乗の教えを説けば、衆生は「仏道は長遠なり。久しく勤苦《ごんく》を受けて乃《いま》し成ずることを得べし」と考え、仏と成ることを求めず近づくことさえしなくなるだろうと考えられた。

ここで「仏道は長遠なり」とあるが、当時、釈尊が成道できたのは、想像を絶するような永い期間修行を積んだからこそであると理解されており（注9）、このため部派仏教徒達は、長く遠い修行なしでは得られないと考え、自分達には叶わぬものとして仏知見を求めることを断念したのである。

続いて、「仏是の心の怯弱《こうにゃく》（臆病）下劣なることをしろしめして、方便力を以って、中道に於いて止息せんがための故に、二涅槃を示して、衆生二地に住すれば、如来その時に即ち為に説く」と叙述されている。方便品以降の筋運びを踏まえると、ここでいう二涅槃は、声聞乗・縁覚乗のそれぞれが目標としたところを指し、二地はそれらの境地を意味すると理解してよいだろう。

これに続いて、世尊は、

（7-15）汝等は所作未だ弁ぜず。汝が所住の地は仏慧《ぶって》に近し。当に観察し籌量《ちゅうりょう》すべし。所得の涅槃は真実に非ず。但是れ如来方便の力をもって、一仏乗に於いて分別して三と説く。

と述べられ、上述の涅槃は、ちょうど導師が「宝所は近きにあり。この城は実にあらず。我が化作するのみ」というのと同じであると説明された。化城喩品の長行の部分はここで終わっている。このあと、常のように、同趣旨の話が偈の形で再説されている。大旨は同じなのでここでは省略するが、そのなかで、(7-15)と同趣旨のことが、次のように表現されている。

(7-16)諸々の道を求める者、中路にして懈廃《けはい》し、生死煩悩の諸の険道を度すること能わざるを見る。故に方便力を以って、息《やす》めんが為に涅槃を説いて、汝等は苦滅して、所作皆已《すで》に弁ぜりという。既に涅槃に到り、皆阿羅漢を得たりと知って、爾して乃《いま》し大衆を集めて、為に真実の法を説く。(中略)汝が所得は滅にあらず、仏の一切智の為に当に大精進を発《おこ》すべし。

ところで、(7-15)で、「汝等は所作未だ弁ぜず(汝等所作未弁)」と書かれているが、この言葉に接すると、筆者は、仏伝に書かれた「如来は所作已《すで》に弁ぜり(如来所作已弁)」という言葉を思い起こす。方広大荘厳経によれば、如来が魔を降して正覚を得てのち、大梵天王勧請品第二十四において所謂梵天勧請が記され、これに続いて転法輪品第二十六が説かれているが、その冒頭に「その時仏は諸々の比丘に、如来の所作已に弁ぜりと告げられた(爾時仏告諸比丘。如来所作已弁)」という文言が書かれている(注10)。これは、如来はなすべき事をなし終えたのであり、これからそれが転じられるのであるという意味の前置きと理解してよいだろう。なお、過去現在因果経では、如来が正覚を得た時点で「所作已に竟《おわ》る(所作已竟)」と述べられ(注11)、その後に梵天勧請の話が述べられている。いずれも、釈尊が、降魔を終えて完全な悟りを得たことを所作已弁(もしくは所作已竟)と表現しているのである。

この言葉に関連して、(7·16)において、「汝等は苦滅して、所作皆已に弁ぜりという」という文言が述べられているが、このことから、(7·15)の「所作未弁」という言葉が仏伝に言う「所作已弁」と関連して書かれているように思えてならない。若しそうなら、(7·15)は、仏伝では、釈尊が悟りを得たとして述べられているその悟りの内容が如来所作已弁と表現されてはいるが、未だ真実が露わには説かれておらず、実のところは所作未弁であると云っているように受け取れるのである。とすると、ここで言わんとするところは、大通智勝如来が降魔の後に得た悟りを不完全とする(7·2)の叙述と同趣意であることが看取される。もしかすると、(7·15)の「仏慧に近し」と(7·2)の「阿耨多羅三藐三菩提を得たもうに垂《なんな》んとする」とは、同内容のことを想起して述べられているのかもしれない。ともあれ、法華経編纂者は、初転法輪で説かれた四諦や十二因縁等の教法に対し、それらは止息のために化作されたものであり、真の目的は更に先にあり、その目的を目指さなくてはならないと呼びかけているのである。

(注)

1　岩波『仏教辞典』八一四頁。

2　妙法蓮華経における原文は、「其国中間。幽冥之処。日月威光。所不能照。而皆大明。其中衆生。各得相見。咸作是言。此中云ちゅ何。忽生衆生」(大正蔵九・二三上)。

3　世界中間幽冥之処。日月威光所不能照。而皆大明。其中衆生各得相見。咸作是言。云何此中忽生衆生(大正蔵三・

五四八上）。

4　三千大千世界。常皆大明。其界中間幽冥之処。日月威光所不能照。亦皆朗然。其中衆生各得相見。共相謂言。此中云何忽生衆生（大正蔵三・六二四中）。

5　大正蔵三・五四九中。

6　方広大荘厳経転法輪品第二十六では、初転法輪の場面が「爾時世尊為憍陳如三転十二行法輪已」（大正三・六〇八上）と表現されている。また、過去現在因果経巻第三においても、初転法輪で三転四諦十二行の法が説かれたとされ、その際に、諸天が、「転大法輪一切世間。天人・魔・梵・沙門・婆羅門所不能転」と述べたと書かれている（大正蔵三・六四四下）。

7　梵文直訳書でこの部分に相当するところを読むと、「一切法を受けざるを以ての故に」といった内容に相当することは書かれていないが、この一段の筋運びは羅什訳妙法蓮華経と同じであり、四諦・十二因縁・禅定・三明等の教法を説き終わって後、十六王子等の懇願を経て、最高の教えである法華経が説かれたとされている。「一切法を受けざるを以ての故に」といった文言は、文脈を明確にするため、羅什が付け加えたのかもしれない。

8　この部分は、「自我偈」⑤～⑦行目とよく似た論理展開である。双方とも、法華経唱道者の実体験が織り込まれているように思われる。

9　高崎直道著『仏教入門』二三頁参照。

10　大正蔵三・六〇五中。

11　大正蔵三・六四二下。

第八章　みんな仏に成れる

八・一　仏弟子五百人の受記

化城喩品第七に続く五百弟子受記品第八に進むことにしよう。

この品《ほん》の最初の登場人物は富楼那弥多羅尼子《ふるなみたらにし》（以下富楼那と略称）である。彼は、仏より方便随宜の説法を聞き、諸々の大弟子達が仏より記を授けられたのを耳にし、また仏の宿世の因縁の事を聞き、そして諸仏の大自在神通の力を知って深い感動を覚えた。

この叙述は、方便品での説法、舎利弗や四大声聞への授記、大通智勝如来にまつわる物語、そして神通力によって城を化作したことを物語る化城宝処の喩といったこれまでの釈尊の説法のいわばポイントを列挙したものと理解される。

彼は、世尊の御前に至り、尊顔をじっと仰ぎ見ながら、自分が世尊に深い感謝の念を懐いていることを察していただきたいと心中に願った。

その時世尊は諸々の比丘に向かって富楼那の行跡について語られた。彼の説法が非常に優れていること、つねに法を護持し、宣伝に助力し、四衆に示し・教え・利し・喜ばせてきたこと等が述べられ、過去九十億の諸仏のもとにおける説法人のなかで第一であると評されている。そして、よく空法に通達していること、仏土を浄めるために仏事をなしてきたこと、多くの衆生を教化したこと等が挙げられ、みんなにこの人こそ実の声聞であると目されていると述べられた。更には、過去七仏のもと、今我が所、更には当来の諸仏の中でも説法の第一人者であると賞嘆されている。このような叙述は、彼が仏伝において説法第一と称されていることを踏まえてなされたものと思われる。

富楼那についてのこの描写の中においても、法華経編纂者が期待する人物像の一端を垣間見ることができる。空法の通達、仏国土の浄化、衆生教化といった大乗仏教が称揚する徳目が挙げられており、彼は声聞と目されながらも、もはや菩薩といってよい人物として描かれている。

これに続いて釈尊は、

(8-1) 漸漸に菩薩の道を具足して、無量阿僧祇劫を過ぎて、当《まさ》にこの土において阿耨多羅三藐三菩提を得べし。

と述べられ、富楼那は法明如来という名の仏に成るだろうと記を授けられた。

ここで、「当にこの土において」と付言されていることが注目される。法華経では、随所で、他土ではなくこの娑婆世界の救済が説かれているが、この文言もその一環とみてよいだろう。

これに続いて、その仏の国土の様子が描かれている。その中には、「其の仏、恒河沙(ガンジス河の砂の数)に等しい三千大千世界を以って一仏土となし」といった一節が見られる。一仏土という言葉は後に読む如来神力品にもあり、多様な有り方の統合を志向する法華経編纂者の考えが込められているものと理解される。また、その国には、「女人なくして、一切衆生皆以って化生《けしょう》（忽然として出生）し淫欲あることなし」といった一節も書かれている。この一節を文脈から切り離して読むと、男女平等を常識としている現代人の感覚からみて物議をかもしそうであるが、この文脈では、あくまでも声聞としての富楼那（当然男性出家僧）からみて有って欲しい国が語られていることに留意する必要がある。当時の出家僧は淫欲を断じて修行に励む事が求められていた。当時の男性出家僧にとって、女人は修行を妨げる存在であり、いないに超したことはない、と考えたものと思われる。法華経全体を通じて読めば、女人は重要な存在として捉えられている。このことは、随所で男女を差別することなく善男子・善女人とセットにして呼びかけており、また、勧持品では、摩訶波闍波提比丘尼や耶輸陀羅比丘尼等の女性への授記が特記されていることなどから知られる。

続いて、常のように、同趣旨のことが偈の形で再説されているが、その中には、

（8-2）衆が小法を楽《ねが》って大智を畏るるなりと知るをもって、この故に諸の菩薩は、声聞・縁覚となりて、無数の方便をもって諸々の衆生を化《け》す。

といった言葉や、

（8-3）内に菩薩の行を秘し、外にこれ声聞なりと現し、

といった言葉も書かれている。つまり、もともとは菩薩であったが、その心を秘して、衆生を導くために声聞となって、小法を願って大智に畏れを懐いて遠ざかる者に、方便の教えを説いてきたと

されているのである。ここで、大智に畏れを懐いて遠ざかる者といった叙述に接すると、筆者は、信解品に書かれた（6-2）を思い起こす。自ら描いた完全無欠な釈尊像と自分を比較してその差のあまりにも大きいことに畏れをなして、仏智を求めようとしない部派仏教への批判が、ここでも述べられているものと理解される。なお、ここで、声聞や縁覚や菩薩といった言葉が述べられているが、これら三乗のそれぞれを恒常的な種性として捉えるよりも、仏の教えの通りそのままに修行する仏弟子、それぞれに独自の工夫を重ねながら修行する仏弟子、仏と同質の者と成ることを目指して修行する仏弟子といったように原義にかえって理解し、為す所に応じて互いに移り合う対象と受け取るべきであろう。声聞はもと菩薩であったといった趣旨の叙述も、種性としての菩薩ではなく、菩薩と同じ行為を志向するものと理解するべきであろう。筆者は、釈尊と仏弟子達が共に一体となって一切衆生の救済のため活躍した仏教創設当時の状況が念頭に浮かぶ。ここで登場している富楼那は、部派仏教徒のうちの一人としての役割を演じるとともに、かつて釈尊と共に活躍した直弟子としての役割も付されているように思われる。つまり富楼那は、仏教創設当時に懐いた如来の知見を目指す理想を内に秘めながらも、如来がそうであったように、方便として小法を説いているのであると賞賛されているものと理解される。

そのとき、既にあらゆるものへの執着を離れた千二百人の阿羅漢達が、多くの声聞が記を得たことに感動したが、大弟子達と同じく自分達にも記が授けられればこんなにうれしいことはないとの思いを懐いた。世尊はこの思いを察せられ、この千二百の阿羅漢は、今当に順々に記を授けるであろうと述べられ、まず憍陳如比丘に対し、六万二千億の仏を供養して後に普明《ふみょう》如来という名の仏に成るだろうと授記された。さらに、優楼頻螺迦葉《うるびんらかしょう》・伽耶迦葉《がやかしょう》等の五百人の阿羅漢に対しても、阿耨多羅三藐三菩提を得て皆同じく普明如来という名前の仏に成るだろうと授記された。

そして、重ねて述べられた偈のなかで、迦葉に対し

（8・4）迦葉、汝已に五百の自在者を知りぬ。余の諸《もろもろ》の声聞衆も亦当に復是《か》くの如くなるべし、其の此の会《え》に在らざるは、汝当に為に宣説すべし。

と付言されている。これ以後にも多くの声聞が記を受けることになるが、「余の諸々の声聞衆」並びに「会にあらざる」者も込めて同様だと述べられていることから、原理的には、ここですべての声聞達に記が授けられたものと理解される。実際、以後ほとんどの場合が、私にも釈尊からいわばお墨付きを頂きたいと申し出て、これに応える形で記が授けられている。

八・二　衣裏繋珠の喩え

記を受けた五百人の阿羅漢は、躍り上がらんばかりに喜び、座より起って仏の御前に進み、自らの過《あやまち》を悔いて、「世尊よ。私達はこれまで受けた仏の方便の教えに従って修行して、自ら究極の悟りを得たと思っていいましたが、今やっと自分が無知であることに気付きました」と申し述べ、その理由が次のように語られている。

なり。

（8・5）我等は応《まさ》に如来の智慧を得べかりしに、しかも便ち自ら小智を以って足れりとなしたればなり。

ここでも、「如来の智慧」こそ求めるべきだったと、方便品と同趣意のことが述べられている。

記を受けた五百人の阿羅漢達は、彼等の領解を知ってもらうために、大要次のような衣裏繋珠《えりけいしゅ》の喩えを申し述べた。

譬えば、ある貧窮している人が、裕福な親友に招かれて酒に酔って眠り込んでしまったとしよう。その時に、親友がある仕事で出かけざるを得なくなった。出かける際に、かねてより与えようと思っていた非常に高価な宝珠を、よく眠っている客を起こすことなく、その衣の裏に縫いつけておいた。その人はよく眠っていたため、そのことに全く気付かなかった。目を覚まして親友の家を辞し、旅をして他国に移り、衣食を手にいれるためにいろいろと努力したが得る所が少なく、少しでも得るところがあればそれで満足して、その日暮らしに明け暮れていた。後日たまたま親友と出会った彼は、「衣食を求めるために、どうしてそのようなバカなことをしているのだ。そのような苦労をしなくてすむように、貴方の衣の裏に縫いつけておいた宝珠があるではないか。その宝珠をもってすれば稼ぐ必要はなく、何でも手にいれることができるはずだ」と告げられた。

続いて阿羅漢達は、この話を素材にして、次のような感懐を述べている。

この話にあるように、仏は、常に我々を憐んで教化され、我々の知らないうちに、一切智を求める心を植えつけられたのですが、それを忘れ、知らず覚らず、煩悩を滅して安心《あんじん》を得るというより劣った教えに従った修行を終え、喩え話のなかで衣食を求めて日々の糧を得て満足するのと同じようにそれ以上のものを求めませんでした。私達は自覚することなく仏に植え付けて頂いた一切智を求める心をまだ失わずに保っております。そして、喩え話で衣裏の宝珠の存在を知らされるように、今釈尊から「諸々の比丘よ。汝等が得たる所は究竟の滅にあらず。われは久しく汝等をして、方便をもって仏の善根を植えしめんが故に、涅槃の相を示せり。しかるを汝これ実に滅度を得たりと謂《おも》えり。」と教導され、我等は実の菩薩となって、阿耨多羅三藐三菩提の記を授かりました。この因縁により、かつて味わったことのない歓喜の気持ちに包まれています。

ここでいう衣裏繋珠については、ときおり、法華経より数百年後に成立した大般涅槃経で説く意味の仏性に擬《なぞら》えて説明している解説書に出会う。大般涅槃経では、誰でも心の中に仏性つまり仏と同じ性質を持っているが、煩悩に覆われているためまだ外に顕れていないと説いている。上述の衣裏繋珠の譬えで、衣裏の中に宝珠があって気が付かずにいることが描かれていることから、仏性に擬えたくなるが、上に書かれているような阿羅漢達の説明を踏まえると、このような理解は法華経編纂者の意に沿ったものとは言えない。上述のように、ここにいう衣裏の宝珠は、一切衆生の救済を期する仏の知見を志求することを意味する。ここでは、個々人の安心《あんじん》を求めるという考え方から、一切衆生の救済を目指す考え方へと価値観を変革することが求められているのである。上述の喩え話は、仏知見を求めるという大理想が、化城喩品で語られている大通智勝如来にまつわる物語の展開から分かるように、遠い昔からの仏の縁によって我々に種え付けられていると説かれているのであり、これを思い起こせと呼びかけているのである。このように理解すると、(8･5)が例えば(5･4)と同趣旨であることに気づかされる。

五百弟子受記品第八の長行の部分はここで終わっている。常のように、これに続いて偈が説かれているがここでは省略する。

八・三　学・無学二千人の受記

五百弟子受記品第八に続いて、授学無学人記品第九が説かれている。このタイトルからも分かるように、この品《ほん》では、学・無学への授記が説かれている。

先ず始めに、阿難と羅睺羅《らごら》が立ち上がり、世尊に自分達も記を頂きたいと願い出た。その内容の詳細は略するが、その中には
(8･6)阿難は常に侍者となりて法蔵を護持し、羅睺羅は仏の子なり。もし仏が阿耨多羅三藐三菩提の記を授けられれば、わが願い既に満じて衆の望みもまた足るならん。

といった一節が含まれている。この叙述は、阿難が常時釈尊に付き従っていたとされ、羅睺羅が釈尊の実子であったとする仏伝を踏まえて叙述されたものと理解される。

これに続いて、学・無学の声聞二千人もまた阿難や羅睺羅と同じ願いを懐いて立ち並んだ。

世尊は、まず阿難に対し、山海慧自在通王如来になるだろうと、記を授け、

（8·7）当に六十二億の諸仏を供養し法蔵を護持して、然してのち阿耨多羅三藐三菩提を得べし。

二十千万億恒河沙の諸の菩薩を教化して阿耨多羅三藐三菩提を成ぜしめん。

と付言された。そして、常の形式に従って、国の名及び劫の名、正法・像法の長さ等が述べられている。この場合も、数多くの諸仏に供養して後に悟りを得ることが述べられ、多様な考え方を身に着けることが要請されている。また、悟りを得て後、多くの菩薩を教化することも強調されている。

続いて、この授記の場面が偈の形で再説されているが、その内容はここでは省略する。

このときに、会座に列なっていた八千人の新発意《しんぼっち》（新たに悟りを求める心を起こしたばかり）の菩薩達が、諸大菩薩達が記を得たことも聞いたことがないのに、どのような因縁から諸声聞がこの様に記を受けるのだろうかと不審の思いを起こした。世尊はこの思いを察して、阿難が自分と共に空王仏のもとで阿耨多羅三藐三菩提を得ることを志したこと、多聞を願ってよく精進したこと、今後、菩薩を教化しようとする本願を懐いていること等を挙げ、授記に値する人物であることを皆に説明された。ここでも、阿難がもとは菩薩に匹敵する者であったことが描出されている。このような説明を聞くにつけても、筆者は、阿難が常に釈尊に付き従って師と心をひとつにしながら修学や弘法《ぐほう》に活躍していた仏教創生当時の状況がイメージされる。（6·1）の文言に関連して述べたように、法華経成立当時の部派仏教徒達も、仏教発祥当時の源にかえれば、仏知見を志向していたのだと捉える法華経編纂者の見方が反映されているように思われるのである。

続いて、羅睺羅に対しても、蹈七宝華《とうしっぽうけ》如来という名の仏になるだろうと記が授けられ、常のように国や劫の名前、正法・像法の長さ等が述べられ、偈の形でも再述されている。そしてまた、学・無学二千人に対しても記を授けられた。その仏の名は、いずれも宝相《ほうそう》如来とされている。この場合にも、それぞれが非常に数多くの仏・如来を供養し、法蔵を護持することによって仏になれることが強調されている。

学・無学二千人の受記についても、偈の形で再述され、この偈を以って授学無学人記品第九は閉じられている。偈の内容は略するが、その末尾には、彼らの喜びが、

（8・8）世尊は慧の燈明なり。我は記をさずけらるる音《みこえ》を聞きたてまつりて、心歓喜に充満すること、甘露をもって灌がるるが如し。

と表現されている。

八・四　極悪人提婆達多の受記

妙法蓮華経では、一・二節でリストアップしたように、授学無学人記品第九に続いて、法師品第十及び見宝塔品第十一を経て提婆達多品第十二が書かれ、勧持品第十三へと続いていくが、提婆達多品は、一・二節でも触れたように、おおかたの研究者によって、後に挿入されたものと推定されている。確かに、法師品以下の話の筋を追っていくと、この品を経ずに見宝塔品から勧持品に繋がっているように思われる。とすれば、提婆達多品は、法師品以下で展開されるストーリーからいっ

たん切り離して読んでも差し支えないだろう。そこで提婆達多品をみると、前半では提婆達多の受記、後半では竜女の成仏が主題であり、いずれも本章のテーマに関連している。本書では、提婆達多品を法師品及び見宝塔品に先んじて、この章で考察することにする。

まず、提婆達多品前半の主人公である提婆達多《だいばだった》が如何なる人物かを確認しておこう。提婆達多は釈尊のいとこで、阿難の兄ともいわれ、一般に達多とか調達《ちょうだつ》とか呼ばれている。釈尊の弟子であったが、後に仏教教団を去り同調者を集めて新しい教団を作り、独自の戒律を設けて厳格に守った。多くの悪行を重ねたが、なかでも次の五事がよく知られており、提婆の五逆と呼ばれている（注1）。

（一）僧団の秩序を乱した。

（二）仏身より血を出した。

（三）狂象を放って釈尊を殺そうとした。

（四）尼僧を殺した。

（五）十爪に毒を塗って釈尊を毒殺しようとした。

提婆はこのように悪行を重ねたとされているが、（一）は仏教教団の秩序破壊、（二）、（三）及び（五）は教団の創始者釈尊に対する傷害、（四）は仏教修行者の殺害であり、いずれも仏教教団への反逆と言ってよいだろう。前述のように彼が別の教団を作ったことからすれば、これらの行為も仏教教団側からみた増幅された虚像も含まれているようにも思え、よし事実としても彼なりの正義観から出たものと考えられなくもない。因みに『望月仏教大辞典』をみると、提婆達多の悪事を数えあげたうえで、死後は地獄に堕ちたと書かれた経典が数多く紹介されているが、その一方で、提婆達多の遺訓に従う三伽藍が存在したことや、調達を崇めて常に過去三仏を供養し、ただ釈迦仏には供養しない教団があったことが書かれている（注2）。

以上、提婆達多の人となりの一端をみたが、これを踏まえて提婆達多品を読むことにしよう。

提婆達多品は、釈尊が、諸々の菩薩及び天・人・四衆に対し、

(8·9)我過去無量劫の中において、法華経を求めしに懈倦《けけん》あることなし。

と述べられる場面から始まる。このような記述は、仏伝にも言われているように、釈尊が非常に長い期間にわたって菩薩としての修行を積んできたとされる当時の考え方によったものであろう。ともあれ、ここでは、釈尊が悟りを得るため、他ならぬ法華経を怠ることなく求め続けたとされているのである。ここでいう法華経は、今読んでいる法華経と寸分違わぬ経典ではなく、骨子においてこの法華経と同内容の経を意味すると理解する必要がある。もし寸分違わぬものと理解した場合、仮に、法華経を求めてその願いが叶ったとしても、その法華経にも「法華経を求めしに」と書かれているはずで、別の法華経を求める必要が生じる。これを繰り返すと、原初の法華経を尋ねようがなくなってしまうのである。

閑話休題。続いて、その修行の内容が書かれている。非常に長い間国王となって最高の教えを求める願を発し、怠りなく努め、六波羅蜜の教えを全うするために布施行を続けてきた。これも、釈

尊が出家前に王子であったことや成道前に菩薩として六波羅蜜を修行したとする仏伝を踏まえて書かれたものであろう。

そして、国位を捨てて政を太子に委せ、「誰か私の為に大乗の教えを説いてくれる者はいないか。私は生涯その人の召使いとなって使い走りも致しましょう」と、鼓を撃って四方に触れを出して法を求めた。これに応じて、阿私仙人と呼ばれている仙人が、妙法蓮華経という大乗の教えに従ってはどうかと申し出た。王は、その言葉を聞いて喜び、仙人を師として師が必要とするものをすべて取りそろえた。経文には、

(8・10) 果を採り、水を汲み、薪を拾い、食を設け、乃至身を以て牀座と作《な》せし。

とあり、この様な給仕を千年間続けて仙人に何の不自由も感じさせなかったと書かれている。また、同趣旨のことが書かれた偈のなかで、このように身を砕いて仙人に仕えても、

(8・11) 情《こころ》に妙法を存するが故に、心身懈倦《けけん》なかりき。

と書かれている。

この話を終えたのち、釈尊は出家僧達に、

(8・12) その時の王とは則ち我が身これ也。時の仙人とは今の提婆達多これなり。

と過去の因縁を明かされた。

これに続いて、仏は提婆達多に対し天王如来という名の仏となるだろうと記が授けられ、常のように国や劫の名、正法、像法の長さ等が語られている。

以上、提婆達多品の前半に書かれた内容の大筋をみてきたが、つまりは、釈尊が前世において、阿私仙人に教えを受け、永くその仙人に仕えて仏と成ったことが語られ、阿私仙人は提婆達多の前身であると明かされ、その提婆達多に記が授けられたのである。

それにしても、提婆達多は仏教教団の和を破り、教主釈尊を傷つける等の多くの不善をなした許し難い大悪人である。そのような彼が釈尊の師とされている。常識的に考えると、儒教を持ち出すまでもなく、師は厳にして何らかの意味の悪と関わりがあろうはずがない。それに彼は、傷害、殺人等を行った犯罪人であり、罰せられてこそ当然と思われるが、この品では、常識に反して記が授けられている。それでは、一体この経典の編纂者は、このような物語によって、何を言おうとしているのだろうか？

その解答は、この品には明示的には書かれていないが、法華経の説く実相観に依拠すれば理解できない事柄ではない。法華経では、例えば（4·14）にも書かれているように、あらゆるものの有り方を無性《むしょう》、つまりそれ自身に固有の固定的な性質は存在しない、と捉え、仏となる要因も縁によって起こると説いている。つまり、固定的な見方に縛られず、仏縁のなかで捉えるべきことが求められているのである。この品でわざわざ極悪人提婆達多を登場させて釈尊の師として描き、その成仏を説いているのも、このような成仏観を浮き彫りにするためのレトリックではないかと思われる。この意味では、提婆達多品がのちに挿入されたものであったとしても、その作者は、法華経編纂者達と同じ思想的基盤に立っていることは確かである。

八・五　竜女の成仏

提婆達多品の後半に入ると、多宝如来の眷属である智積《ちしゃく》という名の菩薩が登場する。彼は多宝仏に、本土に帰っては如何でしょうかと申し上げた。釈尊が、「しばらく待て。ここに文殊菩薩がいるからともに妙法について話しあってから本土に帰るがよい」と述べられた。

ここで多宝如来が登場しているが、この仏は、本書では後に読むことになる見宝塔品で重要な役割を演じる仏である。前節の最初に述べたように、妙法蓮華経では、今読んでいる提婆達多品は見宝塔品の後に書かれており、原文通りの順で読み進むと、ここで多宝如来が登場しているのはごく自然な筋運びだと理解される。しかし、この品で多宝如来が登場するのはこの導入部分のみで、話の本筋には関係しない。おそらくこの部分は、独立した話である提婆達多品と見宝塔品を結びつけるために述べられたものであろう。

そのとき文殊菩薩は、大海の中にある娑竭羅竜宮《しゃからりゅうぐう》で法華経を説いて帰ってきたところであった。まず、智積菩薩が文殊菩薩に、竜宮でどれくらいの衆生を教化したかを尋ね、文殊菩薩は、その数の非常に多いことを告げた。そのとき、無数の菩薩が霊鷲山に詣で説法の会座に現れ出でた。これらの菩薩達は、次のように説明されている。

(8·13) 皆これ文殊師利の化度《けど》する所にして、菩薩の行をして、皆共に六波羅蜜を論説し、もと声聞たりし人は、虚空の中に在りて声聞の行を説くも、今は皆大乗の空の義を修行するなり。

これに続く同趣旨の偈の中には、これらの菩薩は、「実相の義を演暢《えんちょう》し、一乗の法を開闡《かいせん》」して教化したことが述べられている。

文殊菩薩が「これらの人々は海中で私がもっぱら法華経を説いて教化した者達です」と述べると、智積菩薩は「この法華経は非常に深い教えですが、この経に書かれている通りに一生懸命修行すれば、速やかに仏に成れるのでしょうか」と尋ねた。これに対し文殊菩薩が、「その通りです。証拠をお見せしましょう。娑竭羅竜宮には八歳になったばかりの娘がいます。極めて利根であり善く衆生の行業を知り、懸命に仏の教えを学び、能く覚智を得ました。更には、慈悲深く一切衆生を我が子の様に慈しみ、多くの人々を導き、その行いは非常にすばらしいものです」と応えると、智積菩薩は「私が知るところでは、釈尊は非常に長い間休むことなく修行を積んで来られ、あらゆる処で身を捨てる覚悟で衆生の救済に努めてこられ、その結果として悟りを得られました。女性が瞬時に仏になるなんて信じらない」と応じた。

その言葉が終わるや否や、目の前に竜王の娘が現れ、釈尊を礼拝して座に着いた。そのとき、舎利弗が竜女に対し、「貴女は年若くして最高の悟りの位を得たということだが信じられない。女性の身は穢れており法を受ける器ではない。どうして最高の悟りを得ることができようか。仏道の修行は非常に永く掛かるものであり、長い間の行を勤めてこそ始めて悟れるのである。それに、女性の身には、梵天王・帝釈・魔王・転輪聖王・仏に成れないという五障があると説かれている。女性である貴女が仏に成れるわけがない」と思うところを吐露した。

そのとき竜女は、全世界のあらゆる存在に匹敵するくらいの価値がある一つの宝珠を仏に差し上げ、仏はこれを納受された。竜女は智積及び舎利弗に向かい、「私が宝珠を釈尊に差し上げ即座に釈尊が納受されましたが、私が仏に成るのはこれよりもっと速いことを見定めて下さい」と言い終わったとき、その場に集まった者総てが、竜女が忽ちのうちに男性の姿に変わり、南方の汚れのない世界へと飛翔していき、蓮華の座に坐り、三十二相や八十種好《しゅごう》を備え、普く一切衆生に法華経を演説し、これを聞いた衆生が悟りを得る様子を見ることができた。

これらの情景が描写されてのち、次の言葉が述べられ、提婆達多品は終わっている。

(8·14) 智積菩薩と舎利弗と及び一切の衆会《しゅえ》は、黙然《もくねん》として信受せり。

以上みてきたように、ここでは、愚かさの象徴である竜の娘が、八歳という若さで、決して仏に成れないとされた女性の身でありながら仏に成ったことが書かれている。

上記の物語で、智積菩薩および舎利弗の言葉は、法華経成立当時の仏道修行者の一般的な考えを踏まえて書かれたものであろう。現代では男女同権が常識であるが、法華経成立当時のインドでは極度に男尊女卑であった。仏教は、その出発点では男女平等を標榜したが、時代を経て仏教教理のなかにも土着思想が浸透していき、女性が悟りを得るなど考えられなくなったのである（注3）。智積菩薩の「女性が瞬時に仏になるなんて信じられない」との言葉や、舎利弗の「女性の身は穢れており、法を受ける器ではない」とか、「女性の身には五障がある」といった言葉も、当時の部派仏教における一般的な考え方を代弁しているのである。舎利弗や智積菩薩のこのような言葉は、法華経においてそのまま是認して書かれたものでなく、むしろ逆で、彼等の考え方を否定して、その証拠として、竜女が悟りを得て仏になったことが示されているのである。ときおり、法華経には女性の「五障」が説かれていると解説している仏教書に出会うが、これは、「説かれている」のではなく、当時の考え方が「紹介されている」と述べるべきであろう。

また、「仏道の修行は非常に長く掛かる」といった趣旨の舎利弗の言葉も、仏に成るには非常に長い期間の修行が必要であるとされていた当時の考え方を述べたものであり、法華経がこの考え方に立脚しているわけではなく、これも、むしろ批判する意味で書かれている。実際、上に見たように竜女が忽ちのうちに仏になったことが強調されており、方便品でも小善成仏が説かれているのである。このように、当時においては常識はずれのことが説かれているのであり、(7·14)に書かれているように、女人成仏の証拠を見せ付けられて、皆は「黙然として信受」せざるを得なかったのである。

ところで、竜女の成仏に際し、忽ちのうちに男性の姿に変わって成仏したと書かれているが、この文言は、変成男子と称され、女性が仏に成るには男性に変身しなければならないことを説いているものと理解され、現代的観点からしばしば問題にされるところである。しかし、この理解は正鵠を射たものとは言えない。

上述の物語では、智積菩薩が「法華経を修行して、本当に誰でも仏に成れるのか」といった質問に対し、文殊菩薩が、実例を見せるため、その場に集まった仏道修行者達の前でその証拠を示した、といった筋運びがなされている。この文脈では、竜女は竜女の姿のままで既に悟りを得ていたのであり、その後の展開はこれをみんなに納得させるために書かれている。智積菩薩や舎利弗は、当時の仏教徒の一般的常識に従い、仏になるということは当時に描かれていた仏とそっくりのものになることであると理解していた。そのような彼等を納得させるため、竜女は釈尊の姿を模して、男性に身を変え仏のみが持つとされている三十二相や八十種好を具えた仏に成って見せるというドラマが演じられたのである。このように、法華経で説かれている女人成仏は、変成男子を必要としない。実際、これに続く勧持品第十三において、釈尊の姨母摩訶波闍波提《まかはじゃはだい》比丘尼や学無学比丘尼六千人や羅睺羅の母即ち釈尊の出家前の妃であった耶輸陀羅《やしゅだら》比丘尼にも記が授けられているが、このときには、変成男子といった制限は一切付けられていない。

(注)

1　『望月仏教大辞典』第四巻三三五三頁上。
2　『望月仏教大辞典』第四巻三三五三頁中。
3　インド仏教のなかの男女観の変遷については、植木雅俊著『仏教のなかの男女観』(岩波書店)において詳しく論じられている。

第九章　仏使のつとめ

九・一　五種法師の行

前章では、五百弟子受記品第八及び授学無学人記品第九を読み、これに続く二品を飛ばして提婆達多品第十二を先に読んだが、本章では、授学無学人記品に続く法師品第十を読むことにしよう。

これまでに読んできた方便品から授学無学人記品までの対告衆は、専ら声聞達つまりは当時の部派仏教徒達であったが、法師品に入ると、冒頭に、

（9-1）その時に世尊。薬王菩薩に因《よ》せて八万の大士に告げたまわく。

と書かれており、この品の対告衆は直接的には薬王菩薩であるが、説かれる対象は大士（摩訶薩と同義）である。これまでは声聞が主たる対象であったが、この品から菩薩に変わることになる。

一・二節でも述べたように、何かを相手に伝えたい場合、その相手に応じて話す主題を選ぶ必要があり、また、同じ内容の説明においても、理解力に応じて表現を変える必要がある。筆者の理解では、授学無学人記品までは法華経をまだよく理解していない部派仏教徒達を対象にして、彼等に

法華経の思想を理解させるために書かれたもので、法師品以下では、これから読んでいって分かることだが、既に法華経の教えに触れた者を対象にして説かれているのではないかと考えている。ただし、提婆達多品は、後半にありながら声聞達を対象にして、彼等を法華経の思想に導びくために書かれているように思える。本書において提婆達多品を法師品に先んじて読んだのは、ひとつにはこのことが念頭にあったからである。

上掲（9·1）で書かれている大士は字義的には摩訶薩即ち菩薩の尊称であるが、菩薩という言葉は多義語であり、おなじ法華経の中でも、声聞や辟支仏と並置される意味つまりは部派仏教徒に対置される所謂大乗仏教徒を意味する場合があれば、仏乗を求める者つまりは如来の知見を求めて精進する求道者を意味する場合もあり、更には、薬王菩薩や普賢菩薩等、固有名詞を付して語られる如来に準じた菩薩もある。ここで述べられている大士は、第二の意味と理解してよいだろう。それも、上記のような筆者の理解のもとで、既に法華経の教えに浴しており、一切衆生の救済を志求して精進する求道者が念頭におかれているように思われる。

ところで、法華経成立史を考察している研究者の多くが、法師品以降を、それ以前の品《ほん》に較べて相当時代が降って後に作成されたものと推定しているが、その根拠のひとつとして上記のような説相の違いが挙げられている。しかし、筆者が法華経を読んだ限りにおいては、法師品以下とそれより前の品の間にはそれほど思想的な断層は感じられず、一貫した考え方で書かれていると思われる。この品を境とした説相の差は、全体の筋運びのなかで意図的になされたものであり、対告衆の変更といった展開がなされているのも、叙述方法の転換を知らしめるためのいわばレトリックの一種ではないかと考えている。

私見を言わせてもらえば、法華経後半を読む場合にも、一大事因縁即ち仏知見の開示悟入や一仏乗等の前半で書かれた教理を踏まえて理解する必要があるだろう。後半の大部分では、教理内容の説明抜きで専ら法華経の弘布が強調されており、もし後半のみを前半から切り離して読めば、しばしば能書きばかりで肝心の丸薬のないしろものを売りつけられるような思いを味わうことになる。また、法華経前半には、部派仏教徒の理解を促すための、彼等に合わせて説かれたいわば方便と思われる叙述が多く含まれており、法華経編纂者の主意は、後半の展開を待って始めてその全容が明かされているのではないかと考えている。ともあれ、以下では、前半・後半通じて一体のものとして捉えて読み進めることにしよう。

釈尊が薬王菩薩に告げられた内容は次のとおりである。

(9・2) 薬王よ。汝是の大衆の中の無量の諸天・龍王・夜叉・乾闥婆《けんだつば》・阿修羅・迦楼羅《かるら》・緊那羅《きんなら》・摩睺羅伽《まごらか》・人・非人と及び比丘・比丘尼・優婆塞《うばそく》・優婆夷《うばい》と、声聞を求める者・辟支仏を求める者・仏道を求める者を見るや。是くの如《か》き等の類、皆仏前において、妙法華経の一偈一句を聞いて乃至一念も随喜せん者には、我皆記を与え授く。当に阿耨多羅三藐三菩提を得べし。

これに続けて、次のように述べられた。

(9・3) 又如来の滅度の後、若し妙法華経の乃至一偈一句を聞いて一念も随喜せん者あれば、我亦阿耨多羅三藐三菩提の記を与え授く。

上掲（9-2）の文言に接すると、筆者は序品第一の始めの部分の叙述を思い起こす。ここで列挙されている諸天・竜王等から人・非人に至るまで、さらには仏道を求める者（この文脈では、菩薩と同義に理解してよいだろう）まで含めて、総てが、序品で法華経の会座に列なった者として叙述されている。そう思って序品で書かれた菩薩衆についての叙述を読み返すと、「菩薩摩訶薩八万人あり」と書かれており、（9-1）に書かれた八万という数と一致している。このことから推すると、（9-2）で挙げられている面々は、法華経の会座に列なる者のいわば代表と理解していいだろう。だとすると、この文は、この法華経の会座に列なる総ての者に対して、法華経の一偈一句でも聞き、瞬時にでも喜びを感じる者がおれば、すべてに記を授けようと述べているものと理解される。従って、これらの総てが広義には「大士」であり、これからの説法の対象に加えてよいことになる。

また、上掲（9-3）では、如来滅度に法華経を受持する者に対しても記が授けられている。法華経に書かれた文言を文面通りに受け取ると、法華経の会座は仏在世のことであるから、仏滅後についての叙述は、未来を語ったものである。つまり、（9-2）は現在、そして（9-3）は未来に関する事柄である。しかし、仏教史を踏まえていえば、法華経の編纂者は既に仏滅後に位置しており、仏滅後に関する叙述は、実際に経験している現実もしくは近未来の予測を語っているものと考えられる。この観点からすれば、主眼は（9-3）にあり、（9-2）はこれを述べるための導入部分とみてよいだろう。法華経ではこれ以後しばしば仏滅度後の有り方を問題にしているが、このことは、即、法華経唱道者にとって緊急を要する現実問題が論じられているものと理解するべきであろう。
釈尊は、更に続けて、

(9·4) 若し復人有って、妙法華経の乃至一偈を受持・読・誦・解説・書写し、此の経巻を敬い視ること仏の如くにして、種種に華《け》・香・瓔珞《ようらく》・抹香・塗香・焼香・繒蓋《ぞうがい》・幢幡《どうばん》・衣服《えぶく》・伎楽を供養し乃至合掌恭敬《くぎょう》せん。薬王当に知るべし。是の諸の人等は、已に曽て十万億の仏を供養し、諸仏の所において大願を成就しており、衆生を憐れむが故にこの人間に生ずるなり。

と述べられ、また、このような人は必ず未来に仏に成るだろうと予言され、(9·4) と同趣旨のことが繰り返し述べられ、この様な人には如来と同じように供養すべきであると書かれている。

ここで、法華経を信じる者が行うべき項目として、受持(教えを受け持つ)・読(声を出して読む)・誦(諳んじて唱える)・解説(理解して説く)・書写(書き写す)の五項目が挙げられているが、これらの項目は、この品《ほん》以降でもしばしば書かれている。このことからも分かるように、これらは法華経を信奉する者にとって極めて重要な実践項目として位置づけられていると言ってよいだろう。これらを実践する者を通常五種法師と呼んでいる。これらの実践項目は、項目の立て方や順序が多少異なるものも考慮に入れれば、多くの大乗経典においても説かれており、それぞれの経典の立場において、その経典の受持等の功徳が如何に甚大であるかを強調している(注1)。大乗仏教においては、広くそれぞれの経巻の受持・読誦等が重要視されていたことを窺い知ることができるが、法華経では、たとえ一偈でも仏の如く尊崇する者は既に大願を成就した者であるとされている。他経では、これらの修行が、各修行者の個々人が解脱に向かう際に資するところが大であると説かれているのに対し、法華経では、その修行自体が、既に成道を終えた者の証として捉えられていることが注目される。

ところで、(9·4)には、「諸仏の所において大願を成就しており、衆生を憐れむが故にこの人間に生ずるなり」と書かれているが、この文言は、法華経成立当時の仏教者の一般的な考え方を踏まえて理解する必要があるだろう。当時、仏教徒達の目標は、輪廻に縛られた苦の世界から離脱することにあり、涅槃寂静を求めてもはや苦に充ちた娑婆世界に還ってくることのないことが大願とされていたのである。当時の仏教徒のこのような一般的な考え方に対し、法華経唱道者が懐く最高の願いは、これとは大きく異なる。これまでに見てきたように、法華経では涅槃寂静の世界を求めるのみでは未究竟であると主張しているのであり、法華経唱道者が懐く大願は、むしろ、この人間世界に生まれて衆生を救うことにあるものと理解される。因みに、同じ趣旨のことが書かれている偈の中では、「清浄《しょうじょう》の土を捨てて、衆を憐れむが故に此の土に生ずるなり」と表現されている。

九・二　如来の使い

そこで、釈尊は、

(9·5)もし是の善男子・善女人、我が滅度の後、よくひそかに一人の為にも法華経の乃至一句を説かん。当に知るべし。是の人は即ち如来の使いなり。如来の所遣として如来の事を行ずるなり。如何に況んや大衆の中に於いて広く人の為に説かんをや。

と述べられた。ここでも「我が滅度の後」が強調されている。

これに続いて釈尊は、薬王菩薩に対し、「若し悪人あって不善の心をもって、一劫の中において、現に仏前において常に仏を毀罵《きめ》せん。その人の罪なお軽し。在家・出家の法華経を毀呰《きし》せん。その罪甚だ重し」と述べられた。また、法華経を読誦する人がおれば、この人は自ら仏と同じ徳性を持つ者であり、如来の肩に担われる者である。そのような人に出会ったときには、仏に対するのと同じように敬い、華や香や瓔珞等で供養しなければならない。その理由として、この人が歓喜して法を説くとき、これを聞く人々が即座に阿耨多羅三藐三菩提を得ることができるからと書かれている。

続いて、同趣旨の偈が述べられている。その内容はここでは略するが、この偈の末尾に、

（9･6）我が所説の諸経、而も此の経の中において法華経第一なり。

といった自讃もしくは自負の言葉が述べられていることが注目される。

ところで、（9･5）で「如来の使い」という言葉が述べられているが、この言葉に接すると、西欧合理主義の影響の中で育った筆者ごときは、神に代わって神の言葉を伝える者、所謂預言者が思い浮かぶ。その行為は神の所為を代行する者であり、その言説は神の言葉の代弁であり、この意図するところは神のこころと同じであり、総ての者は神の使いに従わねばならないと言っているようにも受け取れ、少なからぬ戸惑いを感じるところである。というのは、もしそういった意味なら、その

神がもし悪魔の化身だったらどうなるかと不安にもなってくるからである。実際、神に比される独裁者もしくは教祖が現れ、すべての国民もしくは信者がその命に従って行動して、大きな災厄を蒙った多くの事例が思い起こされてきて、この言葉を敬遠したくもなるのである。

そこで、(9-5) をもう一度読み直すと、如来の使いとされるこの人は、「ひそかに一人の為にも法華経の乃至一句を説かん」とする者と説明されており、上述の神の代理人とは大部イメージが異なる。むしろ、仏道を求めて精進し、ささやかではあっても精いっぱい自分でできることを実践しようと努めている平凡な信者がイメージされてくる。だとすると、ここで語られている如来は、一切のものを司って衆生に命令を下す絶対者といった一神教で説くような神ではなく、あらゆる存在に対して、それらが最良の有り方をするように働きかけるような存在として捉えた方がよいように思えてくる。言うまでもないことだが、仏教経典においては、如来は一人の人格神として表現されているが、あらゆる存在に実体がないと説く空の考え方からすれば、仏を超越的なドグマを語る実体をもった存在と捉えない方がよいだろう。筆者は、如来の実像を現代的見地から把握しようとする際に、人格身としての如来の存在を前提にしてその働きを理解するよりも、経典において如来の働きとして具体的に語られているその属性に眼をつけ、それらの全体を考えて、その構造を究めるなかで全体像を把握する方がより真実に近い実像が捉えられるのではないかと考えている。というのは、もし人格身として捉えることを先験的に認めると、仏教思想を考えるうえで重要な問題である如来の働きと個々人の働きとの関係が暗々裏に分離され、考察の対象からはずされてしまう惧れがあるからである。今の場合、個々の存在に対して、縁起を原理として働きかける所作もしくは現象の集まりを捉え、この集まりこそが如来の実像であると捉えた方がよいように思われる。このような意味で理解した如来の所作もしくは現象の集まりに対し、この集まりに益するような何らかのささやかな行いを為す仏道修行者個々人の所作が、それがそのまま「如来の使い」であり、「如来の所遣として如来の事を行ずる」と表現されていると捉える方が、今の文脈にあっているように思われるのである。

それでは、以上のような観点に立って、どのような意味合いから法華経を説く者を「如来の使い」と呼んでいるのかについて、これまで読み進んできた文脈を踏まえて、もうすこし突っ込んで検討を加えることにしよう。既述のように、ここでなされている説法は既に法華経の教えに浴した者に対して説かれたものであり、一切衆生を救うという如来と同じ目標をもつ者達が対象である。完全無欠な存在として捉えた如来と自我をもつ独立した存在として捉えた自己を比較すれば、それらは全く別物であり、それらを重ね合わせることも、乃至は互いに関係しあう存在と捉えることもできない。しかし、如来の意味を、上述のように、一切衆生の救済に向けて働く所作もしくは現象の全体と把握しなおしてみると、もしそれぞれの行為の中に如来と同じ目標をもって行われる所作が含まれていれば、それらを如来の所作の一要素と理解することが可能である。卑近な例で言えば、何かの目的を定めてその目的を実施するために協力者が集まってひとつのグループを作った場合、その目標に向けて何かを実践する各メンバーは、いわばそのグループの使いとも言え、また、そのグループの目的のために行う所作は、グループが行ったものとして理解することが可能である。法華経の一偈・一句を他人のために説くという一見些細な実践も、一切衆生を救済するという如来の働きのうちで欠くことのできない一行為であり、これを行う者を、如来の使いであり如来と等しいものとして讃歎しているものと思われる。法華経が説く皆成仏道の大理想は、いわば、仏と仏弟子達の協同事業なのである。

それにしても、一偈・一句を説く人が如来の使いとされ、如来と等しい存在であり、如来と同様に尊敬されるべきであるとされているのであり、法華経成立当時に思いを馳せると特異な主張と受け取られただろう。既述のように、当時の部派仏教徒達は、如来を一切の智徳を兼ね備えた理想的な存在として捉え、それぞれに、如来の性質の一端を我がものとし、供養されるに値する人物になるために切磋琢磨していた。このような状況のなかで、何の修行もしていない凡夫でも、法華経の一偈・一句でも説けばその人は如来と同等であるとされているのである。おそらくは、当時の部派仏教徒達は、このような教説を聞いて、容易には納得しなかったものと思われる。

九・三　難信難解の法

そのとき、仏は薬王菩薩に次にように告げられた。

(9·7) 我が所説の経典無量千万億にして、已《すで》に説き今説き当《まさ》に説かん。而も其の中に於いて此の法華経最もこれ難信難解なり。

ここでは、あらゆる経典の中で法華経が最も信じ難く解《げ》し難いとされている。筆者が法華経を読んだ感想を言わせてもらえば、書かれている文章の字句を追って読んでいく分にはそれほど難しい経典とは思えない。こころみに、般若経について、その一端でも理解できないものかと経文を開くと、字義通りに難解な論理が延々と展開されており、まことに解し難く、その結果信じ難い。(9·7)で書かれた難信難解はこのような意味とは異なるようである。ここでいう難信難解は、展開される叙述の難しさというより、何を主張しているのか、その趣意を理解することの難しさ、そして、その真意を信じる事の難しさを意味するように思われる。それでは、なぜ法華経が、自らを難信難解と規定しているのだろうか。

何度も書いたように、当時の部派仏教徒達は、それぞれにおいて、煩悩を滅し去って寂静の心を得、他から尊敬されるような聖者になることを目指して励んでいた。これに対して法華経は、一切衆生の救済こそが仏の誓願であり、その誓願に同心してほんの少しでもその役に立つ働きをなすべきだと主張した。両者は、価値観において大きな隔たりがあり、目指す目標が大きく異なっていることが看取される。異なった価値観に立っている者がなす主張を理解することは非常に難しい。卑近な例を挙げれば、何かの書物を読む場合に、その著者の意図が分からない間は非常に難解であるが、何かのきっかけでその目指す意図がわかるとすらすらと読み進むことができる。つまり法華経の難しさは、その目指すところがつかめず、真意をはかりかねるところにある。更に言えば、法華経は当時の部派仏教徒達に対し、価値観の根本的な転換を求めているのであり、彼等のこれまでに懐いていた基盤を揺るがすことに繋がっていて、なおさら解しがたく信じがたいものであったものと推測される。

これに続いて、釈尊は、次のように述べられた。

（9·8）薬王よ。此の経は是れ諸仏の秘要の蔵なり。分布して妄りに人に授与するべからず。諸仏世尊の守護したもうところなり。昔より已来《このかた》未だ曾て顕説せず。而もこの経は、如来の現在すら猶怨嫉多し況んや滅度の後をや。

ここで、「諸仏の秘要の蔵」とか「未だ顕説せず」といった言葉が見えるが、これらの言葉は、これまでに一度も説かれなかった教説がこの経で始めて説くことを表明しているものと理解される。このような法華経編纂者のいわば自負は、これまでに読んできた箇所で諸処に語られていることがらである。化城喩品で、釈尊が初転法輪において説かれた教説が未究竟なものと捉えられていることや、（7·11）で「我等は如来の知見を志願す」と述べられていることや、（5·7）で法華経の説法が釈尊の初転法輪を超えた無上最大の教えを新たに説くと述べられていること等がその例として挙げられる。また、この経が「諸仏世尊の守護したもうところなり」とあるが、この言葉は、法華経の諸処で見られる言葉仏所護念と同趣旨である。

上掲（9·8）で今一点注目されるのは、この経を説こうとすると多くの迫害に遭うことが強調されていることである。これも、法華経成立当時に、法華経の唱道者達が実際に多くの迫害に遭ったことを踏まえて書かれたものであろう。ここで立ち止まって、その理由を考えてみよう。

これまでに見てきたように、法華経では皆成仏道を説いているが、既述のように、部派仏教では、一切衆生の救済に努める仏を自分達とはかけ離れたものと捉え、自ら如来と同質の知見をもつことを目指そうとはしなかった。彼等にとっては、仏と同質の存在に成ることを願うことは、あたかも会社で社員が社長の座を狙うような、僭越至極な増上慢と受け止められたのである。それに、当時の部派仏教徒の一般的有り方として、悟りの深浅によって階位が決められ、その階位を段々と昇っていくことが求められていた。そして、人に先んじて最高の位とされる阿羅漢（＝応供）即ち施しを受けるに価する聖者になるために努力していたのである。これに対して法華経では、法華経の一偈・一句でも他人に説く者がいれば、この人は如来と同等に尊敬されるべきであると説いている。当時の一般的な考え方に従う部派仏教徒にとっては、このような教理を放置することができなかったものと推測される。もしこれを許すなら、旧来の秩序を破壊することになり、他の人より少しでも高い位に昇ろうと修行してきたこれまでの努力が水泡に帰してしまうと考えられるからである。

ところで、(9-5)ではたとえ一句でもよい法華経を説けと弘経をすすめながら、(9-8)では、「分布して妄りに人に授与すべからず」と書かれている。同じ法師品のなかで一見相矛盾するようなことが書かれているように思えて戸惑うところである。しかしこれも、上述の難信難解と合わせて理解すると納得できる。自分一身の安心《あんじん》を願って努力している人に対し、安易に説いては誤解され反発にあって迫害に遭う事も起こりかねない。法華経は弘めなければならないが、説く場合には心して説かなければならないといった訓戒ではないかと思われる。ここで筆者は、譬喩品で書かれている（5·12）の中の一節「無知の人の中に此の経を説くことなかれ」を想起する。

九・四　衣座室の三軌

続いて

（9·9）薬王当に知るべし。如来の滅後に、其れよく書持し読誦し供養し他人の為に説かん者は、如来は則ち衣を以ってこれを覆いたもうべし。また、他方の現在の諸仏に護念せらるることを得ん。この人は、大信力及び志願力・諸善根力あらん。当に知るべし。この人は如来と共に宿るなり。則ち如来が手をもって其の頭を摩《な》でたもうを得ん。

と書かれている。ここでも如来の滅後が重視され、法華経を書持読誦する者が如来と一体化したものと捉えられ、法華経の異名ともいえる仏所護念と同内容のことが語られている。

釈尊は、これに続けて薬王菩薩に対し、法華経を弘めようとする者が、法華経をあるいは説きあるいは読みあるいは誦しあるいは書きあるいは所持する処には、いずれの処であれ広く高い七宝で飾られた塔を建てるべし（注2）と呼びかけられ、特に、舎利（遺骨）を祀る必要がないと付言し、その理由が、その中には已に如来の全身いますと説明されている。

釈尊の滅後には、仏舎利を祀る塔が重要視されていたが、ここで、このような一般的風潮に対する批判が表出されている。すなわち、即物的な舎利供養を不要とし、法華経を尊崇の中心とする塔を建立すれば、そのなかに、已に一切衆生を救済しようとする釈尊の願いの全体が込められていると主張しているものと理解される。現代的に言えば、いわば仏舎利塔よりも弘教のセンターを作るべきだと主張していると理解してよいだろう。

そして、在家・出家を通じて、法華経を見聞し読誦し所持し供養することを為さない人は、まだ菩薩の行を為していないのであり、もしこれらを為す人があれば、その人は阿耨多羅三藐三菩提に近づく者であると述べられ、このことが次のような喩えを用いて説明されている。

譬えば、ある人が高原にいて喉が渇いたときに、水を求めて地面を掘っていくと、土が乾いている間は水がまだ遠いところにあると知るべきである。更に掘っていって湿った土に出会えば、水が近くにあることが解る。これと同じ様に、法華経に接することがなければ最高の教えからまだ遠いのであり、法華経をあるいは説きあるいは読みあるいは誦しあるいは書きあるいは所持する人は、阿耨多羅三藐三菩提の近くにいるのである。そしてその理由として、この経には一切の菩薩に対する最高の悟りがすべて具わっているからであると説明されている。

そして仏は薬王菩薩に、もし善男子・善女人が如来の滅後に法華経を説こうとすればいかに説くべきかと問いを構え、一般に衣座室の三軌と呼ばれている次のような三箇条が訓戒されている。

(9·10) この善男子・善女人は、如来の室に入り、如来の衣を著、如来の座に坐して、爾して乃《いま》し四衆の為に広くこの経を説くべし。如来の室とは一切衆生の中の大慈悲心これなり。如来の衣とは柔和忍辱《にんにく》の心これなり。如来の座とは一切法空これなり。この中に安住して、而して後に不懈怠《けたい》の心を以って、諸の菩薩及び四衆の為に広くこの法華経を説くべし。

ここでは、大慈悲心や空といった大乗仏教通じて重視された項目に加え、柔和忍辱の心が必須とされている。既述のように、法華経の弘通には色々な法難を覚悟しなければならない。このような迫害に屈せず柔軟な心で法を説かねばならないと呼びかけているものと理解される。また、説かれている個々の項目もさることながら、総じて、如来と心を共にして法を説けといった趣意が語られているものと理解される。九・二節で、如来を、個々の存在に対して、それぞれが最善の有り方をするように、縁起を原理として働きかけるその働きの全体として捉えなおしてはどうか、と私見を述べたが、そのような捉え方に沿って言えば、そのような働きの全体と価値観を共にして行動する事が要請されているものと理解される。一般に宗教というと、個々人の心の問題であると考えられ、個々人それぞれがそれぞれに人格を磨いて真理に到達することを目指せと説かれることが多い。これに対して、ここでは、真理はみんなで共有するべきものと捉えられ、そのためみんなで心を合わせて護り弘めていくべきであると説いているものと考えられる。

続いて、世尊が薬王菩薩に、この様に法を説く者がおれば、私は余国から化人《けにん》を遣わしていろいろな形で援助するだろうといった趣旨のことが述べられている。ここでは、世尊の滅後のことだから、世尊が余国におられると想定されているものと思われる。

そして、詳細は略するが、これまでと同趣旨の偈が説かれ、法師品は終わっている。

九・五　法華経における成道観

以上、ところどころで私見を挿みながら、法師品の大筋を追ってきたが、この品では、法華経を信奉する者にとって、法華経の受持や弘経に努めることこそ最高に価値がある行為だと説かれている。このような考え方は、個々人が煩悩を滅し尽くした聖者に成る事を目指していた当時の一般的な考え方からすれば特異な主張と言わざるをえない。筆者は、これも法華経が標榜する皆成仏道の考え方に起因するものではないかと考えている。五・二節で述べたように、法華経成立当時の一般的な考え方は、仏があらゆる智徳を兼ね備えた存在と規定され、一国土全体を導く聖者として捉えられており、一国土一仏が原則であった。そこで述べたように、法華経で説く皆成仏道の成道の意味を、みんながこのような仏になることであると解釈すると、ひとりひとりが別々の国に住まざるをえないことになってしまう。それでは、皆成仏道にふさわしい成道観はどのようなものであろうか？　五・二節の末尾でこの問題を検討課題として残したが、ここでその課題に取り組むことにしよう。そのため、これまでに既に述べたことと重複するところもあるが、種々の経典で説かれている成道観即ち修行者の目指した目標がどのようなものであったかを概観しておくことにしよう。

仏教教団創生の初期の頃に作られたとされる経典では、日常的な生活の中で、どの様な心構えでどの様な行動をなすべきかといったことが、具体例に即して説かれている。当時の仏弟子達は、先覚者釈尊の悟りを自分自身のものにしたいと願って、師の教えを忠実に守って修行に励んだものと推測される。つまり、彼等の理想像は、仏、この場合は師匠である（歴史上の）釈尊と同じ様になることを志向したものと理解される。

釈尊滅後数百年経ち、部派仏教が盛んになる時代になると、何度も書いたように、仏は完全無欠な超越的な存在として捉えられ、仏と凡夫との差は一層大きくなり、凡夫が仏になることは非常に難しいと考えられるようになった。仏に近い存在になるには、一切の煩悩を滅し尽くすことが求められ、この世で仏に成ることは不可能であるとする考えも生まれたのである。実際、部派仏教時代には、煩悩を滅し尽くすことが志向され、そのためには、何度も転生を繰り返しながら長い修行を積むことが必要とされ、生きている限りは阿羅漢どまりで、灰身滅智《けしんめっち》即ち心身共に灰燼に帰して智を滅し去ることが最上とされ、ゴールは無余涅槃即ち心身の束縛から余すところなく離脱した完全な寂滅、つまりは身を滅し去ることとされたのである。

大乗仏教では、共に救われるということが重視され、慈悲や利他行が説かれた。仏の概念も更に抽象化され、毘盧遮那仏、大日如来、阿弥陀如来、薬師如来等々、それぞれに特徴を具えた種々の仏が創出された。仏道修行者は、超然と悟り澄ました仏よりもむしろ人々と苦楽を共にしながら一切衆生の救済に努める菩薩となることが理想とされた。そして、仏と同じ悟りを得ながらも、一切衆生が仏とならない限り自分は仏にならないといった誓いも説かれた。諸大乗経典で説く成道は、仏を知徳兼ね備えた理想的な存在と捉えることは部派仏教の考え方と同じであるが、自らがそのような仏に成ることが希求され、そのためには、自行に加え化他が重視されるようになったのである。

大乗経典の中でも法華経は、たとえば四・四節で述べた小善成仏や、本章で読んできた法師品の教説を踏まえて考えると、同じく大乗仏教とはいえ、それぞれが智徳兼ね備えた存在になることを目指す一般大乗仏教の成道観とは質の異なる主張がなされているように思われる。

上で見てきたように、法師品では、自らが如来の働きの一要素として精進することが期されており、このように努める人を如来と同等に崇めるべきであると説いている。この捉え方からすれば、如来の働きは、如来と同じ目標を目指して働く個々人の働きに助成されたところにあるものと考えられる。とすると、如来は、経文に書かれた文面はともかくとして、その内実において、もはや、一神教で語られるような超越的存在ではなく、九・二節で述べたように、あらゆる存在に対して、それらをそれぞれの最良の有り方に導くような働きの集まりとしての存在と捉えた方がよいように思われる。そして、仏道修行者それぞれに対しては、それぞれが知徳兼ね備えた理想的な存在になることもさることながら、皆成仏道を目指して、自らのそれぞれの状況において、最善の行いをすることが期されているように思われるのである。これを現代的な観点から捉えなおして図式的にいえば、法華経以外の諸経では、理想を一切の存在を超絶したところに存在する実体として捉え、個々人それぞれがその理想を求めて努力する、といった構図であり、法華経が説くところは、個々人が求める理想の全体を、互いに関連しあった一体のものとして把握し、その全体が理想的な有り方になることを期して、自らの立ち位置における最善の行為をなすことに努めるといった考え方である。このような意味からすれば、成道であるか否かは、その人の各行為が一切衆生の救済に向けて活動する仏の所作の一要素であるか否かによって定まることになる。ここにいう成道は、非の打ち所のない完璧な人に成ることよりもむしろ、日々の営みのなかで、その時点その時点での振る舞いの有り方のなかで完遂されるものといってよいだろう。

(注)

1　例えば、仏説仁王般若波羅蜜経二諦品第四には、「汝等大衆。応当受持読誦解説是経。功徳有無量不可説。」と書かれており（大正蔵八・八二九下）、方広大荘厳経属累品第二十七には、「若比丘比丘尼優婆塞優婆夷受持読誦書写解説。当知是人所得功徳亦不可尽」と述べられている（大正蔵三・六一六下）。

2　植木雅俊訳『法華経』（岩波書店）下巻一五頁を開くと、該当箇所が「宝石からなる広くて高くそびえる大いなる如来のチャイティヤ（塔廟）が造［らせ］られるべきである」と訳されている。他の箇所でもそうであるが、妙法蓮華経では、梵文原典では「チャイティヤ（塔廟）」と「ストゥーパ（塔）」と区別されて書かれている箇所が、同じく「塔」と訳されている場合がある。妙法蓮華経を読む場合、よく文脈を踏まえて注意して理解する必要がある。

第十章　説法の座虚空に移る

十・一　宝塔涌現

法師品第十に続く見宝塔品第十一に読み進むことにしよう。

これまでの品《ほん》ではもっぱら釈尊と仏弟子達との対話で話が進んできたが、この品に入ると、霊鷲山で説法をされている釈尊の御前に、突如、高さ五百由旬縦広二百五十由旬の塔が地より涌出して空中に住在した。一由旬が約七キロメートルとされていることからすれば随分巨大な塔である。涌出した塔は種々の宝物で飾られ、仏像を安置した多くの部屋があり、様々に装飾されていて芳香が漂い、諸々の旛蓋《ばんがい》（旗鉾や天蓋）は七宝（金・銀・瑠璃・硨磲《しゃこ》・碼碯・真珠・玫瑰《まいえ》）から成っている。天からは曼陀羅華《まんだらけ》が降り注ぎ、千万億の衆生が華・香・瓔珞・旛蓋・伎楽を以って宝塔に供養し、恭敬・尊重・讃歎する様子が見られた。霊鷲山上に現れたこの巨大な塔の涌現が何を表わしているのか、その詮索は後回しにして（十・四節参照）、まずはドラマの大筋を追うことにしよう。

そのときに宝塔の中より、

（10-1）善哉《ぜんざい》。善哉。釋迦牟尼世尊。能く平等大慧・教菩薩法・仏所護念の妙法華経を以って、大衆の為に説きたもう。是《か》くの如し、是くの如し。釈迦牟尼世尊が説きたもう如きは、皆是れ真実なり。

といった大音声が聞こえてきた。その会座の四衆は皆、この音声を聞いて法の喜びを得、かつて見聞したことのないこの様な情況に戸惑いながらも、座より起って合掌して退いて一面に座した。その時に、大楽説《だいぎょうせつ》と呼ばれる菩薩が、みんなの疑心を代弁して、釈尊に、このようなことが起ったわけを尋ねた。これに対し釈尊は大要次のような説明をされた。

昔、東方遠く離れたところに宝浄という名の国があり、そこに多宝という名の仏がおられた。この宝塔の中には多宝如来の全身が祀られているのである。この仏が仏になる以前に、菩薩としての修行をする中で、「もし、我成仏して滅度の後、十方の国土において法華経を説く処あらば、我が塔《とう》廟《みょう》、この経を聴かんが為の故にその前に涌現して、為に証明《しょうみょう》となって誉めて善哉といわん」と誓願を立てた。その誓いが今実現されているところである。

この説明から、この塔は多宝如来が祀られた仏舎利塔と理解してよいだろう。以下では多宝塔と呼ぶことにする。中から多宝如来の声が聞こえてきたのだから、ここに祀られているのは単なる舎利（遺骨）ではなく、多宝如来が修得した悟りの内容が含意され、その教法がこの時点でも生きて働いているものと理解され、如来の全身とあることから、多宝如来の得た悟りの全体が込められているものと受け取れる。

この宝塔が涌現した理由は、法華経が真実であることを証明することとされている。証明という文言に接すると、かつて数学の研究の真似事をしていた筆者は、数学で使われる証明《しょうめい》を想起するが、数学でいう証明は、陳述した事柄に対しこれが論理的に正しいことを明らかにすることを意味する。しかし、ここではそのようなことが述べられているわけでもなければ、言外に示唆されているわけでもない。それでは、多宝如来をあたかも一神教にいう絶対者のように理解し、法華経が説く所が総て真実であると、多宝如来の名において超論理的な託宣が与えられているのだろうか。仏教は啓示宗教ではないので、このような意味に受け取るのは妥当とは思えない。

私見を言わせてもらえば、多宝如来が、自らの全見識つまり多宝如来が懐く悟りの全体を踏まえて、法華経の教説がその見識と整合していることの表明ではないかと思われる。仏教では、真理が様々な観点から捉えられ、それぞれの象徴として多種多様な仏が語られているが、ここで語られる多宝如来は特定の観点を促そうとするものではない。このことからすれば、さまざまな真理を総て包含した存在、つまりは仏教がこれまでに説いてきた多様な教法の全体を意味しているものと理解してよいのではないだろうか。つまり、多宝如来の証明《しょうみょう》の趣意は、法華経の教説が仏教で明らかにされたあらゆる教法と整合するものであることを表明しようとしているのではないだろうか。ここで述べられている証明を、現代的な感覚でイメージ的に捉えれば、何かの分野において新たに発表された理論に対し、伝統的に権威ある学会が、承認し賞賛する場面に相当しているようにも思われる。

十・二　十方分身の諸仏の参集

多宝塔の中から証明《しょうみょう》がなされたその時に、大楽説《ぎょう》菩薩は、世尊に次のように申し述べた。

（10-2）世尊。我等願わくはこの仏身を見奉らんと欲す。

これに応じて釈尊は、次のように応じられた。

（10-3）この多宝仏には深重《じんじゅう》の願あり。もし我が宝塔、法華経を聴かんがための故に諸仏の前に出でん時、それ我が身を以って四衆に示さんと欲することあらば、彼の仏の分身の諸仏十方世界に在《いま》して説法したもうを悉く一処に還《かえ》し集め、しかる後に我が身乃ち出現するのみ。大楽説よ。我が分身の諸仏十方世界に在って説法する者を今当に集むべし。

既述のように、仏教では非常に多くの仏が語られている。過去仏や未来仏と同時に、多くの仏国土が想定され、一国土においては一時代に一仏のみに限られているが、それぞれの国土に仏がいると考えられていた。ここで十方世界の諸仏が語られているのもこのような考え方に基づいたものであろう。仏には多くの徳性があるが、ここでは、「十方世界に在して説法したまえる」仏を集めることが述べられていることから、特に法を説いて衆生を救済する面が注視されているようである。

ところで、（10-3）で、「我が分身の諸仏」といった言葉が見えるが、仏教で考えられた諸仏はすべて釈尊の教えがもとになって創出されたものであり、その意味から、まさに釈尊の分身とみることができる。ここでは、十方世界のあらゆる仏が対象になっていると理解してよいだろう。

多宝如来を、上述のように、仏教で説く教法の全体を表象したものと理解すると、(10-2) では、大楽説菩薩が、ここで、仏教で説かれた教説の全体像を知りたいと願ったものと思われる。これに対して (10-3) では、多宝仏を拝見するには、十方の諸仏を集めなければならないとされている。つまり、仏の教法の全体像を実の如くに把握するには、あらゆる形で活動している諸仏を一処に集める、即ち、それぞれの観点に立って、それぞれの特徴を生かせて衆生を救済するために活動している諸仏の働きを一括して捉えることが促されているものと理解される。一・三節で、法華経のメインテーマが、多様な形で説かれている教えの統合ではないかといった見解を披歴したが、まさにこのテーマにふさわしい筋運びがなされているのである。

これに続いて、大楽説菩薩は次のように申し述べた。

(10-4) 世尊。我等亦願わくは世尊の分身の諸仏を見たてまつり礼拝し供養せんと欲す。

そのとき、仏の眉間にある白毫から光が放たれ、東方五百万億那由他《なゆた》恒河沙《ごうがしゃ》の国土の諸仏が照らし出された。東方以外の各方向についても同様であった。そして、十方の諸仏が、それぞれの国において、諸菩薩に対して「私はこれから娑婆世界の釈尊の所《みもと》に赴き、多宝如来の宝塔を供養しようと思う」と述べている場面が現出した。

このとき娑婆世界は、種々の宝で充たされ清浄な世界に変えられた。諸仏はそれぞれに一人の菩薩を率いて、高さ五百由旬、即ち宝塔と同じ高さの宝樹のもとに到って、仏の坐る座と定められた師子の座に結跏趺坐《けっかふざ》した。この様な有様が三千大千世界に充満した。

釈尊はさらに、分身の諸仏を迎えるため、八方のそれぞれにある二百万億那由他の国々を、宝物を敷き詰めた清浄な世界に変えられた。ここで、このような国土を清浄に変える場面が三回繰り返されている。この一段は一般に三変土田と呼び慣らわされている。三変土田によって清浄となった国土の詳細にわたる描写はここでは省略するが、その叙述のなかで、

（10-5）地獄・餓鬼・畜生及び阿修羅あることなし。又諸の天・人を移して他土におく。

と書かれていることが注目される。一般に、地獄・餓鬼・畜生・阿修羅・人・天を六道と称されているが、これらは、衆生自らの作った業（行為およびその結果）によって生死を繰り返している境涯にあるものであり、これらがこの会座から除かれている。つまり、ここでは既に仏門に入って精進する声聞・縁覚・菩薩・仏といった者達のみが残されたのである。序品では、あらゆる境涯にあるものが法華経を聞くために参集したことが描かれていたが、ここでは、聖・俗が峻別されて聖者のみが残され、これからの物語が展開されるのである（注１）。

国土が清浄と化したところに、それぞれの国で説法していた分身の諸仏が多数来集してきて、その場に充満した。そして、諸仏は、それぞれに、宝樹のもとにあって師子の座に坐り、侍者に、霊鷲山におられる釈尊を訊ねて、少病少悩で、気力安楽にいますや、菩薩・声聞衆悉く安穏なりや否や」と伺いをたてて宝塔を開くようにお願いしなさいと命じた。

ここで、釈尊の安否を伺うのに少病少悩と書かれているが、この言葉は法華経の他の箇所や法華経以外の経典でもよく使われており、安否を伺う際の常套句のようである（注２）。

その時釈尊は、諸分身の諸仏が師子の座に着いて、諸仏が皆揃って宝塔を開くことを願っていることを知って、座より起って空中に移られた。一切の四衆は起立合掌して仏を見奉った。釈尊が、右の手で宝塔の扉を開けられ、閂《かんぬき》を外して大城の門を開ける様な大きな音が聞こえた。そのときみんなは、塔の中に多宝如来が師子座に坐って、「全身散ぜざること禅定に入るが如き」様子を目の当たりにした。そして、塔のなかから、次のような声が聞こえてきた。

(10·6) 善哉善哉。釋迦牟尼仏、こころよくこの法華経を説き給う。我、是の経を聴かんが為の故に而もここに来至せり。

十・三　二仏並坐

そのとき多宝如来は、宝塔の中で半座をあけて釈尊に着座をすすめられた。これに応じて、

(10·7) 即時に釈迦牟尼仏其の塔中に入り、其の半座に結跏趺坐したもう。

皆は、宝塔の中に釈迦・多宝の二仏が並んで坐られるのを見ることができた。この場面は一般に二仏並坐《びょうざ》と呼ばれている。

ここで釈尊と多宝如来が多宝塔の中で並坐されたのであるが、法華経編纂者がここで何を言おうとしているのだろうか。色々な理解が可能と思われるが(注3)、ここでは、法華経を思想啓蒙書と見立てて理解しようとする本書の観点から見た一応の解釈を披露することにしよう。

これまで展開されてきた文脈から言えば、釈尊は、遠い昔からの仏縁によって最高の真理を悟り、現在この会座においてその真理を説いているのである。別の観点から言えば、ここで語られている釈尊は、様々な仏縁に助けられながら研鑽を重ねてきた結果としてこれまでに得た成果を一切衆生に説き明かそうと努める法華経編纂者達自身と思われる。他方、多宝如来は、上述のように、仏教で説かれた多種多様な教法の全内容を象徴したものと理解される。とすると、二仏並坐の言わんとするところは、法華経の主張するところが、仏教で説かれている教法の全体に等同のものであるということの表明ではないかと思われる。すなわち、法華経が説くところが、あらゆる教法に整合しているものであるとともに、あらゆる教法が法華経によって統合されるとする法華経編纂者のいわば自負が語られているのではないだろうか。つまりは、先に多宝如来からなされた証明《しょうみょう》が完璧なものであることを示そうとしているのではないかと思われる。

そのとき、会座に列なるめいめいが釈尊に

(10・8) 仏高遠に坐したまえり。唯願わくは如来、神通力を持って吾が等輩《ともがら》を倶《とも》に虚空に処したまえ。

とお願いした。釈尊は、神通力を以って諸々の大衆を皆虚空に移された。

ここで法華経説法の座は虚空に遷され、これより、会座は所謂虚空会《こくうえ》となる。

釈尊は、大衆に向かって、次のように呼びかけられた。

(10・9) 誰か能く此の娑婆国土に於いて広く妙法華経を説かん。今正しくこれ時なり。如来久しからず当に涅槃に入るべし。仏この妙法蓮華経を以って付嘱して有ることあらしめんと欲す。二・一節で述べたことであるが、この文言から、法華経の会座が釈尊の最晩年になされたものと想定されていることがわかる。(10·9)では、釈尊が死を目前にして、いわば遺言として、法華経を説くことを誓う者を勧募され、法華経弘布の仕事を譲り渡そうとされているのである。

見宝塔品の長行の部分はこれで終わっているが、これに続いて、常のようにこれまでと同趣旨の内容が偈の形で再説されている。偈の内容はおおむね長行に同じであるので詳細は省略し、長行には書かれていないいくつかの話題について述べるに止めることにしよう。

この偈においては、十方の諸仏の来集に際して、それぞれの国における衆生の供養の事を捨てて、「法をして久しく住せしめんがために此《ここ》に来至」したことが強調されている。これも、娑婆世界の救済を最大事とする法華経の考え方から出た付言と受け取れる。また、法華経の弘布が呼びかけられており、「此は是れ難事なり、宜しく大願を致すべし」と述べられ、六難九易、即ち、例えば、須弥山をとって他方の仏土に投げ置くことや、足の指でもって大千界を動かして遠く他国に投げることなど、実行が極めて困難と思われるような九種の行為を挙げ、これらはまだ難しいことではない、これらよりも、仏滅度後の悪世の中で、よくこの経を説くこと是一、自らも書き持ちもしくは人をして書かしめること是二、暫くでもこの経を読むこと是三、この経を持ち一人のためにも説くこと是四、この経を聴受して其の義趣を問うこと是五、この経典を奉持すること是六、これら六種の項目のいずれかを行う方が遙かに難しいと説かれている。このようにむずかしい事業であるが、

（10・10）諸の善男子、我が滅後に於いて誰か能く此の経を受持し読誦せん。今仏前に於いて自ら誓言を説け。

と呼びかけ、これを実行するものこそ、仏が誉めたもうところであると語りかけられた所で見宝塔品第十一は終わっている。

十・四　一堂に会する釈迦・多宝・十方分身の諸仏

以上、粗雑ながら、見宝塔品の大筋を辿ってきた。この一連の叙述の中においては、巨大な宝塔の涌現、十方分身の諸仏の参集、説法の会座が虚空に移される等々とスペクタクルなドラマが展開されてきた。このようなドラマ仕立てのなかで、法華経の編纂者は一体何を主張しようとしているのだろうか。それぞれの場面について、筆者の一応の理解を披露してきたが、ここで立ち止まって、筋運び全体についての趣意を探ることにしよう。このような考察には、もとより単一の答があるわけではなく、色々な見方が考えられるだろうが、ここで筆者なりの理解を記し止めることにしよう。

筆者は、一・三節において述べたように、法華経のメインテーマは教法の統一、仏の統一そしてその実現に向けての共通目標の提示といった、多様の統一であると認識している。方便品から授学無学人記品までは、既に見てきたように、一仏乗、つまりは教法の統一が提示された。そして、法師品において、前章で見たように、教法の統一に向けての仏使としての有り方が提示された。これからの品では、仏の統一が志向され、その展開と並行して仏滅後における仏使としての有り方がより詳しく論じられているのではないかと考えている。見宝塔品は、これから説かれる仏の統一及び仏使としての有り方の提示に先んじて、それらを語るにふさわしい舞台設定がなされているように思われるのである。

上で見てきたように、見宝塔品では、説法主としての釈迦仏に加え、多宝如来、および釈尊の分身である十方の諸仏が登場している。このうち釈尊は、既述のように遠い昔の仏縁を受けながら研鑽を重ねることによって得られた真理を、現在この会座において説きあかしている。これに対し、多宝如来は、十・一節で述べたように、仏教で説かれた多様な教法の全体を表しているものと理解される。また、上に見たドラマの展開の中で、十方の国土から集められた分身の諸仏は、色々な国土で釈尊の悟られた内容を、釈尊に代わって一切衆生に対して分かち与える活動をしている者達と考えてよいだろう。これらの諸仏が宝塔を中心にして参集してきたのである。

ここで登場している釈迦如来、多宝如来そして十方分身の諸仏は、その役割を付していえば、それぞれ、研鑽を積む事によって真理を獲得した仏であり、得られた真理の全体を象徴する仏であり、そして得られた真理を一切衆生に分かち与える仏達といってよいだろう。これらは、真理を追求する際の重要な三側面を象徴しているものと理解される。ドラマでは、これらが一堂に集められているのである。つまり、真理探究の三側面を一体のものとして捉える事が促されているものと思われる。因みに、智顗は『法華文句』において多宝如来・釈尊・十方分身の諸仏それぞれが、法身（永遠不変の真理の人格化）・報身（修行を重ねその報いとして得られた完全な功徳を備えた身体）、応身（衆生救済のためそれぞれに応じて現れる身）といった仏の三身を表していると述べている（注４）。ともあれ、見宝塔品で展開される物語においては、これらの三仏が一堂に会し、説法を聴く仏弟子達もそれらの仏と一体化するため、説法の座が虚空に移された。これは、説く仏と聴く衆生の一体化が表現されているものと理解される。

これから語られるテーマは、時空両面にわたって、仏教が目指す目標に向かって活動するあらゆる有り方の統合にある。このような主題を論じる説法の座は、以前の会座である霊鷲山を超絶したものであることが求められる。それも、娑婆国土こそ仏国土とするべき事を説く法華経の主張から言えば、現実から遊離した天上の国や遠く離れた浄土に取られるべきではない。霊鷲山において説法されている釈尊の面前に大宝塔が涌出して虚空に住在したとする設定も、時空を超絶しながらも、この現実の世界との繋がりが重視されているように思われる。

釈迦・多宝・十方分身の諸仏がうち揃ったところで、虚空における説法がいよいよ始まることになった。その内容はいかなるものか、これを読み解くのがこれからの課題である。

（注）

1　筆者の理解では、法華経で一仏乗や二乗作仏が説かれていることや、後に智顗や日蓮が多様な境涯の有り方が互いに具し合っていることを説く十界互具といった考え方を法華経の重要な特色と捉えたこと等から推して、法華経全体を通じての思想は、聖・俗二分するような考え方の対極にあるものと理解しているが、虚空会では、俗を斥けて聖者のみが残されて物語が進められていて、思想的整合性が気になるところである。この部分を後の何者かによる改ざんと理解して会通を避けたいところであるが、筆者は、こういった筋運びがなされる中に、法華経唱道者のグループの思想変革とも言える実体験が織り込まれているのではないかと考えている(十二・六節参照)。

2 従地涌出品第十四(大正蔵九・四〇中)や妙音菩薩品第二十四(大正蔵九・五五下)にも使われており、仏本行集經(大正蔵三・七五二下他)や大般若波羅蜜多経(大正蔵五・三中他)等に散見する。

3 例えば、勝呂信勝著『法華経の思想と形成』一八〇頁を開くと、仏と法の一体性、塔(舎利)供養と法(経典)供養の統一等の諸説が紹介され、この著者の見解として、過去仏と現在仏の一体的結合をあらわすといった解釈が披露されている。

4 『法華文句』巻八釈見宝塔品に「多宝表法仏、釈尊表報仏、分身表応仏」と書かれている(大正蔵三十四・一一三上)。

第十一章　仏滅後における法華経弘通の誓い

十一・一　他土での弘通を申し出る仏弟子達

妙法蓮華経では、見宝塔品第十一に続いて提婆達多品第十二が書かれているが、本書ではこの品を既に第八章で読み終えたので、その次の勧持品第十三に進むことにしよう。

勧持品に入ると、冒頭で、薬王菩薩及び大楽説《だいぎょうせつ》菩薩が、釈尊の面前で、二万の菩薩の眷属と共に、

(11·1) 唯願わくは世尊。以って慮《うらおも》いしたもうべからず。我等仏の滅後において、当に此の経典を奉持し読み誦し説き奉るべし。後の悪世の衆生は善根転《うた》た少なく増上慢多く、利供養を貪り不善根を増し、解脱を遠離《おんり》せん。教化すべきこと難しといえども、我等当に大忍力を起こして此の経を読誦し持説し書写し、種種に供養して身命を惜しまざるべし。

と決意を表明する。

ここで登場している薬王菩薩と大楽説菩薩は、それぞれ法師品と見宝塔品に於ける直接的な聴き手の役目を演じた菩薩達である。彼等は提婆達多品では一度も登場していない。登場人物の面から

みても、提婆達多品を飛ばして、見宝塔品から勧持品へと繋がっている。

そこで、勧持品を見宝塔品に接続したものとして捉えると、(11-1)は、見宝塔品の最後に書かれた(10-9)もしくは(10-10)即ち我が滅後にこの娑婆世界においてこの法華経を説く者はいないかと呼びかけられた釈尊の勧募に応えて、薬王、大楽説の二菩薩及び彼等の眷属達が率先して弘経を申し述べたものと理解される。ここで、奉持・読・誦・説といった言葉が見られるが、これらは「法師品」で説かれた五種法師の行と概《おおむ》ね一致している。つまり、彼等は、仏の滅後に法師品で説かれた仏使のつとめとしての実践を誓っているのである。

そのとき、会座に列なる大衆の中の既に記を受けた五百人の阿羅漢達が、

(11-2)世尊。我等亦自ら誓願せん。異なれる国土において広くこの経を説かん。

と誓いを述べた。これらの人達は、五百弟子受記品で釈尊から授記された者達と理解される。

続いて、この会座の中の既に記を受けた八千人の学無学達も、座より起って釈尊に向かって、

(11-3)世尊。我等亦当に他の国土において広く此の経を説くべし。所以《ゆえ》は何ん。この娑婆国の中は人弊悪《へいあく》多く増上慢を懐き、功徳浅薄に瞋濁諂曲《しんじょくてんごく》にして心実ならざる故なり。

と申し述べた。

八・三節でみたように、授学無学人記品においては、学無学に記が授けられたことが書かれているが、(11-3)において、彼等もまた法華経を弘める誓いを立てたのである。

このように、既に記を受けている多くの声聞達が、仏滅後に法華経を受持することを申し出たが、

前掲（11·1）で薬王菩薩や大楽説菩薩達が、たとえ悪世であっても大忍力を起こして弘布に努めることを表明しているのに対し、（11·2）や（11·3）では、他の国土での弘経を申し述べていることが注目される。ここで発誓している声聞達は、記は受けたとはいえ、薬王菩薩達とは異なり未だ菩薩の境地に達しておらず娑婆を避けて他土での弘法を誓ったものと思われる。

ところで、授学無学人記品では、学無学二千人となっており、ここでは八千人とあって人数が食い違っている。この先の展開を見ると、学無学の比丘尼六千人が登場して釈尊から記を受ける話が書かれている。もし彼女等六千人を加算してよければ都合八千人となり辻褄が合うことになる。しかし、（11·3）の誓いを行う八千人の学無学達は、既に記を受けたと表現されていることから、その中にこれから記を受ける六千人を加えてよいものかどうか逡巡されるところである。ともあれ、このことを念頭において次を読むことにしよう。

そのとき、釈尊の継母摩訶波闍波提《まかはじゃはだい》比丘尼が、学無学の比丘尼六千人と共に座より起って合掌して、釈尊の尊顔を凝視していた。ここで、「序品」において、摩訶波闍波提比丘尼とその眷属六千人が法華経の会座に参列していたと書かれていた（注１）ことが想起される（一・一節参照）。

これに気付かれた釈尊は、憍曇弥《きょうどんみ》（摩訶波闍波提比丘尼を指す）に対し、
（11·4）何が故ぞ憂いの色にして如来を視る。汝が心に将に我汝が名を説きて阿耨多羅三藐三菩提の記を授けずと謂《おも》うこと無しや。憍曇弥よ。我先に総じて一切の声聞に皆已《すで》に授記すと説きき。今汝記を知らんと欲せば、将来の世に当に六万八千億の諸仏の法の中に於いて大法師となるべ

し。及び六千の学無学の比丘尼も倶《とも》に法師とならん。汝是くの如く漸漸に菩薩の道を具して当に作仏することを得。

と述べられ、一切衆生喜見如来という名前の仏になるだろうと記を授けられた。

そのとき、会座に釈尊の出家前の妃である耶輸陀羅《やしゅだら》比丘尼も列なっていた。彼女は、「世尊は授記の中に於いて我が名を説き給わず」と無念の思いを懐いた。釈尊はこれを察して、彼女に具足千万光相如来という名の仏になるだろうと告げられ、その仏の寿は無量阿僧祇劫であると付言された。

摩訶波闍波提比丘尼及び耶輸陀羅比丘尼そして彼女等の眷属は、皆大いに歓喜して、「世尊は導師として、天・人を安穏ならしめたもう。我等は記を聞き心安んじて具足しぬ」と偈を説いてのち、

(11·5) 世尊。我等亦能く他方の国土に於いて、広くこの経を宣べん。

と誓言を述べた。ここでも、娑婆を避けて他土で説こうとする姿勢が表明されている。

ところで、この文脈の中で、摩訶波闍波提比丘尼及び耶輸陀羅比丘尼そして彼女らの眷属達に記を授けられているが、(11·4) で、「我先に、総じて一切の声聞に皆已に授記すと説きき」と書かれているのは、八・二節でみたように、五百弟子受記品で五百人の声聞に記が授けられた際に、既に一切の声聞に対して記が授けられていると書かれていたことを踏まえて述べられたものであろう。従って、ここで述べられている授記は、既に与えられているものを彼女等の望みに応じて再確認したものと考えてよいだろう。このように理解すると、先に、学無学八千人のなかに六千人の比丘尼も含めてよいか躊躇したことについては、その必要がなかったことに気づくのである。

ともあれ、ここで語られている筋立ての主眼は記を受けた声聞達もみんな揃って誓いを立てたことにあり、比丘尼達の受記と誓いがわざわざ別建てにして書かれているのは、法華経成立当時の、女人は永久に仏になれないとする、提婆達多品にも書かれていたような風潮を慮《おもんばか》って、女性も対象にしていることの認識を促すために、あえて、付加されたものではないかと思われる。

十一・二　十方世界での弘通を誓う不退転の菩薩達

比丘尼達が誓言（11・5）を申し述べたそのとき、釈尊は、八十万億那由他の菩薩がいる方に目を向けられた。これらの菩薩達は、不退転の境地にある者ばかりである。彼等は通常深行《じんぎょう》の菩薩とか深位《じんい》の菩薩とか呼ばれているようであるが、本書では不退転菩薩と呼ぶことにする。彼等は座より起って仏前に進み、一心に合掌しながら、心中に次のような思いを懐いた。

（11・6）もし世尊、我等にこの経を持説せよと告勅《ごうちょく》したまわば、当に仏の教えの如く広くこの法を宣《の》ぶべし。

しかし、これに対して仏は黙したままである。彼等は「我当に如何がすべき」との念に包まれた。仏の意に敬順して自らの本願を満たすため、彼等は仏前に進み出、大きな声をあげて、

（11・7）世尊。我等如来の滅後において、十方世界に周旋《しゅせん》往返してよく衆生をしてこの経を書写し、受持し、読誦し、その義を解説し、法の如くに修行し、正しく憶念せしめん。皆これ仏の威力

ならん。世尊よ。唯願わくは他方に在《ましま》すとも遙かに守護せられよ。

と誓言を述べた。

つまり、前節でみたように諸菩薩が娑婆国土での弘法を誓い、続いて諸声聞が他土での弘法を申し出たのに続いて、不退転菩薩達が、娑婆世界を含めて十方世界を余すところなく行き来して衆生のために法を説くことを誓っているのである。そして、法師品で説かれた五種法師の行と同趣旨の行を為すことを申し出ている。なお、（11-7）の末尾で「他方に在すとも云々」と書かれているのは、仏の滅後に関する事柄であることから、その時には既に釈尊はこの娑婆世界におられないことを想定して述べられたものであろう。

勧持品の長行の部分は以上で終わっているが、これに続いて、不退転菩薩達の誓いが偈の形で再述されている。彼等が申し述べる偈は、妙法蓮華経では次のような二十行からなっており、一般に二十行の偈と呼ばれている。

（11-8）①唯願わくは 慮《うらおもい》したもうべからず。仏滅度後恐怖《くふ》悪世の中我等当《まさ》に広く説くべし。
②諸の無智の人有って悪口罵詈《めり》等し刀杖を加えるに及ぶとも、我等皆当に忍ぶべし。
③悪世の中の比丘は邪智にして心諂曲《てんごく》に、未だ得ざるを得たりと謂《おも》いて、我慢の心充満せん。
④或は阿練若《あれんにゃ》に納衣《のうえ》にして空閑《くうげん》に在って自ら真の道を行ずると謂いて人間を軽賤する者あらん。
⑤利養に貪著《とんじゃく》するが故に、白衣《びゃくえ》のために法を説いて世に恭敬《くぎょう》せらるること六通の羅漢の如し。
⑥是の人悪心を懐き常に世俗の事を念《おも》い、名を阿練若《あれんにゃ》に仮《か》って我等の過《とが》を出さん。

⑦而して是くの如きの言をなす。此の諸の比丘等は利養を貪る為が故に外道の論議を説き、
⑧自ら此の経典を作って世間の人を誑惑《おうわく》し名聞《みょうもん》を求めんが為の故に分別して是の経を説くと。
⑨常に大衆の中に在って我等を毀《そし》らんと欲するが故に、国王・大臣・婆羅門居士、
⑩及び余の比丘衆に向かって、誹謗して我が悪を説いて是れ邪見の人外道の論議を説くと謂う。
⑪我等は仏を敬うが故に悉く是の諸悪を忍ばん。この為軽んじて汝等は是れ仏なりと言われん。
⑫此くの如き軽慢《きょうまん》の言も皆当に之を忍受せん。濁劫悪世の中には多く諸の恐怖《くふ》有らん。
⑬悪鬼其の身に入りて我を罵詈毀辱《めりきにく》せん。我等仏を敬信して、当に忍辱《にんにく》の鎧を著るべし。
⑭是の経を説かんが為の故に此の諸の難事を忍ばん。我身命を愛せず但《ただ》無上道を惜しむ。
⑮我等来世において仏の所嘱を護持せん。世尊自ら当に知ろしめすべし。濁世の悪比丘は、
⑯仏の方便随宜所説の法を知らず、悪口し顰蹙《ひんしゅく》して、数数擯出《しばしばひんずい》をあらわし、
⑰塔寺を遠離する。是くの如き等の衆悪も、仏の告勅《ごうちょく》を念じるが故に皆当に是の事を忍ぶべし。
⑱諸の聚落城邑《じゅらくじょうおう》に其れ法を求める者あれば、我は皆其の所に到って仏の所嘱の法を説く。
⑲我は是世尊の使なり。衆に処するに畏るる所無し。我当に善く法を説く。仏安穏に住し給え。
⑳我世尊のみ前、諸の来り給える十方の仏に対し是の如き誓言をなす。仏自ら我心を知《しろ》しめせ。

一行目は、見宝塔品の末尾で呼びかけられた（10·9）もしくは（10·10）に応えて、慮《うらおもい》なさいますな、法華経の弘法は我々がやりますからご安心下さいと抱負を語ったものと理解される。

二行目に「刀杖を加えるに及ぶ」とあるが、法華経を唱道するグループが実際にこのような迫害

に遭ったのではないかと推測される。このような迫害を加えた者達の主力は、三行目から六行目までの描写が示すように、閑静な僧院に住んで修行を続け、みんなから聖者として崇められている人達つまりは部派仏教の指導者達と思われる。彼等は、七行目乃至は八行目にあるように、法華経を唱道する者達のことを、利養を貪り名聞《みょうもん》を求めるために自ら経典を作って、伝統的な仏教から逸脱した外道（仏教以外の教え）を説いて世間を誑《たぶら》かしていると非難したことが窺われる。法華経に対するこのような非難は、幾分かの理由があってのこととも言える。実際、利養を貪り名聞を求めるためにと非難している部分の真偽は判断のしようがないが、法華経は確かに唱道者自らが作ったものに相違ない。それだけの理由なら他の大乗経典すべてが該当するが、さらに法華経では、他の経典では未だ顕されなかったことを今始めて説くといった趣旨がしばしば語られており、法華経の説く一仏乗の教理自体が、当時の部派仏教徒達が懐く通念から大幅に逸脱していたのである。部派仏教徒達の価値観からすれば、外道の論議と呼びたくなるのももっともなように思われる。

次いで九行目と十行目をみると、この様な非難が、国王・大臣・婆羅門居士や多くの比丘衆にも吹聴されたことが読み取れる。おそらくは、これらの人々も迫害する側にまわったものと思われる。

そこで、これに続く十一行目に目を移すと、「この為に軽んじて汝等は是れ仏なりと言われん」と書かれている。これはどういう意味であろうか？　通常、仏であることは推奨されるべきことであり、そのことがなぜ軽んじられる対象となるのだろうか？　「汝等は是れ仏なり」という言葉は、誹謗する比丘達が述べるのではなく、皆成仏道を説く不退転菩薩の方が述べそうな言葉のようにも思われる。因みにいくつかの梵文直訳書を開いてみると、「汝等は仏なり」の汝等を上述の解釈と同じく不退転菩薩とする書もあれば、迫害者の側と受け取れる書もある（注2）。しかし、妙法蓮華経においては、「汝等は皆仏に成るだろう」ではなく「汝等は是れ仏なり」と書かれている以上、法華経の主張から考えてそのような解釈はふさわしくない。なぜなら、法華経ではみんなが仏に成ることを説いているが、例えば二乗作仏の教理で二乗が実際に仏になるのは長い修行の後であるとされており、また後に読む不軽菩薩品において、不軽菩薩が呼びかける言葉の中に行菩薩道といった文字が見えるように、菩薩道を行じることによって仏になれることを主張しているのであって、法華経を誹謗する者に対して、「汝等は仏である」と主張するとは思えないからである。だとすると、どう理解すればよいのだろうか。

これも、法華経成立当時の情況に思いを馳せて理解した方がよいだろう。何度も書いたように、当時の部派仏教徒達の一般的な考え方は、聖者になることにあって一切衆生を救う仏に成ることは視野になく、これを願うことは自ら傲り高ぶる者と非難された。これに対し法華経では、皆仏に成れると説いたのである。それに、部派仏教徒達からみれば、法華経唱道者達が自ら作成した経典の中で、声聞も仏になれるなどと説き、仏にしか許されていない記を乱発しているものと受け取れる。彼等が「汝等は是れ仏なり」と、法華経唱道者を揶揄したことはおおいにあり得ることである。

十二行目から十四行目まで、更には十五行目に掛けて、このような迫害にも挫けず法を弘めようとする決意表明と受け取ってよいだろう。

続いて、十五行目の末尾から十六行目にかけて、「濁世の悪比丘は仏の方便随宜所説の法を知らず」と書かれている。随宜所説（宜しきに従って説きたもう所）と同趣旨の言葉は、方便品（(3-2)参照）や譬喩品（(5-2)参照）や、更には後に読む安楽行品や従地涌出品等においても書かれており、その言わんとするところは、仏の教えは多様であるが、それらは深い密意を秘めながら、それぞれの有り方に合わせて説かれたものであると述べているものと理解される。そして、この言葉には、仏の意趣は唯ひとつであるとする一仏乗の教理が含意されているものと受け取れる。筆者は、九・一節の初めで述べたように、法華経の後半は前半の教理を踏まえて書かれているのではないかと考えているが、これも、このことを示唆するひとつの証左であろう。ともあれ、ここでは、随宜所説を理解せずして迫害に及ぶと書かれているのであり、察するに、迫害者それぞれが、それぞれの修得した教義をこれこそ最高のものと固執して、全体を包摂する一仏乗の教えを理解せず迫害におよぶと、迫害者の排他的態度を指摘したものと理解される。

十六行目から十七行目に掛けて、数々擯出《さくさくひんずい》（しばしば、擯斥して追い出すこと）され、塔寺を遠離されることが書かれている。このことからすれば、この偈を述べている不退転菩薩達は出家者と考えてよいだろう。そして、十八行目以下において、仏の期待に応えることを誓う更なる決意が表明されてこの偈は終わっている。

勧持品はこの二十行の偈をもって閉じられているが、一読して感じられることは、この偈が、対応する長行の部分に比してよりリアルかつより具体的に叙述されており、法華経を説く者が受ける迫害が真に迫って伝わってくる。おそらくは、ここで登場している八十万億那由他の菩薩達は、法華経成立当時に法華経を唱道するグループが実際に蒙った経験を踏まえて書かれたものであろう。その意味では、ここで法華経編纂者自身の心情が吐露されているといっていいだろう。

以上二十行の偈を、趣意を探りながら一読してきたが、ここで、のちの考察に資するため、勧持品全体の構成を再確認しておこう。

これまでの筋立てを略述すると、仏滅度後に広くこの法華経を説く者はいないかという見宝塔品の末尾でなされた釈尊の呼びかけに応じて、まず、薬王菩薩や大楽説《ぎょう》菩薩および彼等の眷属達が、悪世にあっても大忍力を起こして受持しましょうと誓った。これに続いて、既に記が授けられている声聞達が申し出、これに加えて比丘尼達も弘経の誓いを立てた。ただし、彼等および彼女等は、他土で説きましょうと申し添えた。これに続いて不退転菩薩達が、如何なる迫害が加わろうとも、この娑婆世界を起点として十方の国土を周旋して法を弘めますと強い決意を表明したのである。この品全体の趣意は、既に法華経の教えに浴している仏弟子達が、釈尊の呼びかけに応じて、皆それぞれに応じた形で弘経の誓いを立てたことにあると理解されるが、法華経編纂者が最も述べたいことは、おそらくは、最後に述べられた不退転菩薩の誓言にあり、それ以前の叙述はいわば序曲に当たるように思われる。

ここで気付かされることは、この品で誓いを立てる者達の中には、在家者は含まれていないことである。薬王菩薩や大楽説菩薩及び諸声聞はいずれも出家者と考えてよいだろう。摩訶波闍波提や耶輪陀羅は、釈尊の出家以前からの縁者であるが、仏伝でのちに出家して仏弟子になったと言われているように、彼女たちも出家者であり、ここでは比丘尼と表現されている。不退転菩薩達は、菩薩の意味を広義に理解すれば在家も含むようにも思われるが、(11・8)の十七行目から推して、上述のように出家者が想定されている。このことは、見宝塔品に書かれた(10・5)を踏まえて、虚空会には出家者が残されているとする筆者の見解と照応している(注3)。

ところで、法華経至上主義者といってよい日蓮の遺文に接していると、上掲の二十行の偈がしばしば引用されている。周知のように、日蓮は度々法難に遭ったが、彼はこの偈を仏の予言として捉え、自らの法難と重ね合わせて理解した。特に、伊豆、佐渡の二度にわたる法難を、(11・8)の十六行目に書かれている数々の文字に重ね合わせて捉え、仏の予言が的中したものと理解した(注4)。上掲の二十行の偈を文面通りに理解すると、法華経は釈尊が直々《じきじき》に説かれたものであり、ここでは、釈尊滅後のことが述べられているのであるから、この意味からすれば未来に起こりうる状況が語られているのである。日蓮は、当時の常識に従い法華経に書かれた事柄をすべて文面通りに受け取り、これらの文言を予言と受け取ったのである。しかし、九・一節でも触れたように、法華経が書かれたのは、仏滅後およそ五百年を経た後のことであり、その意味からは予言というよりもむしろ法華経成立当時の現実もしくは目前に迫った予測が書かれていると理解した方が事実に近いものと思われる。それでは、日蓮が自分自身の経験を二十行の偈に重ね合わせて、予言が的中したものと理解したことは、単なる思い込みもしくは牽強付会と一笑に付すべきだろうか。筆者の理解を言えば、鎌倉時代に日蓮が懐いた仏教史観と法華経成立時に法華経唱道者が懐いた仏教史観とが、いわばパラレルな関係にあったのではないかと考えている。周知のように、日蓮は当時の通説に従って、仏教史全体を正法、像法、末法の三時に分かち、自らを末法の初めと位置づけた。一方、譬喩品、信解品、化城喩品等に書かれた内容を踏まえての筆者の推測に過ぎないが、法華経の編纂者は、仏教創生時の初期仏教の時代を仏知見が志向された時代、あたかも日蓮が捉えた正法に相当する時代と捉え、部派仏教の盛んな時代を表面的には仏教が盛んなようには見えても仏知見が露わには説かれることがなかった時代、あたかも像法に相当する時代と捉え、そして、自らが位置する時代を正法が廃れんとする末世、あたかも末法の初めに相当すると捉えているように思えてならない。このような末世にあって仏弟子は如何にあるべきかといった課題を抱えて、この品が書かれているように思われる。相似た状況把握においては、必然的に相似た心情が生まれ、相似た予想が為され、相似た行動が引き起こされ、そして相似たリアクションが惹起されるのである。日蓮がこれらを予言の的中と受け止めて、勧持品の叙述を自らの行動の指針として、法華経の広布に邁進したのもゆえあってのことであったと考えている。

十一・三　悪世に法華経を弘める方法

勧持品第十三は、多くの出家僧達がそれぞれの考えに基づいて法華経の弘通を申し出、更に八十万億那由他の不退転菩薩達が、迫害に屈せず法を説きましょうと誓いを立てた所で終わった。これに続く安楽行品第十四は、文殊菩薩が世尊に

(11-9)世尊、是の諸々の菩薩は甚だこれ有り難し。仏に敬順したてまつるが故に大誓願を発《おこ》す。後の悪世に於いてこの法華経を護持し読誦し説かん。世尊、菩薩摩訶薩後の悪世に於いて如何にしてか能く是の経を説かん。

と訊ねるところから始まる。

そこで釈尊は文殊菩薩に、

(11-10)若し菩薩摩訶薩後の悪世に於いてこの経を説かんと欲せば、当に四法に安住すべし。

と前置きされ、悪世に法を説く方法を四段に分けて説かれている。それらは通常身安楽行・口《く》安楽行・意安楽行・誓願安楽行と呼ばれている。四法をこのように解釈することが妥当かどうかの問題もあるが、本書ではこの捉え方に準拠して、この言葉を使わせていただく。四法それぞれに多くの具体的な指示が与えられているが、ここでは特徴的と思われるものや後の考察に関わるもののみを取り上げて記すことにしよう。

最初の身安楽行については、菩薩の行処《ぎょうしょ》（行うべきこと）と親近処《しんごんしょ》（親しく近づくべきところ）に分けられている。まず、菩薩摩訶薩の行処として、

(11-11)忍辱の地に住して、柔和善順にして卒暴ならず、心亦驚かず。又復法において、行ずる処なくして諸法如実の相を観じ、亦不分別を行ぜざれ。

と述べられ、親近処については、

（11-12）国王・王子・大臣・官長に親近せざれ。諸の外道・梵志・尼揵子《にけんし》等。及び、世俗の文筆・讃詠の外書を造る、及び路伽耶陀《ろがだや》・逆路伽耶陀《ぎゃくろがだや》の者に親近せざれ。

とあり、この他にも数多くの対象を挙げて、これらに親近するなと述べられている。ここで、梵志はバラモンのことであり、尼揵子・路伽耶陀・逆路伽耶陀のそれぞれは、それぞれに独自の考え方を主張したインドの外道（仏教以外の教え）の一派である。また、声聞を求める比丘・比丘尼・優婆塞・優婆夷に親近せず、共に住止するなと指示され、声聞が来たような場合には、「宜しきに随って法を説いて」、悕《ねが》いや望みを抱くなと訓戒されている。

ここまで読んできて、これらを文面通りに受け取ると、二乗を忌避せよと述べているようにも受け取れ、これでは、法華経前半で説かれている二乗作仏の教理に反するのではないかと少なからぬ戸惑いを感じるところである。それではこの著者は、小乗を貶め大乗を称揚する大乗主義に立っているのだろうか？　もしそうなら、この部分は法華経前半とは立場を異にする者によって書かれて、後に挿入されたものと考えたくもなってくる。その詮索は後回しにして、とりあえず先に進むことにしよう。

続いて、

（11-13）女人の身において能く欲相を生ずる相をとって為に法を説くべからず。また見んと楽《ねが》わざれ。若し他の家に入らんには、少女・処女・寡女等と共に語らざれ。

と述べられ、若し女人のために法を説こうとするなら、歯を露わにして笑ってはいけない、とも書かれている。

このような叙述も、皆成仏道を説く他の品《ほん》との思想的整合性が気になるところである。

次に親近すべきこととして、第一に常に座禅を好んで閑《しず》かなる処にあってその心を修摂せよ、そして第二に一切の法が空であってただ因縁をもってあるといった法相を観ぜよと訓戒されている。

これに続いて、上述の内容が偈の形で再説されている。その詳細は省略するが、(11·12)に関連して、

(11·14)菩薩、時あって静室に入り、正憶念をもって義に随って法を観じ、禅定より起《た》って、諸の国王・王子・臣民・婆羅門等の為に、開化し演暢してこの経典を説かば、その心安穏にして怯弱《こにゃく》あることなけん。

と書かれていることが注目される。解説書によっては、(11·12)について、ここに掲げられている者達に近づいて間違った考え方に影響されないように戒めなければならない、といった趣旨の説明がなされている。しかし、このように理解すると、(11·14)と整合しなくなる。なぜなら、一方では近づいてはいけないと説きながら、他方では、彼等に対して諄々と法を説くなら、臆病になる必要はない、と述べているのであり、(11·14)を実行するには、(11·12)に違反して相手に近寄らざるを得ないからである。また、(11·13)で、少女や処女等と共に語ってはいけないとされているが、これに対応する偈の中には「是れ男、是れ女と分別せざれ」と書かれている。これも、意味の取り様によっては両者が相矛盾するような訓戒である。それでは、これらの訓戒をどのように理解すればよいのだろうか。

その詮索も後回しにして、続いて書かれている内容を追っていくことにしよう。

次に第二の口《く》安楽行が説かれている。人及び経典の過《あやまち》を説くな、他人の好悪《こうお》長短をあげつらうなとあり、聴かれた場合は意に逆らってはならない等が訓戒されている。そして、口安楽行について述べられた長行の部分の末尾には、次のような文言が述べられている。

（11・15）善く是くの如き安楽の心を修するが故に、諸の聴くことあらん者その意に逆らわじ。難問するところあらば、小乗の法でもって応えざれ。ただ大乗を以って、為に解説して一切種智を得せしめよ。

対応する偈の部分では、身を浄くして安穏に法を説けと訓戒し、特に国王・王子・大臣等に対して、微妙の義を以って和顔《わげん》にして説き、質問があれば、義に従って答え、因縁譬喩を用いて敷衍して、漸漸に増益して仏道に入らしめよ、と説かれ、慈心をもって説く様にと強調されている。そしてこの偈の末尾には、次の文言が述べられている。

（11・16）我が滅度の後に、若し比丘あってよくこの妙法華経を演説せば、心に嫉恚《しっち》諸悩障礙《しょうげ》なく、亦憂愁及び罵詈する者なく、又怖畏し刀杖を加えられる等なく、亦擯出《ひんずい》せらるることなけん。忍に安住するが故に。智者是くの如く善く其の心を修せば、能く安楽に住すること我が上に説く如くならん。其の人の功徳は千万億劫に算数譬喩をもって説き尽くすこと能わじ。

第三の意安楽行については、他の仏道修行者に対し嫉妬心を持ったり軽んじたりしてはいけないこと、声聞道や縁覚道更に菩薩道を求める者に対し「汝等道を去ること甚だ遠し、一切種智を得ること能わじ」などと言ってはいけないこと等が訓戒されている。このような文言から、法華経唱道者の中に、ときには法華経以外の他の教えでは一切種智が得られないと驕り高ぶった主張をした者がいたものと想像されるが、恐らくは、それらに対して自制を促すために書かれたものであろう。ここで、声聞道・縁覚道・菩薩道の三乗が並置されていることが注目される。この表現から、法華経唱道者達が三乗を超えた立場に立っていることが読み取れる。

そして、同趣旨のことが偈の形で再説され、その末尾には「第三の法是くの如し、智者守護すべし。一心に安楽に行ぜば無量の衆に敬われん」と述べられている。

最後の誓願安楽行については、在家・出家の人の中で大慈の心を起こし、菩薩でないような人の中にあっても大悲の心を起こして、次のように念じなさいと訓戒されている。

(11·17)是くの如き人は則ちこれ大いに如来の方便随宜の説法を失えり。聞かず知らず覚らず問わず信ぜず解せず。その人この経を問わず信ぜず解せずと雖も、我阿耨多羅三藐三菩提を得ん時、随っていずれの地に在っても、神通力・智慧力をもって、是れを引いて是の法に住することを得せしめん。

ここで、「如来の方便随宜の説法を失えり」という言葉がみえるが、この文言は、勧持品二十行の偈の(11·8)の十六行目に照応しており、関連づけて理解するべきであろう。

そして、この様な四法に安住すればあらゆる人々に讃歎され、法を説こうとすると諸天がこれを助けるだろうとあり、その理由は、この経が過去・未来・現在の諸仏に護られているからである、と述べられている。この文言に接すると、筆者は、法華経の前半・後半通じて随所に書かれている仏所護念といった語句を想起する。

これに続いて、この法華経は「無量の国の中で、乃至名字をも聞くこと得べからず」と述べ、以下のような髻中明珠《けいちゅうみょうしゅ》の喩えが説かれている。

権勢のある轉輪聖王は、戦いで功があった兵士に対し、功に随って色々な褒賞を与えるが、唯髻《もとどり》の中の明珠のみは与えない。なぜなら、これを与えると王の眷属が必ず大いに驚き怪しむからである。これと同じように、

（11・18）四衆の中において諸経を説いてその心をして悦ばしめ、賜うに禅定・解脱・無漏の根力の諸法の財をもってし、又復涅槃の城をもって賜与して、滅度を得たりと言ってその心を引導して、みな歓喜せしむ。しかも為に是の法華経を説かず。

と述べられ、そして、

（11・19）この法華経は諸仏如来の秘密の蔵なり。諸経の中において最も其の上にあり。長夜に守護して妄《みだ》りに宣説せざるを、始めて今日において乃《すなわ》ち汝等が為に而も之を敷衍する。

と、法華経の教理がこれまで一度も説かれなかったことが述べられ、諸仏の加護が強調されている。

上掲（11・18）で、禅定・解脱・無漏の根力等の諸法が並べられているが、これらの項目に接すると、方便品に書かれた無量・無礙・力・無所畏・禅定・解脱・三昧（3・4参照）や、化城喩品に書かれた禅定・三明・六通並びに八解脱等の言葉（7・9参照）が想い起こされる。（11・18）で取り上げられ

ている諸法は、細目は異なるが、これらと同様、部派仏教で構築された代表的教理として挙げられたものと言ってよいだろう。上述の喩え話では、言うまでもなく、これらの教法が兵士に与えられた色々な褒賞で喩えられ、法華経の教理が髻中の明珠によって表現されているのである。(11-18)では、釈尊は、法華経以外の諸経において禅定・解脱等の涅槃寂静を求める深妙な教理を説かれたが、未だ法華経が説かれていなかったので、みんなはそれらの教えで十分だと考え、それぞれに滅度の想いを得て歓喜したことが述べられているものと理解される。ここで述べられている論旨は、方便品から学無学人記品までの各品で、しばしば強調されてきた内容に他ならない。いずれも、方便の教えに満足せず仏知見こそ志求べきだとの趣意と理解してよいだろう。そう思って(5-2)や(5-4)や(6-1)等を読み直すと、これらの内容も同趣旨であることが読み取れる。また、(11-18)に書かれた「しかも為に法華経を説かず」といった言葉に接すると、筆者は、(7-2)で書かれた「而も諸仏の法現在前せず」や(7-9)にある「一切法を受けざるを以っての故に」や(7-15)に書かれた「汝等は所作未だ弁ぜず」といった言葉を想い起こす(注5)。

続いて(11-19)では、法華経が諸仏の秘要の蔵と表現されており、これまでに一度も露わに説かれずに来たことが表明されている。そして、この経に説く教えこそ最上のものであるとし、仏所護念と同趣旨のことが語られているのである。

これに続いて偈が掲げられ、同趣旨の事柄が再述されており、その中では、これまでに述べた四法に従って法を説けば大きな功徳が得られることを詳述している。その詳細はここでは略する。

十一・四　安楽行品は誰のために説かれたか

以上、ところどころで疑問符をはさみながらではあるが、安楽行品に書かれた内容の大筋を追ってきた。これらを勧持品と較べるとだいぶ雰囲気が異なっていることに気付く。実際、勧持品では、いかなる迫害にも屈せず法を説くといった積極的な態度が語られており、一方、安楽行品では、(11-11)を始めとして随所で、消極的な態度を取る様に指示されている。両者が照応していないように思われる。この違いをどの様に領解すればよいのだろうか。

伝統的な解釈によれば、「勧持品」について述べられたことは、深い行を積んだ位の高い菩薩に対するものであり、安楽行品はこの様な修行に堪えられない人のために、易しい修行法として説かれたものであるとされている。因みに智顗述『法華文句』巻第八下の釈安楽行品の部分を開くと、(11-9)に関連して、

(11-20)(安楽行)品の文に問有り答有り。問の中に、先に前品の深行の菩薩が能《よ》く是《か》くの如く経を弘むることを嘆ず。後に、浅行の菩薩が如何に悪世に是の経を宣説せんやを問う(注6)。

と述べられている。つまり、智顗は(11-9)を、前品勧持品で誓いを述べた者達を深行の菩薩と捉えて賞嘆し、その後の安楽行品では、浅行の菩薩がこの経を如何に説くべきかと訊ねたものと理解しているのである。伝統的な解釈は、おそらく、智顗のこのような理解に依拠したものであろう。確かにこの様に解釈すれば、説かれている対象が違うのだから内容に差があって当然で両者が相矛盾

しているわけではないと納得できる。しかし、このように理解しても、なお、しばしば腑に落ちない箇所にぶつかる。例えば、(11・13)において、「女人の身において能く欲相を生ずる相をとって為に法を説くべからず」と書かれており、またこれに関連して、女性に対して法を説く際に、歯を露わにして笑ってはいけないと説示されている。一般に宗教では、信奉者それぞれの心の有り方を問題にし、外面よりも内面の有り方を重視するのが通例であるが、ここでは説法の際の相に言及しており、少なからぬ戸惑いを禁じえない。これらの注意事項は、相手に迷惑を掛けることであるから、浅行の仏道修行者にとって、まず心すべきことであると諭しているものと受け取ることも可能かもしれないが、それではなぜわざわざ、このようないわば些末な指示が、仏滅後の悪世における法華経の説き方を語る文脈の中で書かれているのだろうか？

因みに、平川彰氏は、『初期大乗と法華思想』の中で、

(11・21)「安楽行品」は他の諸品と異質的であることは、つとに学者に承認されており、後から挿入されたものと見られている。

と述べておられる（注7）。確かに、(11・20)に依拠したと思われる上述の伝統的な解釈に沿って理解しようとすると、上にも触れたように他の品と思想的整合性がうまく理解できず、また、勧持品との文脈的繋がりが掴みづらいので、後に挿入したものと理解した方がよいようにも思われる。

それでは、(11・9)の文言に則した、しかも勧持品で展開された文脈に繋がった形での解釈がはたして不可能であろうか？　以下において、敢えて伝統的な解釈や大方の研究者達の見解から離れて、

この問題を考察してみることにしよう。

そこで、本品の主意を語る（11·9）を、勧持品からの文脈的な繋がりに注目しながら再読してみよう。ここでは、勧持品で誓願を立てた不退転菩薩が賞嘆されていて、これに引き続いて法華経の説き方が質問されているのであり、書かれた文言を文脈に沿って素直に読むと、不退転菩薩達を念頭において、この人達が悪世において法華経を如何に説くべきかを訊ねているように受け取れる。

安楽行品を勧持品に引き続いて説かれているとすると、その会座は当然虚空会でなされているものと考えられ、この品の対告衆も虚空会に参列する者と理解してよいだろう。とすると、（10·5）に述べられているように、六道の衆生が除かれており、その主体は出家者と考えてよいだろう。そう思って、この品で説かれている訓戒を読み直すと、ほとんどが出家者に課せられるべき項目である。例えば、（11·13）で、他家に入るとき少女・処女等と語ってはいけない、と教戒されているが、このような言説は出家が対象の場合にのみ意味がある。

勧持品で語られた二十行の偈に思いを馳せながら、法華経唱道者に対する度重なる迫害が予想されるような悪世において弘教する場合、どのような方法が可能であろうか？　それも、未だ語られることが無かった難信難解の思想を打ち出す場合、がむしゃらに自己主張することはむしろ逆効果とも思われる。自らが主張するその根幹を崩さない限りにおいて、相手の状況に合わせてより理解されやすい形で説く方が得策であるようにも考えられる。また、真意を理解してもらうため、そして迫害をより少なくするためにも、当時出家修行者に対して期待されていたことを、範を示して率先して行うことが必要なように思われる。そう思って、訓戒されている諸事項をもう一度読み直すと、このような観点から書かれたのではないかと思い当たる箇所にしばしば出会う。

例えば、(11-11)や(11-14)等を読むと、相手の状況に合わせて説くことが強調されているが、同時に法を枉《ま》げることなく諄々に説くことが要請されている。

また、(11-13)については、出家者が他家で女性に話しかけることは不邪淫戒と関連して誤解される恐れが多分にあり、あらぬ疑いを掛けられて誹謗中傷され、ときにはこのことが迫害を招く原因ともなりかねない。これを避けるためには、その行動に十分注意することが必要である。このような意味を込めて書かれているのではないだろうか。また、これに関連して、女性が欲相を生じる相をとってはいけないとか、女性の前で歯を露わにして笑ってはいけない等、説法の相に関係した訓戒も、あらぬ誤解が生じないように、そして説法者の真意が正しく伝わるように、といった願いを込めて書かれているように受け取れる。このように理解すると、これらの記述と偈の中で書かれた「これ男これ女と分別せざれ」といった一見矛盾する指示があるのも、状況の違いによって取るべき行動に違いがあるのは当然で、その意図するところにおいては齟齬がないように思われる。

先に、(11-12)で国王・大臣等に親近するなとしながらも、(11-14)では、淳々に法を説けば怖じけることはない、と一見矛盾することが教示されていることを指摘した。これも、上述の観点からすれば、同一の目標を達成するための施策を異なる側面から述べたものと理解される。つまり、国王・大臣等にはうかつに近づくな、十分配慮して説けば理解してもらえるので懼れることはないと諭しているものと思われる。それにこの指示は、勧持品の二十行の偈の第九行目以下に書かれた内容と照応している様に思われる。これに関連して、（11・16）で、この安楽行に住すれば刀杖を加えられたり擯出させられたりすることがないといった趣意が述べられているが、この一節も（11・8）の二行目や（11・8）の十六行目を踏まえて理解するべきであろう。

以上の考察から私見を言わせてもらえば、安楽行品は、勧持品における対象から漏れた浅行の菩薩達に対する相補的な教えではなく、勧持品で誓いを立てた不退転菩薩達を対象にして、彼等が法を弘める際に心しなければならないことが説かれているものと理解される。実際、述べられている訓戒を、この様な観点から再読すると、不退転の決意をもって臨まなければ実行できないものが大半である。法華経編纂者の気持ちになって言えば、この品は、勧持品で誓いを立てた不退転菩薩達に対し、正法の弘通を願いながらも、できうる限り迫害が少なくて済むことを願って説かれたものと推測される。安楽行品が浅行の菩薩に説かれたものと理解すると、この品で髻中明珠《けいちゅうみょうしゅ》の譬えがなぜ語られているか、その説明がつかなくなる。この譬え話は、仏滅後にこれまで説かれたことのなかった難信難解の法を説くに当たって諸仏の加護があることを説いているものと思われる。以上のことから、（11・21）に言うような見解は首肯しがたいところである。

勧持品二十行の偈と同様に、安楽行品においても、法華経を唱道するグループが、弘法活動に専念する中で実際に問題になった諸事項が織りこまれているように思われる。たとえば、（11・12）に掲げられている面々は、実際に迫害を加えた当人達と考えてよいだろう。関連して、声聞に近づくなと書かれている箇所も、劣った教えを奉持する所謂二乗を放擲せよと説いているのではなく、迫害に遭うことを避けるための注意が述べられているものと理解される。また、先にも触れたが、当時、法華経唱道者の中には自負の念に傲り高ぶって放逸に堕した者もいたと思われる。迫害に如何に対処するかといった問題と同時に、このような者達に対する戒めのために書かれた箇所も散見する。総じて言えば、この品は、「勧持品」で誓いを立てた諸菩薩が、法華経の弘通を進めて行くにおいてのいわば実践マニュアルと見受けられる。

一般的に、勧持品は積極的、安楽行品は消極的な弘経法が説かれていると理解されて、法華経よりかなり後に成立した勝鬘経に説かれている摂受・折伏といった言葉を借りて（注8）、勧持品は折伏的であり、安楽行品は摂受的であると解されることが多い。確かに表層のみを見ればそのようにも見えるが、勧持品では、迫害にも挫けない強い決意が表明されているのみで、如何に実践するかについては何も語られていない。通常、折伏や攝受は弘経の方法の硬軟と理解されているが、その意味では弘経の方法について語っていない勧持品を折伏的と規定することは当を得ていない。折伏の意味を、たとえ相手の意に逆らうことがあっても真にあるべき価値が何であるかを示して教導していくという弘経の姿勢の問題と理解すれば、確かに勧持品は折伏的である。その意味では、安楽行品においても、例えば、（11·15）において、相手の意に逆らわじとしながらも、小乗の法（より劣った法）ではなく大乗の法（より優れた法）をもって一切種智を得せしめよと説いているように、その内実においては折伏的といってよい弘経の姿勢が説かれており、その観点からすれば、勧持品も安楽行品も一体のものであると理解される。

（注）

1　大正蔵九・一下。

2　例えば、植木雅俊著『法華経』の該当箇所をみると、「こいつらはブッダになるんだってよ」と訳されており、ブッダになる主語は迫害される側であり（同書下巻一一九頁）、また、坂本幸男・岩本裕訳『法華経』の該当箇所は、「（われらを軽蔑する邪悪な心の持ち主たちも、）ブッダになるであろうと、（われらは総てを耐え忍ぼう）」と訳されており、ブッダになる主語が迫害者の側にあると受け取れる（同書中巻二三九頁）。

3　これに関連して、本書の主題からはそれるが、以前に読んだ平川彰著『インド仏教史上巻』に、仏塔信仰と大乗仏教の関係が書かれていたことを思い出す。同書には、「大乗仏教は本来在家中心の仏教であった」と書かれており（同書三四三頁）、関連して、「仏舎利や仏塔が最初から在家信者によって護持され礼拝せられていた」こと（同書三四四頁）や「仏塔教団が大乗仏教の興隆に大きな役割を果たした」こと（同書三五〇頁）が述べられている。これらの見解に従えば、大乗仏教興隆の主たる担い手が在家者であると理解してよいように思われる。しかし、このことを、不退転菩薩に対する上述のような理解と重ね合わせると、少々腑に落ちないところが感じられる。というのは、法華経は紛れもなく大乗経典であり、不退転菩薩達は、いわばこの経典を唱道するグループの指導者達と目され、二十行の偈は彼等の心情を代弁しているように思われる。一方、上述のように、この会座に列なるメンバーは出家者が想定されている。文学作品では、自らの心情を作者自身に似せた登場人物を借りて吐露することが多いように思われるが、この場合はそうはなっていない。もし上掲の書にある通りに大乗仏教の指導者の主力が在家者であるとすれば、筆者の理解と整合しないことになり、大いに気になるところである。ところで、最近、シリーズ大乗仏教2『大乗仏教の誕生』(春秋社)が発刊され、第二章を読んでいると、大乗世界の出現に関する欧米の研究者達の見解が紹介されており、その結論は「在家・仏塔起源説を支持してきた日本の学会の大乗仏教理解とは真っ向から対立する」と述べられているのが目に止まった(上掲書四六頁)。だとすると、筆者の見解もあるいは息を吹き返すかもしれない。法華経を唱道したのがどのようなグループであったかが筆者の当面の関心事であるが、この方面の研究者のご意見を伺いたいものと願っている。

4 例えば、開目鈔(『昭和定本日蓮聖人遺文』、五六〇頁)。

5 本書の主題からはそれるが、髻中明珠の喩えが書かれているこの文段を読んでいると、法華経の成立過程の問題との関連が少々気になってくる。「はじめに」でも書いたように、法師品を境にして、法華経の前半と後半を較べた場合、両者の成立年代の間には相当な開きがあると推定している研究者が少なくない。髻中明珠の喩えに関して、もし上述の様な筆者の理解がそれほど間違っていないならば、前半で何度も繰り返し語られている内容と同一の見解がここでも披露されており、それも、表面的な言葉や概念の借用によって接続をはかろうとしたもののようには考えられない。筆者には、このような筆運びは、法華経の前半と後半の原型が同一の作者か、もしくは同一のグループに属していて相互の情報交換が密である者同士によって書かれた場合でなければ起こり得ないのではないかと思えてならない。だとすると、後半が、前半に比して相当の年月を隔ててのちに成立したものとは考えにくい。この方面に詳しい方のご教示がいただけないものかと願っている。

6 大正蔵三十四・一一九上。

7 平川彰著作集第6巻『初期大乗と法華思想』四九二頁。

8 大正蔵十二・二一七下。

第十二章　久遠実成の釈尊とその直弟子達

十二・一　地から涌き出た菩薩達

安楽行品第十四が終わり次の従地涌出品第十五に入ると、他方の国土から来た八恒河沙を越える菩薩摩訶薩達が起立し合掌し、礼をなして仏に向い次のように申し述べた。

（12・1）世尊。若し我等仏の滅後に於いて此の娑婆世界に在って、勤加《ごんか》精進して此の経典を護持し読誦し書写し供養せんことを聴《ゆる》したまわば、当にこの土に於いて広く之を説きたてまつるべし。

ここで、他方の国土から来た菩薩達が弘経を申し出たのは、これも見宝塔品の末尾における釈尊の弘経者勧募に応えてなされたものと理解される。勧持品では色々なタイプの仏弟子達が弘経を申し出、とりわけ不退転菩薩達が、如何なる迫害にも耐えて不惜身命の決意で弘経することを誓った。これに対し、彼等の活動に対する迫害が少ないことを願って安楽行品が説かれ、そしてこの品に入って、他方の国土から来た多数の菩薩達もまた弘経の誓いを申し述べたのである。見宝塔品以降からの文脈から言えば、彼等は虚空会に他方の国土から参集した十方分身の諸仏達に随従して来た菩薩達と理解してよいだろう。彼等は、他方の国土から来た菩薩達でありながらも、「当にこの土に於いて」この経を説くことを誓っていることが注目される。

これに対して釈尊は、諸々の菩薩摩訶薩に向かって、次のように告げられた。

(12·2) 止みね善男子。汝等が此の経を護持せんことを須《もち》いじ。

この釈尊の言葉は、この品のみを読むと上述の他方の国土から来た菩薩達に対して述べられたものと取れないこともない。因みに、『法華文句』の釈従地涌出品を開くと、智顗は、如来が菩薩達の弘経を止めた理由を三義挙げているが、その内容から推測すると、「止みね善男子」の対象を他方の国土からきた菩薩達に限定して解釈しているように思われる（注1）。しかし、勧持品における仏弟子達の弘経の申し出に対していずれも認可されていないことからすれば、彼等も対象になっていると理解した方がよいだろう。いずれの仏弟子達も釈尊の期待に応えて申し出たのであり、即座に認可されてよさそうなものだが、予期に反してその必要がないとされているのである。

勧持品において申し出た仏弟子達のうち、これまでの品《ほん》で記を受けた比丘・比丘尼達については、法華経弘通の主なターゲットがこの娑婆国土であるにもかかわらず、他土に於ける弘教を誓っていることから、彼等が認可されなかったのももっともと思われる。しかし、勧持品の始めに申し出た薬王菩薩や大楽説《だいぎょうせつ》菩薩等、更には不退転菩薩達、そして上述のような他方の国土からきた数多くの菩薩達は、この土における弘通を申し出ているのである。彼等の誓いが認可されない理由は一体何なのだろうか？　それに、十一・二節でも述べたように、勧持品で登場する不退転菩薩は、法華経成立当時の法華経唱道者がモデルとされているように思われるが、彼等の誓いも認可されなかったことからすれば、法華経唱道者達の心情がここで制止されていることになり、法華経編纂者の意図を量り兼ねるところである。

それを知るためにも、（12·2）に対する釈尊自身の説明を聴くことにしよう。

（12·3）所以《ゆえ》は如何。我が娑婆世界に自《おのず》から六万恒河沙の菩薩摩訶薩あり。一々の菩薩に各々六万恒河沙の眷属あり。この諸人等が能く我が滅後に於いて、護持し読誦し広く此の経を説かん。

つまり、私の滅後にこの法華経を護持し読誦する人は別にいるから、これまでに誓いを立てた声聞や菩薩達は必要がないと説かれたのである。この筆勢からすれば、大勢の仏弟子達が申し出てはくれたが、お前達は始めから当てにしていないとでも言いたげである。もしそうなら、見宝塔品末尾の弘経者の勧募も、更には勧持品の二十行の偈もその必要がなかったのではないかとも考えられる。このような筋運びのなかで、法華経編纂者は一体何を言おうとしているのだろうか？　ここまで読んでも疑問は深まるばかりである。その詮索はのちに行うことにして（十二・五節参照）、とりあえず続きを読んでいくことにしよう。

その時に、娑婆世界の三千大千の国土が皆震裂し、その中より無量千万億の菩薩摩訶薩達が同時に涌出してきた。これらの菩薩達は一般に地涌の菩薩と呼ばれている。

これらの菩薩達は、いずれも身が金色で仏と同じく三十二相を具え、無量の光明を放っている。彼等は娑婆世界の下にある虚空の中に住んでいたが、釈尊の音声を聞いて涌出してきたのである。

それぞれの菩薩はいずれも大衆唱導の首であり、それぞれが眷属を引きつれている。

続いて、それぞれが引きつれている眷属の数が列挙されている。六万恒河沙から始まり、五万・四万・三万・二万・一万恒河沙等と続き、一恒河沙・半恒河沙が書かれており、更に、四分の一乃至千万億那由他分の一恒河沙が挙げられ、続いて千万億那由他が書かれている。そして、億万・千万・百万乃至一万・一千・一百・一十が書かれ、五・四・三・二・一の眷属を引きつれた者もおり、単己《たんご》即ち眷属がいない者もいる。ここで、千万億那由他分の一恒河沙の次に千万億那由他が書かれていることが注目される。このことからすれば、一恒河沙は、千万億那由他を千万億那由他倍したものよりも大きい数と捉えられていることになる。恒河沙や那由他は単に大きな数を表すのではなく、恒河沙の方が、那由他よりも遙かに大きい数の単位として使われていることが読み取れる。

これらの菩薩達は、出で已《おわ》って多宝塔の中の釈迦・多宝の二如来並びに師子座上の十方分身の諸仏に対し、合掌礼拝して、いろいろな言葉を重ねて仏を褒め称えた。この間、釈迦牟尼仏及び四衆はみな黙したままである。この様なことが五十小劫も続いたが、仏の神力によってみんなには半日のことのように思えた。

これらの菩薩衆の中に、上行・無辺行・浄行・安立行《あんりゅう》と名付けられた四人の導師がいた。これらの四菩薩は、「その衆中において最もこれ上首唱導の師」であると表現されている。

そのとき四菩薩は、共に合掌して釈尊に向かい、「少病少悩にして安楽に行じたもうや否や。度すべき所の者、教えを受くること易しや否や。世尊をして疲労なさしめざるや」と申し述べた。この言上は偈の形でも再説されている。釈尊は、「如来は少病少悩なり。諸の衆生等は化度《けど》すること易し。疲労あることなし」と応えられ、四菩薩に対し、虚空会に参集しているこの者達はずっと以前からの弟子であり、過去の諸仏を供養し尊重して種々の善行をなし、教えを信受して仏知見を会得してきたと説明され、「先より修習して小乗を学する者をば除く。是くの如きの人も、我今亦是の経を聞いて仏慧に入ることを得せしむ」と付言された。この付言のなかにも、法華経の所謂小乗教徒に対する考え方が滲み出ているように思われる。法華経を除くほとんどすべての大乗経典では、（6·6）に関連して述べたように、所謂小乗教徒を最早治癒できない者と捉えている。ここでは彼等を導くのは困難であるとしながらも、この経によって仏慧に入ることができるとされているのであり、法華経前半で展開された二乗作仏と同趣旨であることが看取される。

　以上の展開は偈の形でも再説されているが、ここでは省略する。

　そのとき諸の大菩薩達は、聴き終わって信解して随喜した。釈尊はこれに満足され、上首の大菩薩達に対し、「善哉《ぜんざい》善哉、善男子。汝等能く如来において随喜の心を発《おこ》せり」と讃歎された。

　そのとき、弥勒菩薩及び八千恒河沙の諸々の菩薩達は、

（12·4）我等昔より已来《このかた》、是くの如き大菩薩摩訶薩衆の地より涌出して世尊の前に住して、合掌し供養して如来を問訊し奉るを見ず聞かず。

との思いに包まれた。弥勒菩薩が、みんなのこの思いを察し、自らの疑いをも晴らすため、釈尊に向かって、これらの菩薩は一見して、凡智では測れぬ智慧をもち、志堅く忍耐力が強いように見え

るが、いずれの処から何の因縁をもって現れ出で、いずれの仏から仏法を習いいずれの所で修行を積んできたのか説明して欲しいと懇願した。

この虚空会には、見宝塔品で説明されているように、釈迦牟尼仏の分身である無量千万億の諸仏が他方の国から参集して結跏趺坐していたが、そのとき、皆がそれぞれに仕えている仏に向かって、これらの多数の菩薩は一体何処からきたのでしょうかと訊ね、諸仏から、「いま、弥勒菩薩が代表して釈尊に直接訊ねているところであるから暫く待て」と制されている場面が見られた。

そこで、釈尊は、弥勒の質問に応えて、まず、

(12·5) 善哉善哉。阿逸多《あいった》(弥勒菩薩の別名)よ。乃《いま》し能く仏に是くの如き大事を問えり。汝等当に共に一心に精進の鎧を被て、堅固の心を起《き》こすべし。如来は今、諸仏の智慧・諸仏の自在神通の力・諸仏の師子奮迅の力・諸仏の威猛大勢の力を顕発せんと欲す。

と述べられた。そして、同趣旨のことが偈の形で再述されている。偈の中では、これから説く法が「昔より未だ聞かざるところの法」であり、「甚深にして分別し難い」ものであることが強調され、心を一にして聴くようにと諭されている。ここで述べられている趣旨は、秘要の蔵や難信難解といった、法華経前半後半通じてしばしば述べられている言葉と同趣旨と言ってよいだろう。

偈を説き終わってのち、世尊は弥勒菩薩に対して、地涌の菩薩のことを

(12·6) 我是の娑婆世界において、阿耨多羅三藐三菩提を得已《おわ》って、是の諸の菩薩を教化示導し、其の心を調伏し道の意《こころ》を発せしめたり。此の諸の菩薩は、皆是の娑婆世界の下、此の界の虚空

の中に於いて住せり。諸の経典に於いて、読誦通利し思惟分別し正憶念せり。阿逸多よ。是の諸の善男子等は、衆に在って多く所説あることを楽《ねが》わず、常に静処を楽い、勤行精進して未だかつて休息《くそく》せず。亦人天に依止《えし》して住せず。常に深智を楽って障碍あることなし。亦常に諸仏の法を楽い、一心に精進して無上慧を求む。

と説明された。

　これまでに読んだ文脈からわかるように、仏滅後の法華経弘教の主役は地涌の菩薩をおいて他にないと主張されているが、（12·6）は、そのような菩薩達の特質を述べたものと理解される。その意味からすれば、法華経編纂者の懐く仏弟子としての理想像の一面がここで開陳されているといってよいだろう。そう思いながらこの文言を読み直すと、勧持品で説かれている二十行の偈との関連が少々気になってくる。筆者は十一・二節で述べたように、勧持品の二十行の偈のなかには、法華経編纂者自身の心情が込められているのではないかと考えているが、そこで描かれている不退転菩薩と（12·6）で描かれた菩薩とは、双方のイメージがうまく重なり合わない。不退転の菩薩については、「忍辱の鎧を著て」法難に立ち向かう勇士がイメージされ、他方（12·6）では、衆生のなかで多く説くことを望まず、静かな所にあってひたすら真理を求めて精進する求道者がイメージされる。法華経の編纂者（達）は、これらの内のいずれを是としているのだろうか。この難題を解決することは、（12·2）で書かれた「止みね善男子」をどう理解するかといった問題に密接に関連しているようにも思われるが、とりあえず物語の展開を追うことにしよう。

続いて、同趣旨のことが偈の形でより詳しく再述されている。詳細は略するが、その末尾は

（12-7）我今実語を説く。汝等一心に信ぜよ。我久遠より来《このかた》是れ等の衆を教化せり。

といった言葉で終わっている。

そのとき、弥勒菩薩他非常に多くの菩薩達はこの説明では納得できなかった。彼等の疑念を晴らすために、弥勒菩薩が代表して、釈尊は王宮を出て出家され、伽耶《がや》城からそれほど遠くない所で修行を積まれて菩提樹のもとで悟りを得られ、その時より四十余年しか経っていないと思っていたのに、世尊はどうしてこのような短い期間の内に、このような大いなる仏事をなすことができたのでしょうかと釈尊に申し述べた。

ここで、四十余年という年数が言及されているが、二・一節でも触れたように、法華経は、釈尊の最晩年に説かれたものと設定されており、この年数は、仏伝に関連させて算出されたものと理解される。既述のように、仏伝では、釈尊は（異説もあるが）三十五歳で成道し、それ以後衆生に法を説かれて八十歳で入滅されたとされている。これを踏まえて、この説法の場が釈尊成道から四十余年の後のことであると述べられているものと理解される。

そして、弥勒菩薩は、これらの大菩薩達は見たところ遠い昔に善根を植え、長い修行を経て菩薩道を完成した者ばかりであり、これでは師匠よりも弟子の方が年長になってしまうではないかと疑問を懐き、

（12-8）譬えば、人あって花美しく髪黒くして年二十四なる人あって、百歳の人を指してこれ我が

子なりと言わん。その百歳の人亦年少を指してこれ我が父なり我等を生育せりと言わん。是のこと信じ難きが如く、仏も亦是くの如し。」と申し述べた。この場面は一般に父少子老《ふしょうしろう》（父少《わか》くして子は老いたり）と称されている。

従地涌出品第十五の長行の部分は、この弥勒菩薩から釈尊への質問で終わっている。これに続いて、例によって、同趣旨のことが偈の形で再説されているがここでは省略する。

従地涌出品は弥勒の質問で終わったが、これに対する釈尊の解答は次の如来寿量品で与えられる。積み残した問題に対する我々の考察も、次の品を読み終えてのちに行わざるをえない。

十二・二　久遠実成の釈尊

如来寿量品第十六に入ると、まず釈尊が諸菩薩及び大衆に対し、「諸の善男子。汝等当に誠諦《じょうたい》の言を信解すべし」と三度繰り返えし述べられた。弥勒を首《はじ》めとして菩薩大衆は釈尊に「唯願わくは之を説きたまえ。我等当に仏の語を信受したてまつるべし」と三度言上し、更にもう一度同じ言葉を申し述べた。

ここで、同じ釈尊の訓戒が三度述べられ、菩薩達の懇請が四度繰り返されている。このような叙述に接すると、方便品で書かれている三止三請を想い出す。三・四節で述べたように、仏伝では梵天が釈尊に転法輪を三度勧請したとされているが、ここでもこのような形式が踏襲されている。このような筆運びも、これから述べられる説法が釈尊の初転法輪に匹敵するくらい、更にはそれ以上に重要であることを示唆するためのレトリックと理解される。

その説法の内容は以下の通りである。

(12・9) 汝等諦かに聴け、如来の秘密・神通の力を。一切世間の天・人及び阿修羅は、皆今の釈迦牟尼仏が、釈氏の宮を出でて伽耶城を去ること遠からず、道場に坐して阿耨多羅三藐三菩提を得たりと謂《おも》えり。然るに善男子。我実に仏に成って已来《このかた》無量無辺百千万億那由他劫なり。

つまり、皆は今の釈尊が、釈迦族の王宮を出て伽耶の街からそう遠くないところで、菩提樹のもとに坐して最上の悟りを得たと思っているが、実は、仏に成ってから量り知れないほどの年数が経過しているのだと説明されたのである。

そして、その年数が大略次のような譬えを挙げて説明されている。

五百千万億那由他阿僧祇の三千大千世界を抹して微塵となし、このすべての粉を東方五百千万億那由他阿僧祇の国を過ぎるごとに一粒ずつ落としていく。その時通過した国々を総て集めて摺りつぶし、その粉の数だけの劫を考えなさい。私が成道したのはそれより更に百千万億那由他阿僧祇劫も前のことである。

この説明は、化城喩品において大通智勝如来が滅度された時点を説明する際に述べられた三千塵点劫とほとんど同じで、説明の中で使われている個々の数が異なるのみである(七・一節参照)。最初の出だしで、大通智勝如来については三千大千世界であり、ここでは五百千万億那由他阿僧祇の三千大千世界となっていることから、一般に前者が三千塵点劫、後者が五百塵点劫と呼ばれている。後者の方が前者より遙かに大きい年数であることからすれば、前者に三千、後者に五百を付しているのは少々紛らわしい呼び名ではある。ともあれ、両者の言わんとするところは、ともに、考えも及ばぬような昔ということに尽きるだろう。ここでも、釈尊が成道されてからの年数を問題にしていることから、七・一節で述べたのと同様に有限の数である筈であるが、この答え方からすれば、考えられるどんな数よりも大きいと言いたげであり、数学的にはそのような数は存在しない。それではこの説明をどう理解すればよいか。その詮索は後に行うことにし（十二・四節参照）、ここではともかくも久遠の昔と受け取り先に進むことにしよう。

　続いて釈尊は、大菩薩達に、私が成仏したのはこのように久遠の昔であり、それ以来この娑婆世界にいて説法教化し、亦余所においても衆生を導き利してきた、その間、衆生の状況に合わせて種種の方便を用いて、微妙《みみょう》の法を説いて衆生に歓喜の心を興させてきたと説明され、

（12-10）諸の善男子。如来、諸の衆生の小法を楽《ねが》える徳薄垢重《とくはくくじゅう》の者を見ては、この人の為に我少《わか》くして出家し、阿耨多羅三藐三菩提を得たりと説く。然るに我実に成仏してより已来《このかた》、久遠なること是くの如し。

と述べられた。そして、方便をもって衆生を教化してきたのは、一切衆生を仏道に入らしめるためであり、諸々の経典は衆生を度脱させるためのものであるとし、

（12-11）諸の善男子。如来の演《の》ぶる所の経典は、皆が度脱せんが為なり。或いは己《こ》身を説き或いは

他身を説き、或いは己身を示し或いは他身を示し、或いは己事を示し或いは他事を示す。

と続けられた。この文は、一般に六或示現《ろくわくじげん》と呼ばれている。

つまり、種々の経典の中で、直接的にも間接的にも、衆生を度脱されるために語られている様々な教説のすべてが、この仏の働きと捉えられているのである。

更に、未来について、次のような説明が加えられている。

(12-12) 我もと菩薩の道を行じて成ぜし寿命今なお未だ尽きず。復《また》上の数に倍せり。

解説書によっては、ここに言う「上の数に倍せり」を、これから先の寿命がこれまでの倍あるといった意味に解釈されている。しかし、筆者がこの文言を読んだ限りにおいては、釈尊が成仏されてから現在までの長さ五百塵点劫と同じだけこれから先も活躍されると述べているものと理解される。なぜなら、(12-12) を字義に即して読むと、釈尊が成仏してからの寿命が上の数つまり五百塵点劫の倍だけあるとされているのであり、これまでに五百塵点劫経ったのだから、現在から寿命が尽きるまでの長さは残りの五百塵点劫であるといっているものと考えられるからである(注2)。無限大を二倍しても無限大に変わりないので、どちらでもよいことであるが、ここで殊更に未来の方が長いと強調されているわけでもないように思われる。

ここで説かれている釈尊は、この様に、従来から認識されていたような八十歳で入滅された釈尊とは根本的に異なった存在であり、釈尊の概念がここで一変された。この意味の釈尊は、一般に久遠実成の釈尊または本仏と呼ばれており、これに対し、従前の意味の釈尊は、本仏の垂迹と捉えられて迹仏と呼ばれている。本書でもこれらの言葉を使わせていただく。ここで、釈尊の概念が変わったとはいえ、それ以後の品で書かれている釈尊もしくは世尊といった言葉がすべて本仏の意味で使われているわけではないことに注意すべきである。いずれの意味かは文脈を踏まえて適切に理解する必要があるだろう。

それでは、本仏はなぜ滅してもいないのに滅したと説いてこられたのか？　こんな疑問が湧いてくるが、この疑問に対し釈尊は、もし初めから仏が不滅であると説くと、薄徳の衆生は善根を種《う》えず、五欲に貪著して、妄見の網の中に入り、怠け心が生じて、仏には会い難いという思いを懐くことなく、仏を敬う心も起こさないため、方便を用いてあたかも滅したように見せかけたのであると説明されている。この理由付けを聞くと、仏が不滅だとなぜ衆生が善根を種えないのか、もしくは、仏が滅を示すとなぜ仏を敬うようになるのか、いずれの説明もなされておらず、とって付けたような気もして、なんだかおためごかしのようにも聞こえる。しかし、これも、仏教発祥から法華経成立当時までの仏教史を念頭において書かれているように思えてならない。釈尊が入滅されて後、仏弟子達は、これまで何事につけても頼りきっていた師を失い、生前の釈尊以上に師への渇仰の心を強めたものと推測される。釈尊滅後に釈尊が急速に神格化されたのもその一つの表れといってよいだろう。また、後述の自我偈（十二・五節参照）の中で、「衆は我が滅度を見て、広く舎利を供養し、悉く恋慕の思いを懐いて渇仰の心を生ず」と述べられていることから推しても、当時の仏教徒は、仏の入滅後に仏を恋慕し渇仰の心が生じ、仏に代わるものとして仏舎利塔の供養が盛んになった。

また、その後に興隆した大乗仏教も、このような渇仰の心が結実したものと言えるだろう。つまり、仏が滅を示さなかったら、大乗仏教の興隆も起こらなかったと言ってよいだろう。私見を言わせてもらえば、ここで述べられている理由付けが、不滅の釈尊が滅を示したことによって齎《もたら》されたこのような歴史的事実を踏まえて書かれているように思えるのである。

唐突ながら、この説明を聞いて筆者は、見宝塔品において、「我が滅度に於いて誰か能く此の経を受持し読誦せん」（10·10参照）との呼びかけに先んじ、「如来久しからず当に涅槃に入るべし」（10·9参照）と述べられていたことを想い起こす。ここでは、仏が自らの入滅が目前であることを宣することにより、仏弟子達に、より大きな理想実現に向けての実践を鼓舞しているのである。敷衍して言えば、仏の入滅によって、これまで頼りにしてきた価値基準が無効になり、このことを自覚した時、自分の依って立つ基盤に目を向け、始源に反《かえ》ってその有り方を考え、それによって、より大きな価値観に目覚めることになる。法華経が成立した時代には、何度も書いたように、多くの部派に分かれて互いに競いあって多様な教義が構築されたが、どれが本当の教えか定め難く、頼るべき仏は既に遠い昔に滅を示していた。こういった時代において、法華経編纂者達は、その依って立つ基盤を見出す必要に迫られ、始源の仏に恋慕の心を起こして渇仰の心が生じ、即物的な仏舎利信仰に堕することなく、一仏乗の教理や新しい仏の概念を見出したのではないかとも考えられる。本仏が不滅でありながらも方便として滅を現じたといった叙述のなかに、仏の滅をバネとして運動を進めてきた法華経編纂者たちの実体験が織り込まれているように思えるのである。

続いて釈尊は、一般に良医病子の譬えと呼ばれている次のような譬え話を説かれた。

ある所に、よく難病を治す名医がおり、彼には多くの子供がいた。ある日、彼が所用で遠方に出かけたが、その間に子供たちが毒薬を飲んでしまった。父が帰還すると、子供達は苦しみながら、更に寿命を賜えと哀願した。父はこれを見て、色・香・味すべてよく具えた薬草を求めて、これらを擣篩《とうし》和合し（よくついて篩《ふる》いにかけ調合して）子供達に与えた。子供達のうち、この薬を飲んで直ぐに治ったものもいたが、本心を失っている者達は飲もうとしない。そこで父は一計を案じ、薬を飲まない子供達に対し、「ここに良い薬を置いていく。私は既に老齢のためいつ死ぬか分からない。もしそのようなことがあれば必ず飲むように。治らないと心配してはならない」と言い置いて、また他国に出かけた。他国から使いを遣わして、汝等の父が亡くなったと知らせた。これを聞いた子供達は本心にたちかえり、父が言い遺した薬を思い起こして飲み、病が完全に治った。父は、子供達の病が治った事を聞いて、急いで立ち帰って子供達に無事である事を告げて共に喜びあった。

釈尊は、この話を終えて後、皆に、この良医は虚言の罪で裁かれるべきだろうかと問いかけた。皆は、子供達を助けるためになされたことであり、裁かれることはありませんと応えた。

以上辿ってきた譬え話では、言うまでもなく、本仏が良医に、衆生が子供たちに譬えられているのである。本仏は、本当は久遠の昔から滅することなく法を説き続けているのだが、本仏の垂迹である釈尊は衆生教化の方便として滅を現わされた。このことを、良医が本当には亡くなっていないのに子供たちに亡くなったと伝えるといった筋運びで説明しているのである。また、上述のように、不滅の本仏が滅を現す理由が、もしこれを明かせば薄徳の衆生は善根を種《う》えず、より大きな理想へとつながらなくなるからと説明されていたが、このことが、譬え話の中の子供達が父の死の報に接して覚醒したといった筋運びによって示されているのである。

これに続いて、常の如く、同趣旨のことが偈の形で再述されている。この偈は、「自我得仏来」で始まることから自我偈と呼ばれ、また久遠実成の釈尊について述べられていることから、久遠偈とも呼ばれている。これを読むに先んじて、本仏の概念をどのように捉えたらよいか、少々の考察を試みることにしよう。

十二・三　功徳集合体としての本仏釈尊

以上見てきたように、如来寿量品では、釈尊が久遠の昔に成道し、それ以来ずっと、未来も尽きることなく衆生のために法を説き続ける存在として語られており、歴史上の釈尊はこの仏の垂迹であると説かれているが、実際に手で触れたという人にも目で見たという人にも会ったことが無い。何事においても疑問符を投げかけたくなる性分の筆者にとっては、その存在を文言通りに信じろと言われてもにわかには受け入れ難いところである。本節において、現代的観点に立って、本仏の概念の再解釈を試みることにしよう。

宗教では、人智を超絶した能力を持つ人格的存在である絶対者が登場し、その絶対者によって超論理的な諭しが語られることが多い。今考察している本仏についても、語られている文言を字面通りに受け取ればその通りである。しかし、筆者には、本仏の考察において、人智を超越した人格的存在と捉えるところから出発すると、人格的存在といった先入観がわざわいして、その有り方を正しく捉えることが困難なように思われる。それに、本仏をあらゆることを知悉した存在とすると、いわば何でも出てくる打ち出の小槌のような、脱論理的な存在となり、一神教で語られる神との異同が見えにくくなる。それでは、本仏といっても所詮は衆生を誘導するために考えられた単なる想像上のいきものであり、非合理なものとして忌避した方がよいのだろうか、それとも何か別の理解が可能だろうか？

そこで、にわかには捉えがたい絶対者本仏の存在の当否を直接論じるのは脇において、法華経において本仏の働きとして描かれている個々の事例に目を向け、そのような働き全体の集まりを考えてみることにしよう。勿論、このような対象は、数学の集合論で扱うような確定した輪郭をもつものではなく、漠然としたものであるが、以下では集合といった言葉で呼ばせていただく。この集合は漠然としたものではあるが、単なる仮想的な想像上の存在ではなく、これを構成している各要素は、我々の身近に常に働き掛けているものとして捉えることができる。例えば、(12·11)で語られている六或示現では、解脱を求めて修行する仏教者に対し、あるいは直接的にあるいは間接的に、彼等を益するような様々な働き掛けのすべてが本仏の働きであると捉えられている。このような働きかけ自体は、人格的な存在としての本仏を想定しなくとも把握することが可能であり、単なる想像上の存在ではない。卑近な例をあげれば、筆者は解脱を求めて行っているわけではないが、この論考を少しでも良質のものにしようと努力しているが、この瞬間にも、過去に学んだ事項の想起、種々の文献の参照、何らかのきっかけで浮かんでくるヒント等々、いろいろな形での働きかけがある。このような働きかけは、その背後に絶対者を想定することを待たなくても、そのままの形で実感できる。そして、そのような働き掛け全体の集合は、個々の要素がただ漠然と集まっただけのものではなく、互いに他と関係しあっていて、全体として一体のものとして把握可能である。そのような存在は、手で触れることも、目でみることも、その具体的な姿を心に描くこともできないが、単なる想像上の絵空事ではなく一つの実在と言っていいだろう。

手に触れたり、目で見たり、その形を心に描けるもののみが実在ではない。こころみに、現代社会において何かあるテーマに関連する情報の全体を考えてみよう。これらは、互いに他と影響を受けあいながら、全体として纏まっていて、あたかも一個の生き物のような振る舞いをする。情報の集まりは、往々にして特定の方向に導くものばかりが纏められてよからぬ働きをするため、本仏の考察の一助とするには不向きであるが、この集まりは、手で触れたり、目で見たり、その形を心に描いたりすることはできないが一つの実在として理解できる。

つまり、いわば形而上的な概念としての本仏の存在を前提とすることなしに、まずは、本仏の働きとされているその働き全体の集合を捉えて、その全体の構造を考察しようとするのである。

本仏をその働きの集合体と捉えるといったこのような手法は、仏教思想においては、それほど珍奇な発想ではなく、むしろ常道といってもよい考え方であろう。例えば、多くの仏教入門書に書かれているように、仏教では、個々の人間を、実体をもった存在と観るのではなく、五蘊《ごうん》即ち色（肉体）・受（感受作用）・想（表象作用）・行（意思作用）・識（認識作用）といった働きの場や働きの集まりとして捉えられている。

筆者は前著『日蓮思想の論理構造』において、本仏とは何かを探る作業仮説として、上で考えたような集合、即ち、本仏がもつとされる働きに注目して、それらの総ての集まりを考え、功徳集合体と呼んだ。その理由は、今考えている集合体が、その構造において日蓮が語っている大曼荼羅と類似しているように思え、日蓮の遺文として伝承されている『日女御前御返事』において大曼荼羅が次のように説明されていることによる。

（12-13）曼陀羅と言うは天竺の名也。此には輪円具足《りんねん》とも功徳聚《くどくじゅ》とも名づくる也。（注3）

適当な名前であるか疑問であるが、本書でもこの名称を使うことにする。

既述のように、筆者は法華経のメインテーマが多様な教説の統合にあるものと考えているが、そのような観点からみても、本仏の上述のような捉え方は、このテーマに沿ったものと思われる。法華経ではしばしば、諸仏が語られて諸仏の智慧を求めることが期されている。例えば声聞の授記の際に、必ずといってよいほど諸仏の教えを学んで後に仏に成れることが強調され、最高の有り方として一切智や一切種智等が志向されている。見宝塔品で、多宝如来や十方分身の諸仏が釈迦仏のもとに参集してきたのも、この考え方に基づいているものと思われる。本仏の特性の考察においては、一個の人格身とみるよりも、むしろ多様な形で説かれるあらゆる教説の統合体とみて、その統合体を一者として捉えたものと規定し、その構造を考察した方がよいのではないかと考えている。

また、本仏を一個の人格身として捉えるのではなく、このような働きの集合体として捉えなおすと、本仏の概念が釈尊の本生譚と非常に親しい関係にあるように思えてくる。周知のように仏伝文学では、いろんな形の釈尊の本生譚（釈尊の前世の物語）が語られているが、現代的な観点からみると、これらは、多様な形で説かれている教説を、インド伝来の輪廻転生の考え方を援用して、釈尊の前世での物語として捉え直し、釈尊一仏に統合したものと捉えることが可能である。「本生譚」で語られている釈迦と本仏としての釈迦とは全く異なった概念ではあるが、両者は共に、多くの教説を釈迦一仏に統合するといった考え方であり、その意味では、本仏の考え方は、本生譚の考え方に対しその対象をより広い対象に拡大したものと言ってもよいように思えてくる。筆者の勝手な推測を言えば、本仏の概念は、大乗仏教で考えられている種々の仏の一つとして考えられたものというよりも、本生譚をもとにして考え出されたもののように思われるのである。もしそうなら、これを、法華経と仏伝文学との密接な関連を示唆するひとつの事例と理解することも可能であろう。

ここで、筆者の言う功徳集合体の考え方を理解していただく一助として、本書の主題から少々逸れるが、自然科学者達の営為について一考を加えることとしよう（注４）。筆者は以前数学の研究に携わっていたが、数学に限らず何らかの分野の自然科学者達が、真理の探究に取り組む際のその活動の有り方を考えてみよう。上述のように、本節では、法華経で説かれた本仏を人格的存在として捉えることから離れ、一切の有り方をその理想的な有り方に向かわせる働きの全体と捉えることを提唱して考察を進めているが、この考え方を援用して、科学者達の活動において今考えている分野における真理探究に益するような様々な働きの全体を考え、それらの有り方に目を向けることにしよう。記述の便宜上、この集合体を（科学者にとっての）営為集合体と呼び、先に考察してきた功徳集合体と対比させてみることにする。宗教的な営みから生じた結果と科学的研究から見出された成果を比較すると、しばしば互いに背反し、一般に宗教と科学は水と油のように思われているが、以下見ていくように、筆者には、営為集合体と功徳集合体がそれほどかけ離れたものでない、というよりむしろ類似の構造を持っているように思われるのである。

個々の科学者達の営為も、個々に得られた成果や情報が互いに影響しあって生まれ、更には、それらが統合され普遍化されてみんなで共有される。そして、それらの諸縁が織り合った中からさらに新しい成果が生まれるのである。つまり、個々の科学者の営為も、まさに仏教で説いているように諸縁の和合によるといってよいだろう。このような縁起所生の営為の全体である営為集合体は、様々な様相を呈して千変万化である。もしも営為集合体を人格的な存在としてイメージする人がいたら、もしかすると、この集合を、(12·11) にいう六或示現と同じような表現を用いて説明するかもしれない。営為集合体を構成する各要素は、それぞれが位置するＴＰＯ（時・所・状況）に応じてそれにふさわしい形をとるが、それらは全体として一体のものであり、人は、この有り方を随宜所説と呼び、その全体像について、一仏乗の教理を想起しながら、(4·4) と似た表現を用いて説明するかもしれない。また、科学者によって得られた優れた理論も、次々と新しい理論に塗り替えられて生滅を繰り返しているが、営為集合体は全体として不滅であり、久遠の昔から未来永劫にわたってその働きを止めることがない。営為集合体を一人の人格的な存在と見立てて、久遠の本仏とよく似た表現を用いて説明する人がいても咎められることもないように思われる。法華経に説かれた教説と自然科学者達の真理探究に向けての活動は、まったく別のもののように見えるが、それぞれの働きの全体を考えてその構造を比較すると、考察している対象の違いや細部の違いを度外視すれば、ある種の類似性が見えてくるのである。

十二・四　功徳集合体の全体像

前節で述べたような功徳集合体の細部を知るには、法華経の全体を熟読する必要があり、今後の課題であるが、その全体像については、若干の考察を行い、拙著『日蓮思想の論理構造』において発表した（注5）。ここで、未読の読者の便を考えて、いくらかの補足事項を付加しながらその要点を再述することにしよう。

法華経編纂者は、本仏という概念を、どのような意趣を込めて語っているか。法華経の説相を参照しながら、その全体像の把握に努めることにしよう。如来寿量品における説明からすれば、当然、従前に考えられている釈尊の特性をすべて具えているものと考えられる。見宝塔品では、釈迦・多宝・十方分身の諸仏が参集し、二仏並坐が叙述されていることから、釈尊と多宝如来を一体のものとして捉えることが促されている。このことからすれば、本仏は多宝如来がもつ特性をすべて包含しているものと理解するべきであろう。また、十方分身の諸仏については、(10・4)で「世尊の分身の諸仏」と表現されていることからして、本仏はこれらの仏達の特性もすべて兼ね具えているものと理解される。十・四節で、釈迦・多宝・十方分身の諸仏のそれぞれを報身仏・法身仏・応身仏に対応させて理解することが可能なことを述べたが、本仏はこれらの特性を総て包含しているものと理解される。

次に、功徳集合体の及ぼす範囲が如何に捉えられているかを考えてみよう。これまでに見てきたように、虚空会においては、あらゆる方向にわたってそれぞれの場所で活躍している「十方分身の諸仏」が集められた。これらの働きは、すべて、功徳集合体の構成要素の一部分と考えられることからすれば、功徳集合体は考え得るあらゆる方向にわたっているものと理解すべきであろう。

また、既に見てきたように、如来寿量品では、本仏は遠い昔に成道したとされ、その年数については、具体的な表現はともかくとして、その趣意は、幾ら大きな年数を想像しても、それよりもっとずっと遠い昔であるとされ、そして、その働きは、これからも同じ長さだけ永続するとされている。このことから、今考察している功徳集合体も、久遠の昔から未来永劫にわたって、つまり、過去・現在・未来と時間的に際限なく拡がった世界が想定されていると理解すべきであろう。

ところで、十二・二節で、本仏が成道した時点を問題にしている以上、有限の数であるはずであるが、述べられている趣意は、考え得るどの様な数よりも大きいとされていて、そのような数は存在しないのではないかといった問題が生じることを述べたが、ここで語っている功徳集合体についてはどのように理解されるだろうか。本仏を人格身として捉えると、その報身としての特性の始まり、つまり成道した時点がいつかという問題が生じるが、功徳集合体の、その報身としての側面を考える場合、個々の存在者が修行もしくは研鑽を重ねて真理を求めるといった働きの全体を意味するものと理解するのが至当であろう。このような理解は、法華経の思想に照らせば、それほど不自然ではない。九・五節で述べたように、法華経に説く成道は、他経の成仏観とは異なり、一切衆生の救済に向けて活動する仏の所作の全体を考えてその働きに同調することだと捉えられる。その意味からすれば、功徳集合体に関する上述の理解は、九・五節で説明したような法華経の成道観に整合していると言ってよいだろう。とすると、功徳集合体の報身としての有り方は、いつの時点に成道したか、と問う必然性はなく、いつの頃から活動しているかと問えば十分であり、これに対し、考え得る如何なる時点を想定してもそれよりもずっと以前、つまりは久遠の昔から働き続けていたと答えれば十分である。『法華経』の編纂者が言いたかったのは、このことであろう。

功徳集合体の法身としての徳性、つまりは真理の当体については、この概念を考える以上は、過・現・未三世にわたって不滅のものと捉えることに異論はないだろう。また、応身としての徳性も不滅であると説かれている。実際、如来寿量品では、本仏が、六或示現によって、「常に法を説いて無数億の衆生を教化」してきたと説かれ、その仏自体が久遠の昔から未来永劫に働き続けるとされているのである。

以上見てきたことからすれば、功徳集合体が及ぼす範囲は、時間・空間両面にわたる一切の存在に関わっているものと理解するのが至当であろう。

十・一節でみてきたように、見宝塔品では多宝如来が登場して法華経の教えが真実であることを証明《しょうみょう》している。その際に書いたように、ここでいう証明は、多宝如来の見識つまりは仏教がこれまでに説いてきた多様な教法の全体と整合していることを意味するものと考えられる。このことが言わんとする趣意からすれば、功徳集合体は、個々の要素が互いに関係しあった内部矛盾のない統合体と捉えるべきであろう。

ところで、仏教では第二章でも述べたように多種多様な教義が説かれているが、それらはいずれも、一切衆生を理想的な有り方へ導く働きの一形態であり、今考察している功徳集合体の一要素と考えられる。しかし、中には同じ仏教と言いながらも互いに背反するものもある。それらをそれぞれに自立して不変なもの捉えると、功徳集合体が内部矛盾のない統合体とは言えないことになってしまう。これに対しては、法華経の前半で説かれている一仏乗の教理を思い起こす必要があるだろう。この教理によれば、多様な教えが説かれてはいるが、それらの説法は、その対象のＴＰＯの違いによって生じたものであり、その目的は一つであって、仏知見の開示悟入を目指す仏の一大事因縁により統合されるべきであると説かれている。そして、個々の教えは、「宜しきに随って説くところのもの」と捉えられ、その妥当性は情況次第で可変なものと見るべきことが要請されている。このことを踏まえると、功徳集合体は、これを構成する要素の単なる集まりではなく、それぞれの働きが互いに他と影響し合いながら、状況次第で変化する存在と捉えるべきであろう。

以上の所論から、皆成仏道を目指して働く功徳集合体の全体像は、次の三項目を充たしているものと考えられる。

（一）本仏の働きの対象は、時間・空間両面にわたって、存在する一切のものを包摂する。

（二）内部矛盾のない統合体である。

（三）構成要素それぞれが互いに他と影響しあいながら、時・所・状況に応じて動的に変化する存在である。

以上の三項目は、現今、時空を限ったある対象のみを救済する排他的な宗教や、内部矛盾を是認する非合理的な宗教や、祖師の教理を絶対視し固定する教条的な宗教等が跋扈していることを念頭に置きながら、筆者が重要と思われる項目に注目して考察したまでであり、数学で扱われている公理体系のように熟慮されたものではないが、法華経の説く他の多くの教説は、少なくともこれらの三項目を踏まえた上で合理的な考察を重ねることによって帰結すべきではないかと考えている。

十二・五　自我偈

十二・二節の最後に述べたように、如来寿量品第十六の末尾に、一般に自我偈あるいは久遠偈と呼ばれている偈が掲げられている。この偈は、法華経で最も重要な箇所とされ、しばしば、仏教の儀式等において音読されている。ここで、羅什訳の原文を掲げることにしよう。

①自我得仏来　所経諸劫数　無量百千万　億載阿僧祇
②常説法教化　無数億衆生　令入於仏道　爾来無量劫
③為度衆生故　方便現涅槃　而実不滅度　常住此説法
④我常住於此　以諸神通力　令顛倒衆生　雖近而不見
⑤衆見我滅度　広供養舎利　咸皆懐恋慕　而生渇仰心
⑥衆生既信伏　質直意柔軟　一心欲見仏　不自惜身命
⑦時我及衆僧　倶出霊鷲山　我時語衆生　常在此不滅
⑧以方便力故　現有滅不滅　余国有衆生　恭敬信楽者
⑨我復於彼中　為説無上法　汝等不聞此　但謂我滅度
⑩我見諸衆生　没在於苦海　故不為現身　令其生渇仰
⑪因其心恋慕　乃出為説法　神通力如是　於阿僧祇劫
⑫常在霊鷲山　及余諸住処　衆生見劫尽　大火所焼時
⑬我此土安穏　天人常充満　園林諸堂閣　種種宝荘厳
⑭宝樹多華果　衆生所遊楽　諸天撃天鼓　常作衆伎楽
⑮雨曼陀羅華　散仏及大衆　我浄土不毀　而衆見焼尽

⑯憂怖諸苦悩　如是悉充満　是諸罪衆生　以悪業因縁
⑰過阿僧祇劫　不聞三宝名　諸有修功徳　柔和質直者
⑱則皆見我身　在此而説法　或時為此衆　説仏寿無量
⑲久乃見仏者　為説仏難値　我智力如是　慧光照無量
⑳寿命無数劫　久修業所得　汝等有智者　勿於此生疑
㉑当断令永尽　仏語実不虚　如医善方便　為治狂子故
㉒実在而言死　無能説虚妄　我亦為世父　救諸苦患者
㉓為凡夫顛倒　実在而言滅　以常見我故　而生憍恣心
㉔放逸著五欲　堕於悪道中　我常知衆生　行道不行道
㉕随応所可度　為説種種法　毎自作是念　以何令衆生
㉖得入無上道　速成就仏身

この偈の宗教的な意義の解説は著者の能力を超えており、他書を見ていただくことにして、ここでは、これまでに見てきたような観点を踏まえた筆者なりの理解を披露するに止めることにする。以下、区切りやすいところで段落を設けて、段落ごとにおおよその意味を述べ、若干のコメントを付すことにしよう。なお、以下において挿入された数字は、原文の大体どの部分に当たるかを参考までに記したものであり、正確には対応していないことをあらかじめお断りしておく。

（12-14）①私が仏に成ったのは非常に遠い昔のことで、それ以来無量百千万億載阿僧祇《さいあそうぎ》といった年

月が経っている。②その間常に説法を続け、数えきれないほど多くの衆生を教化して仏道に導いてきた。（取意）

冒頭の自我得仏来の我は、ここでは私と表現したが、言うまでもなくこの品で説かれてきた意味の釈尊、つまりは本書で言う功徳集合体のことである。長行では本仏が成道されてからの寿命が五百塵点劫《じんでんこう》といった譬えを挙げて説明されていたが、ここでは無量百千万億載阿僧祇と表現されている。長行と偈では、字面からすると年数に大きな隔たりがあって整合していないが、本仏を功徳集合体と捉えると、前節でも述べたように、言わんとするところは、何時成仏したかよりも、どの時点から働いているかに主眼があり、いずれも、考え得るどんな時点よりも前、つまりは久遠の昔から働き続けていることを表そうとしているものと理解される。

（12-15）③衆生を悟りへ導くためにその手立てとして滅度して見せたが、実には滅度せず常にこの娑婆世界で法を説いているのである。（取意）

この部分も、現代的な観点からすれば、本仏を功徳集合体と捉える方が理解しやすい。仏教では多くの仏が説かれているが、いずれも本仏の働きの一環として把握できる。それらはそれぞれに滅度を現すが、それらの統合体である本仏は決して滅度することなく常にこの娑婆世界において働き続けていることが述べられているものと理解される。

（12-16）④私は常にこの世界にいるが、種々の神通力を用いて、正気を失った衆生に対しては、私が近くにいながらも見えないようにしたのである。⑤皆は私の滅度したのをみて、広く舎利を供養し、咸《みな》恋慕渇仰の心を起こし、⑥素直な心を懐いて一心に仏を見ようと身命を惜しまず努めるようになるとき、⑦私は諸々の僧と共に霊鷲山に現れ、此の処にあって滅してはいないと語るのである。（取意）

ここで、「皆は私が滅度したのをみて、広く舎利を供養し」と書かれているが、十二・二節でも触れたように、この叙述のなかに、当時の仏教徒達が仏の滅度を見て仏への恋慕渇仰の心を起こし、処処に仏舎利塔を建立して礼拝供養を盛んにしてきた歴史的事実が織り込まれているように思われる。そして、みんなが素直な心を懐いて、一心に仏を見ようと身命を惜しまず努めるようになることが述べられている。この叙述においても、釈尊が入滅された悲しみを機縁として、素直な心に立ち返って、仏教の真の有り方を追求してきた法華経唱道者達の活動の軌跡が織り込まれているように思われる。ともあれ、この部分は、良医病子の譬えで、顛倒の病子が父の死を告げられて、本心に立ち返って薬を飲む場面に相当すると理解してよいだろう。続いて「諸々の僧と共に」と書かれているのは、地涌の菩薩の登場を含意し、「霊鷲山に現れ云々」は、虚空会において、仏の寿が永遠であると説き明かされた場面に相応していると思われる。

（12·17）⑧私は衆生を導くために方便として滅・不滅を表す。もし他の国で仏道を敬い信じ求める者がおれば、⑨私はその国に赴いて最勝の法を説く。汝等はこれが分からず、私が滅したと思っている。⑩私が見たところ、みんなが苦海に没して喘いでいるので、身を隠して渇仰の心を起こさせ、⑪その心に恋慕の想いを懐いたところで、この世に現れて法を説くのである。これ

らは全て私の神通力によるものである。阿僧祇劫にわたり、⑫私は常に霊鷲山及びその他の場所にいるだろう。(取意)

ここでは、衆生は仏が滅したと思っているが、仏は他国で法を説いているといった趣旨のことが述べられているが、この部分は、法華経成立当時の仏教徒の考え方からすれば、現代人の我々が考えるよりも、より説得力のある叙述と言ってよいだろう。というのは、当時、娑婆世界以外に多くの国があると考えられ、それぞれの国に仏がいて、その国にとって最勝の法を説いていると理解されていたのである。入滅を示した釈尊も、どこか他国に於いて説法を続けていると考えられていたと思われる。それらの諸仏をすべて本仏の働きの一環として捉え直せば、そのことは、字面通りに、「私はその国に赴いて最勝の法を説く」と表現されてしかるべき事柄である。ともあれ、この部分は、良医病子の喩えで、父が他国で活躍していながらも、子供達には、亡くなったと報せ、渇仰の心を起こさせて薬を飲ませ、病が癒えたところで真相を告げたといった筋運びの中で表現されているものと理解される。

(12-18) ⑫世界の終末が訪れ大火に焼かれるようなことがあっても、⑬本仏から見たこの世界は安穏であり、天人が常に充満して、園林や諸々の堂閣が種々の宝珠で飾られ、⑭宝樹は多くの華果を付け、衆生が遊楽する所であり、諸天は天鼓を撃ちならして常に伎楽をなして、⑮仏や衆生の上に天から曼珠沙華が雨《ふ》り注いでいる。この様に、仏から見たこの娑婆世界は、決して壊れることがないのに、衆生は、焼き尽くされるものと見ているのである。(取意)

ここで、同じ娑婆世界に対して、衆生から見た世界と本仏から見た世界の違いが描出されている。本仏から見たこの娑婆世界は、十二・四節に書いたように、時空にわたって無限に広がった内部矛盾なく躍動する世界であるが、衆生は、我見によってその一部分のみを捉えた世界に固執しており、このため苦界と化しているものと考えられる。価値観の置き方によって、同じ内容の事が苦にも楽にもなりうることは、日常的な生活の中においても経験するところである。例えば、これまでに、自らの好みに基づいて営々と築いてきた局限された世界に新しい闖入《ちんにゅう》者が現れたとき、これを外敵と見るか、自らの世界を拡げていくためのよき教導者と見るか、この違いによって、この現実の世界が一方では穢土となり他方では浄土となるのである。

(12·19) ⑯諸々の罪の衆生にとっては、憂いや恐れが充満し、悪業の因縁の故に⑰非常に長い間仏法僧といった三宝に耳を貸さなかった。他方、既に功徳を積み心が素直で柔和な者は、⑱私がこの世界で法を説いていることを理解する。時にはこの様な人々の為に仏の寿命は無限であると説き、⑲長く掛かって仏を見る者には仏には値《あ》い難しと説く。仏の智力はこのように優れており、その知恵の光は無量の衆生を余すところなく照らすのである。

⑳仏の寿命は、長い修行を積んだ結果得られたもので未来に尽きることがない。お前達智慧あるものは決して疑いをもってはならない。㉑仏の言葉に嘘偽りはない。あの良医病子の譬えの中で、医者が病子を治す為に善方便を用い、実には亡くなってはいなくとも亡くなったと告げるように、これは虚妄を説いたのではない。㉒良医が病子の父であるように私も亦一切衆生の父

であり、苦しみ患っている者を救おうとしているのである。正気を失った凡夫のために、㉓実際には滅していないのに滅したという。もし私が常に存在すると説くと、高慢で気ままな心で怠け心を起こして、㉔色・声・香・味・触といった五感が引き起こす欲望に執着して悪道の中に堕ちる。私は常に衆生がなすべきこととなしてはいけないことを知っており、㉕衆生に応じて最良の方法でもって法を説く。㉖私は常に、何とかして衆生が速やかに最高の悟りを得、仏になる事を願っているのである。（取意）

自我偈は以上で終わっているが、最後に述べられた「何を以ってか衆生をして、無上道に入り、速やかに仏身を成就することを得せしめん」という文によって、本仏を功徳集合体として見た場合のその働きの全体が総括されていると言ってよいだろう。そして同時に、この言説の中には、法華経編纂者の願いが込められているように思われる。

十二・六　地涌の菩薩はなぜ出現したか

以上、粗略ながら、如来寿量品を読み終えたが、十二・一節で従地涌出品を読むなかで提起した問題、即ち、勧持品や従地涌出品の始めで多くの仏弟子達が如来滅後の弘経を申し出たのに対し、これらがなぜ「止みね。善男子」の一語で止められて地涌の菩薩が登場してきたのか、その理由の考察が宿題になったままであった。十二・三、十二・四節で、本仏を現代的な観点から捉えなおす一つの試みとして功徳集合体という新しい概念を導入して若干の考察を行ったが、本節では、本仏をこのように理解した場合、地涌の菩薩達をどのように捉えるべきか、この問題を考えてみることにしよう。

法華経の文面によれば、地涌の菩薩は釈尊が久遠の昔に教化した弟子とされており、如来寿量品に入って、そこで言うところの釈尊は、伽耶《がや》城の近くで悟りを得た歴史上の釈尊とは異なり、久遠の昔に成道した本仏であると説明されている。とすると、地涌の菩薩は、本仏より教化を受けた直弟子であり、本仏と同じ真理観を懐いて仏道に励む仏教徒達であると考えられる。

十二・三節で、本仏を、一切衆生を理想に向かわせるために働く、そのような働きの全体を一者として捉えたものとして理解できるのではないかと述べたが、そのことを踏まえると、地涌の菩薩は、一切衆生を理想に向かわせるあらゆる働きの全体をよく体得し、そこから学んで、その働きに供するために実践する者達と理解してよいだろう。

十二・四節で、久遠の本仏が持つと思われる三項目を述べたが、このうちの第三項を踏まえて言えば、本仏は、既に完成されてもはや変更の余地のない不動の剛体というよりもむしろ、久遠の昔から未来永劫にわたって常に活動を続ける流動体である。それも、第一項を踏まえると、時空両面にわたって一切の存在に密接に繋がって活動する存在でもある。この様な存在を大海に流れ込む大河に喩えれば、地涌の菩薩は、この大河から学び自らがこの大河に身を委ねる者と言ってよいだろう。

そう思って、地涌の菩薩の有り様《よう》を叙述した（12-6）を読みなおすと、「此の諸の菩薩は、皆是の娑婆世界の下、此の界の虚空の中に於いて住せり」と説明されている。ここで書かれている「娑婆世界の下」にある世界は、理想化された別空間というよりも、娑婆世界のあらゆる存在と内在的に繋がり、常に活動を続けている存在であり、時に応じて涌き出してくるいわば地底の水脈がイメージされる。また、「是の諸の善男子等は、衆に在って多く説く所あることを楽《ねが》わず、常に静処を楽《ねが》って勤行精進して、未だかつて休息せず」と表現されている。この表現から、人に知られることがなくとも、絶えることとなく地道に働き続ける様子が読み取れる。更に（12-6）には、「人天に依止《えし》して住せず。常に深智を楽って障碍あることなし。亦常に諸仏の法を楽い、一心に精進して無上慧を求む」とも形容されていて、世俗の法や特定の一つの教義に依止することなく、常に様々の優れた教えを求めて精進する存在と捉えられており、ここでも諸仏の教えを学ぶことが志向されている。敷衍すれば、一仏乗を説く法華経前半の思想と相通じ合った理想像が描かれており、法華経の前半と後半は、密接につながっているものと思われる。

地涌の菩薩は、本仏の教化を受けた者ということから、通常本化《ほんげ》の菩薩もしくは本化と呼ばれ、これに対し、迹仏つまり伽耶城の近くの菩提樹のもとで悟りを得た釈尊から教化を受けた仏弟子達は迹化《しゃっけ》と呼ばれている。ここでもこの言葉を使わせて頂く。法華経の説相から言えば、釈尊は寿量品が説かれるまでは迹仏として教化されたから、それ以前に教化を受けた仏弟子達は皆迹化である。この言葉を使えば、釈尊は、「止みね善男子」の言葉により、仏滅後に法華経を弘めるものは迹化ではなく本化であると宣されたものと理解される。

ところで、勧持品で誓いを立てた不退転菩薩は、十二・一節でも述べたように、法華経編纂者の心情を代弁する者いわば分身のように思われるのだが、それにもかかわらず彼等がなぜ「迹化」であって「本化」ではないのか。ここで、この問題に取り組むことにしよう。

このため不退転菩薩達の誓い二十行の偈をもう一度読み直してみよう。彼等は、自ら描いた理想を目指して不退転の決意をもってことに当たろうとしているが、二十行の偈の末尾に「仏自ら我が心を知ろしめせ」と書かれているように、自らが賞賛されるべき者となることを期しており、いわば個人プレーを志向しているような印象を受ける。ここで、少々唐突ながら、見宝塔品において、三変土田に関連して書かれた(10・5)を想起する。この文言によれば、虚空会には、地獄・餓鬼・畜生・阿修羅・人・天は除かれ、仏弟子としてのいわばエリート達が残されているのである。私見を言わせてもらえば、釈尊が発せられた「止みね善男子」の一語は、このようなエリート意識に発した個人プレーのみでは運動が進まないことを促し、根本的な発想の転換を迫っているように思われるのである。勧持品に登場する不退転菩薩達こそ法華経唱道者の分身であるとする見方からすれば、運動を進める上の深刻な自己批判が込められているように思えてならない。つまり、法華経を弘めるという困難な大事業を成就するには、久遠の昔から理想を求めて活動してきたその総体としての大河の力、いわば法界の起動なしには達成できない、言う所の本化、即ち、本仏の教化に随って身を挺する仏弟子達が活躍しなければならないのであり、そのことによって必ず実現される。このことの確信が、地涌の菩薩の出現として表現されている様に思えるのである。十一・二節で、法華経の唱道者達の主力は出家僧だったのではないかといった推測を述べたが、その意味からすれば、彼等はここで、出家者のみで運動を進めていくことへの限界を感じ、出家・在家一体となった運動への転換が打ち出されているようにも思われるのである。

この様に理解すると、勧持品で登場する不退転の菩薩は、表面は迹化であるが、その働きが本仏から生み出されたものであると自覚するとき、そのまま本化に転化する。いわば、表面は迹化でも、内実は本化といってよいのではないだろうか。

因みに、法華経至上主義者日蓮は、彼の遺文と伝承されている『諸法実相鈔』において、地涌の菩薩について以下の様に述べている。

(11-20) 末法にして妙法蓮華経の五字を弘めん者、男女は嫌うべからず。皆地涌の菩薩の出現にあらずば唱え難き題目也。日蓮一人始めは南無妙法蓮華経と唱えしが、二人三人百人と次第に唱え伝うるなり。未来も又しかるべし。是れあに地涌の義に非ずや（注6）。

（注）

1　大正蔵三四・一二四頁下。

2　坂本幸男・岩本裕訳注『法華経』下巻二二頁を開くと、余命が以前の二倍といった趣旨が書かれており、これに対し、植木雅俊訳『法華経』下巻二四八頁では、筆者と同趣旨の解釈が披露されていて、梵文直訳書にも二様の異なった解釈がなされている。

3 『昭和定本日蓮聖人遺文』一三七六頁。

4 ここで述べられている内容は、表現は異なるが『日蓮思想の論理構造』一二〇頁で論じたことに基づいている。興味のある読者は同書も御一見いただければ幸いである。

5 拙著『日蓮思想の論理構造』一二二頁。

6 『昭和定本日蓮聖人遺文』七二六頁。

第十三章　法華経流布に向けて

十三・一　法華経信受の功徳

如来寿量品第十六に続いて、分別功徳品第十七、随喜功徳品第十八、法師功徳品第十九と題された三功徳品が説かれている。

十三・一・一　分別功徳品第十七

分別功徳品に入ると、

（13·1）爾の時に大会《え》、仏の寿命の劫数長遠なること是くの如くなるを説き給うを聞きて、無量無辺阿僧祇の衆生大饒益《にょうやく》を得つ。

と、皆が仏の寿命が五百塵点劫の倍もあると説かれたことを聞いて非常に多くの利益《りやく》を得たことが述べられている。これに続いて、その利益の具体的例として、六百八十万億那由他恒河沙の衆生が無生法忍《むしょうほうにん》（生滅のない涅槃の境地に安住すること）を得たこと、その千倍の菩薩摩訶薩が聞持《もんじ》陀羅尼門《だらにもん》（すべての音声・言語を聞いて良く記憶して忘れない能力）を得たこと、一世界微塵数即ち一世界を粉々に砕いたその微塵の数ほど多くの菩薩摩訶薩が楽説無碍弁才《ぎょうせつむげべんさい》（楽い《ねが》通りに滞ることなく説く能力）を得たこと等々が数多く挙げられ、更には、非常に多くの菩薩達が種々の能力や成果を得て、阿耨多羅三藐三菩提を得たとも述べられている。ここで言わんとする趣意は、多くの菩薩達が、仏の寿命が長遠であることを聞き、そのことのみによって当時の修行者達が求めていた目標の多くを即座に適《かな》えることができたとすることに尽きるだろう。

菩薩摩訶薩がこのような大利益を得たことを世尊が説明されたとき、釈迦・多宝・十方分身の諸仏の上に、虚空から曼陀羅華《まんだらけ》や摩訶曼陀羅華などの多くの美しい華が雨《ふ》り濯ぎ、天鼓が鳴り響く等、種々の奇瑞が現出した。そして、この諸々の菩薩達は無量の頌を誦して仏を讃歎した。これらの情景は、弥勒菩薩が同趣旨の事を述べる偈のなかで、更に詳しく説明されている。

続いて世尊は、種々の実践項目を挙げ、仏の寿命が長遠であることを聞き、そのことを踏まえたうえでそれらを実践すれば、それによって得られる功徳が、各項目に分別して説明されている。それらの項目は、一般に九項目に分別して理解されている。そのうち、始の四項目は法華経説時に関する事柄であり、残りの五項目は釈尊滅後に関連した事柄である。通常それらは、現在の四信および滅後の五品《ほん》と呼ばれているようであるが、ここでは四信および五品と略称する。

四信のうちの第一は、仏寿長遠を聞いてたとえ瞬時でも一念に信解することであり、一般に、一念信解《しんげ》と呼ばれている。この功徳は量り知れないものであり、誰かが五波羅蜜を八十万億那由他《なゆた》劫の間行《ぎょう》じたとしても、この功徳の百千万億分の一にも及ばないと説明されている。ここで言う五波羅蜜は、大乗仏教通じて重要な実践項目とされている六波羅蜜から智慧波羅蜜を除いたもの、つまり布施・持戒・忍辱・精進・禅定を意味する。ここで、ことさらに智慧波羅蜜が除かれていることからすれば、言外に、智慧は一念信解と等価値、もしくはそれ以上に重要であることを示唆しているものと理解される。一念信解については、その内容が偈の形でも再述されており、長行の場合よりも詳しく説明されているがここでは省略する。

四信の第二は、仏寿長遠を聞いてその言趣を理解することであり、一般に略解言趣《りゃくげごんしゅ》と呼ばれている。これを行う人の功徳は無量であり、如来の最上の智慧が生じるだろうと述べられている。

四信の第三は、上述の略解言趣に加え、法華経を自らも聞き人にも聞かせること、自らも持ち人にも持たせること、自らも書き人にも書かせること、華・香・燈明等をもって仏を供養することのいずれかを為すものは、なおさら功徳が大きく、この人の功徳は無辺であり一切種智が得られるだろうと述べられており、一般に広為他説《こういたせつ》と呼ばれている。

四信の最後は、仏寿長遠を心に深く信じ会得することであり、一般に深信観成《じんしんかんじょう》と呼ばれている。これができれば、仏が霊鷲山で説法される様子が見え、更にこの娑婆世界が宝樹で飾られた平坦な世界に変わって、諸菩薩達がその中で遊楽する様子を見ることができると書かれている。そして、このような修行を為し終えた人を深信解《じんしんげ》の相と名付けると述べられている。

以上見てきたように、四信は、一念信解、略解言趣、広為他説、深信観成の四項目からなるが、仏の寿命が長遠であることを聞き、このことを信解することが前提であり、順次、後のものほどより高度な理解や実践が求められているとしてよいだろう。しかし、これ等のうちの最初の一念信解に対しては、五波羅蜜との比較が語られ、さらに偈が付されて詳述されており、他の項目に比してその功徳がより具体的に説明されている。このことからすれば、四信のなかでも、最初の一念信解が最も重視されているように思われる。一念信解を会得すれば、それを出発点として後の項目に及び、次第に最高の悟りに至れると説いているものと理解される。

続いて、五品が書かれた部分に読み進むことにしよう。

先ず五品《ほん》の第一として、如来の滅後に、もしこの経を聞いて謗《そし》ることなく、随喜の心を起こす、即ち心から随順して喜びを感じるならば、このような人は既に深信解の相と名付けてよいとされている。この項目は一般に随喜品と呼ばれている。随喜といった言葉に接すると、筆者は、法師品において、「如来滅度の後、法華経の一偈一句を聞いて、一念にも随喜せん者あれば、我亦阿耨多羅三藐三菩提の記を与え授く」（(9·3) 参照）と書かれていたことを想起する。この項目は、法師品と関連付けて理解するのが至当であろう。つまり、ここでは、法師品で説かれた修行を、如来滅後において、仏寿長遠であることを踏まえて信解することが促されているのである。ところで、この品を信解する人が、四信の最後の項目を会得した人と同じく深信解の相であると名付けられていることが注目される。このことからすれば、この項目が、四信のうちの深信観成と等価値であることを表明しているものと理解される。内容から言えば、深信観成は深く学んで会得するといった高度な修行であり、一方この随喜品はただ随喜の心を起こすことのみが説かれている。ここで言わんとする所は、仏の滅後つまりは法華経編纂者が位置している時代にあっては、随喜の心を起こすという初歩的な修行が、仏の在世における高度な修行に匹敵するほど価値があると主張するところにあるものと理解される。

続いて、「五品」の第二として、

(13-2) いかに況や之を読誦し受持する者をや。この人は則ちこれ如来を頂戴したてまつるなり。

と書かれている。つまり、随喜の心を起こして、更に読誦し受持する者はなおさら功徳があり、如来を頂きに戴いているようなもの、いわば如来と一体になったものとみなすべきだとされているのである。ここで筆者は、法師品において、「法華経を読誦する者がおれば、この人は自ら仏と同じ徳性を持つ者であり、如来の肩に担われるものである。そのような人に出会ったときには、仏に対するのと同じように敬い供養しなければならない。」といった趣旨が書かれていたことを想起する(九・二節参照)。この項目も法師品と関連付けて理解すべきであろう。

また、このような善男子・善女人は、寺院や塔などを作る必要がない、なぜならこの者達は、已に塔を起て僧坊を造立し衆僧を供養する者だからであると説かれている。つまり、法華経に随喜する者は、塔を起て僧坊を造立する者に匹敵するもしくはそれ以上だと主張しているのである。これに関連して、筆者は、「法師品」において、「在々所々に、若しは説き若しは読み若しは誦し若しは書き若しは経巻所住の処には、皆七宝の塔を起て極めて高広厳飾ならしむるべし。復舎利を安ずることを須《もち》いず。故は如何。此の中には、已に如来の全身います。」と書かれていたことを思い出す。法師品では、塔を起てよと述べてはいるが、この塔は舎利を祀る必要がないとされ、その意味から、言わんとする趣意は、ここで語られていることと矛盾しない、というより同じと考えてよいだろう。因みに、羅什訳の妙法蓮華経では、上で言及した法師品の文の中の塔とここで書かれている塔が同じく塔と訳されているが、梵文直訳書、例えば植木雅俊訳『法華経』（岩波書店）下の該当箇所をみると、前者はチャイティヤ（塔廟）と訳され、後者はストゥーパ（塔）と訳して区別されている（注1）。この表現に従うと、いずれも、ストゥーパ（塔）ではなく、チャイティヤ（塔廟）を造ることが推奨されているのである。この品は、一般に読誦品と呼ばれている。

五品のうちの第三は、法華経を聞いて受持し、自ら書き他の人にも書かせる事を説いており、四信にいう第三広為他説と似た内容である。この項目は一般に説法品と呼ばれている。この場合も、これを実践する者はすばらしい殿堂を造ることに匹敵し、塔寺を建てたり僧坊を作ったり衆僧に供養したりする必要がない、と述べられている。

五品のうちの第四は、よくこの経を持ち、加えて、布施、持戒等の六波羅蜜を実践すればなおさら結構であり、これを行なう者の徳は最勝であり、功徳は無量無辺であり、速やかに一切種智に至ると述べられている。この項目は一般に兼行六度品《けんぎょうろくどほん》と呼ばれている。

続いて、若し人がこの経を読誦し受持し、自らも書き他人にも書かせれば、塔を建て僧坊を作り、声聞の衆僧を供養し、菩薩の功徳を讃嘆し、義に従って法華経を解説し、清浄の戒を持つ等の六波羅蜜の実践に努める者になれるだろうと書かれている。そして、我が滅後にこの経典を受持し読誦する者は、これらの善功徳が得られるだろうと述べられ、この人は、阿耨多羅三藐三菩提に近づいて、道樹の下（釈尊が悟りを得られた菩提樹の下と同等の場所）に坐していると賞嘆されている。この人が経行（歩行）する処は、一切の天人が佛塔の如くに供養するだろうとも述べられている。

この部分は、一般に、正行《しょうぎょう》六度品と呼ばれている。

五品全体を通してみると、如来の滅後において、まず随喜の心を懐くことが最も重視され、これを起因として、素晴らしい功徳が得られるだろうといった筆運びであり、総じて最初の随喜品に力点が置かれているように思われる。

続いて、詳細は略するが、同趣旨のことが偈の形で再説され、この偈を以って分別功徳品は閉じられている。

十三・一・二　随喜功徳品第十八

続く随喜功徳品第十八は、弥勒菩薩が仏に、「若し善男子・善女人有って是の法華経を聞きたてまつりて随喜せん者は、幾ばくかの福をか得ん」と訊ねるところから始まる。

上述のように、滅後の五品のなかではとりわけ随喜品が重視されているように思われるが、法華経編纂者の視点に立って更に言えば、仏滅後の有り方を説くことこそが緊急の課題である。このことから、九項目全体のなかで、随喜品が最も説きたい項目と言ってよいだろう。それも、「法華経の一偈一句を聞いて、一念にも随喜せん者」を称賛する法師品の叙述と重ねて理解すれば、一層そのように思われる。この品で随喜品の功徳が特筆されているのも、このような理由によるものと思われる。

ともあれ、この弥勒菩薩の問いに対する釈尊の答えは大要以下の通りである。まず、

(13-3)もし、仏滅後に出家在家・男女・長幼を問わず、この経を聞いて随喜し、僧房・城邑《じょうおう》・田里《でんり》等いずれの処であれ、父・母・善友等いずれの人に対しても、力に従って演説したとする。そして、その教えを聞いた人々がまた随喜して別の人々に伝える。この様に展転《てんでん》して第五十番目に至ったとする。その第五十番目の善男子・善女人の功徳をこれから説こう。(取意)

と語り出され、その功徳の内容が、次のように説明されている。

(13-4)もし大施主がいて、四百万億阿僧祇の世界のあらゆる生き物が福を求めた場合にその望むものを総て与え、更にそれぞれに世界中にあるあらゆる珍宝や七宝で飾られた宮殿・楼閣等を与え、それぞれにこの様な布施を八十年間続け、八十歳となって死に近づいたときに、仏法を説いて、総ての衆生を訓導して悟りに至らしめたとする。この様な大施主の功徳は絶大であろう。この様な絶大な功徳も、上述のように展転して第五十番目に至った人が法華経の一偈を聞いて随喜する功徳の百分・千分・百千万億分の一にも及ばない。この様に五十人を経由し展転して法華経を聞いて随喜する実際の功徳は、なお、その無量無辺阿僧祇倍である。ましていわんや最初の法会において随喜する者の福は、これに勝れたること無量無辺阿僧祇倍であって比

べることができない。(取意)

つまり、仏滅後に、ある人が法華経を聞いて人に説き伝え、伝えられた人がまた他の人に伝えるというように、次々と伝えていき第五十人目に至ったとき、その五十番目に聞いた人は、第一番目の人が聞いて理解した内容よりもはるかに浅い理解しかできないと思われるが、それでも、その人の随喜の功徳が、他の如何なる修行をする人よりも遥かに大きいと説かれているのである。具体的な数が色々挙げられているが、これも随喜の功徳が如何に大きいかを実感させるためのレトリックと受け取ってよいだろう。この一段は、一般に五十展転《てんでん》随喜の功徳と呼ばれている。

またこれに続いて、僧坊に出向いて少しの間でも法華経の教えを聴くこと、他の人に聴くように勧めること等、誰にでもできるようなことを数多く挙げ、それぞれに対する利益が詳説されている。そして常の如く、同趣旨のことが偈の形で再述されて随喜功徳品第十八は終わっている。

十三・一・三　法師功徳品第十九

次の法師功徳品は、釈尊の常精進菩薩摩訶薩に対する次の様な説法から始まる。

(13·5)もし善男子・善女人にしてこの法華経を受持し、もしは読み、もしは誦し、もしは解説《げぜつ》し、もしは書写せん。この人は当に八百の眼の功徳・千二百の耳の功徳・八百の鼻の功徳・千二百の舌の功徳・八百の身の功徳・千二百の意の功徳を得べし。この功徳を以って六根を荘厳して皆清浄ならしむ。

ここで、受持・読・誦・解説・書写といった五項目が挙げられているが、言うまでもなくこれらは法師品で述べられていた所謂五種法師の行に他ならない。これらの項目は、他の品でも散見し、法華経修行者にとって最も重要な実践項目と理解される。ここでは、この様な修行をすれば、六根即ち眼・耳・鼻・舌・身・意にわたって多くの功徳が得られると説いているのである。

仏教では、人間を、五蘊即ち色（肉体）・受（感受作用）・想（表象作用）・行（意思作用）・識（認識作用）の集まりと捉え、これらを理に適って働かせることを重視し、このうちの想、行、識は受が基になって生じ、その受は六根の働きによってなされる。このことから、六根を清浄にすることは極めて重要な課題と位置づけられる。ここで六根清浄が語られているのもこのような理由によるものと思われる。

以上の総説に続いて、六根それぞれについて、法華経修行者の功徳が詳しく説かれている。ここでは詳説しないが、例えば眼については、「父母所生の肉眼で以って、三千世界の内外のあらゆる山・林・河・海をみること、下阿鼻《あび》地獄に至り上有頂《うちょう》に至らん。亦其の中の一切衆生を見、及び業の因縁・果報の生処《しょうしょ》悉く見、悉く知らん」と述べられ、その他に、多くの功徳が説明されている。

また耳については、あらゆる動物・人間に対し、さまざまな境涯のそれぞれに応じて、悉くよく聞き知ることできるようになる等といった功徳が、色々な具体例を挙げて詳細に述べられている。

他の器官鼻、舌、身についても詳説されているが、ここでは省略する。

最後に意の功徳が書かれているが、その中で、

（13·6）諸々の所説の法、其の法に従って、皆実相に違背せじ。もし俗間の経書・治世の語言・資生の業等を説かんも、皆正法に順ぜん。

と述べられていることが注目される。法華経以外の諸経典では、あるいは遠く離れた浄土への往生が説かれ、あるいは俗世間に煩わされることのない清らかな悟りが求められており、一般に仏教は出世間的な有り方を勧めるものと理解されているが、ここでは、俗世間における活動が重視され、その有り方が正しくなることが促されており、娑婆世界の中にこそ仏国土を建設しようとする法華経の思想がここでも表出されている。

以上、分別功徳品・随喜功徳品・法師功徳品と題された三功徳品の大筋を追ってきたが、見てきたように、これらはいずれも、内容的に、法師品と密接に関連しており、あたかもこれらの三功徳品の主意が、法師品で説かれた教戒の実践に対する功徳を述べたもののようにも思え、法師品から直接これらの三功徳品に繋がっているような感じさえ受ける。しかし、これらの品を読む場合、分別功徳品の最初に「仏の寿命の劫数長遠なること是くの如くなるを聞きて」（（13·1）参照）と書かれていたことに留意する必要がある。法師品では如来の使いとしての有り方が縷々説かれていたが、概括的に言って、それに続く見宝塔品から如来寿量品まで（ただし、「提婆達多品」を除く）においてその如来の意味が明らかにされ、そのことを踏まえた上で、五種法師の行を実践することが要請されているものと理解される。

十三・二　常不軽菩薩の人間礼拝

法師功徳品第十九に続く常不軽菩薩品第二十に入ると、まず、釈尊が得大勢菩薩に対し、

（13·7）汝今当に知るべし。若し比丘・比丘尼・優婆塞・優婆夷で法華経を持《たも》つ者を、悪口・罵詈《めり》・誹謗する者あれば、大いなる罪報を獲んこと前《さき》に説くところの如くにして、その所得の功徳は向《さき》に説くところの如く、眼耳鼻舌身意清浄ならん。

と述べられた。

ここで、法華経信奉者を誹謗する罪報について「前に説くところの如し」とあるが、これは、「法師品」に書かれた「若し悪人あって不善の心をもって、一劫の中において、現に仏前において常に仏を毀罵せん。その人の罪なお軽し。在家・出家の法華経を毀呰せん。その罪甚だ重し」（（9·5）の次下参照）を指すようにも思えるが、罪報という言葉に即して言えば、譬喩品第三の最後に書かれた偈の中で法華経乃至は法華経を受持するものを誹謗する者の罪報が数多く列挙されていたことが思い起こされる（（5·12）参照）。あるいはこれを指すのかもしれない。他方、所得の功徳については、法師功徳品で説かれた六根清浄が再確認されていると理解される。

上掲（13·7）に続いて、非常に遠い昔離衰という時代に、大成《だいじょう》と呼ばれる国にいた威音王如来という名の仏が登場する。これまでに、分別、随喜、法師の三功徳品において法華経信奉の功徳が説かれてきた文脈からすると、この如来の登場はやや唐突であり、前品との繋がりがわかりづらいが、

その詮索は後回しにして、とりあえず物語の大筋を追っていくことにしよう。

威音王如来は、衆生のために法を説いたが、その説法の様子が以下の様に述べられている。

> （13·8）、声聞を求める者の為には応ぜる四諦の法を説いて生老病死を度して涅槃を究竟せしめ、辟支仏を求める者の為には応ぜる十二因縁の法を説き、諸の菩薩の為には、阿耨多羅三藐三菩提に因《よ》せて、応ぜる六波羅蜜の法を説いて仏慧を究竟せしむ。

この文言は、序品で登場する日月燈明如来の説法の説明文（2·5）とほとんど同じで菩薩に関する箇所のみが少し違っている。このことから、法華経では、阿耨多羅三藐三菩提や一切種智や仏慧がほぼ同じ意味を込めて使われていることが確認できる。それも、法華経前半の内容を踏まえると、一切衆生を救おうとする仏と同質の智慧を意味するものと理解してよいだろう。

この国土では、この仏が滅度してのち同じく威音王如来という名の二万億の仏が引き続いて現れた。この叙述においても、二万という数がここでは二万億と変わってはいるが、序品に書かれた日月燈明如来の場合とそっくりである。

その最初の威音王如来が既に亡くなり、正法を過ぎて像法の中で、常不軽と呼ばれる一人の菩薩比丘がいた。この出家僧は、四衆に出会えば悉く礼拝讃嘆して次のように述べた。

> （13·9）我深く汝等を敬う。敢えて軽慢《きょうまん》せず。所以《ゆえ》は何ん。汝等は皆菩薩の道を行じて、当に仏に作《な》ることを得べし。

しかもこの僧は、専ら経典を読むといった仏道修行をせずに、ただひたすらにこの礼拝行を行った。また、遠くに四衆を見かけた場合にも、ことさらに近くに往って礼拝し、「我敢えて汝等を軽しめず。汝ら当に仏に作《な》るべきが故に」と述べた。

礼拝された四衆のなかには、

(13-10) この無智の比丘いずれの所より来たって、自ら「我汝を軽しめず」と言い、我等が為に「当に仏に作ることを得べし」と授記する。我等是くの如き虚妄の授記を用いず。

と罵る者もいた。

しかしこの僧は、このような蔑みにも怒りの心を起こさず、多年にわたって同じ言葉を唱えて礼拝を続けた。これに対し、皆は杖や木で打ちつけたり瓦や石を投げつけたりしたが、この僧は、逃げ走り遠くへ避けて、更に大きな声で「我敢えて汝等を軽しめず（我不敢軽慢於汝等）」と繰り返した。そして、この比丘は、常にこの言葉を投げかけるが故に「常不軽」と呼ばれた。

この常不軽という名は、決して尊敬して名付けられたわけではなく、おそらくは、専ら経典を読誦するといった修行もせず、ただ同じ言葉を唱えて礼拝を繰り返している、その愚行に対する蔑みの呼称であったものと思われる。因みに、『正法華経』では、この菩薩比丘は常被軽慢（常に軽慢される）と呼ばれたと訳されている（注2）。既述のように、当時の仏弟子達は、自らの煩悩を滅し去るため、そして他より抜きん出て特異な通力を得るために厳しい修行を続けており、一切衆生を救おうとする仏に作《な》ることには一線を画していたのである。この様な彼等にとっては、どこから来たか素性が知れない者に授記されることは耐えられないことであり、蔑まざるを得なかったものと推測される。ともあれ、彼の礼拝行は、当時にあっては蔑まれ迫害されたが、時代を超えて多くの仏道修行者から共感を得、現代では常不軽菩薩と呼ばれて尊崇されている。以下では不軽菩薩と略称する。

ところで、不軽菩薩は四衆にあえば、誰かれなく礼拝したが、その相手をどのような意味で礼拝したのだろうか。本文には何も書かれていないが、いくつかの解説書を見ると、人は誰にも仏性があり、その仏性に対して礼拝したと書かれている。その際に言う仏性は、仏と同質の浄らかな性質のことを意味するようであるが、このような意味での仏性は、法華経では説かれておらず、中期大乗仏典である大般涅槃経で始めて説かれた概念で、同経では、誰しもこのような仏性を懐いているが、煩悩によって曇らされているために外に顕れてこないと説かれている。法華経のなかでは、仏性とよく似た概念として「仏種」という言葉が説かれているが、不軽菩薩が礼拝した対象を考察するにおいては、仏種といった言葉が、法華経のなかで、どのような意味で使われているか知る必要がある。

法華経では、仏種は、方便品に書かれた次の文言の中で用いられている。

(13-11)(再出)法は常に無性なり。仏種は縁に従《よ》って起こると知れり。この故に一乗を説きたもう。

これは法の住・法の位にして、世間の相常住なり。

ここでは、あらゆる存在は縁に従って起きると説かれ、「仏種」即ち仏と作《な》る要因もその例外でない。そして、縁が調うか否かの可能性はすべての存在に対して平等であり、そのことから一仏乗の主張が可能になると説かれているものと理解される。すなわち、仏に作《な》る要因がそれぞれの心底に初めからあるわけではなく、諸縁の和合によって誰でも仏になれると説いているものと理解される。

このような考察を踏まえて私見を言わせてもらえば、一切衆生は「縁次第で善悪いずれにもなりうる存在」であり、仏と同じ性質が具わるのも、共に協力して良い因縁を作ることにより生じるのである。不軽菩薩は、その様な存在を捉えて礼拝したのではないだろうか。つまり、各自が心の中に懐く「浄らかな部分」を抽出してそれに対して礼拝したのではなく、縁次第で仏となりうるその存在そっくりそのままを礼拝したものと思われる。

上述のように、常不軽の名前のいわれが述べられてのち、この比丘について、

(13-12) 是の比丘終わらんと欲する時に臨んで、虚空の中に於いて、具《つぶさ》に医音王如来の先に説きたもうところの法華経二十千万億の偈を聞いて悉く能く受持して、則ち上の如き眼根清浄となり、耳・鼻・舌・身・意根清浄を得たり。

と述べられている。

ここで、不軽菩薩が「上の如き六根清浄」を得たことが述べられているが、これまでに読んだところから、この内容を指していると思われる文言をさがすと、本節冒頭(13-7)が思い当たる。そう思ってここまでの筋運びを振り返ってみると、(13-7)の末尾と(13-12)の末尾が照応しており、その中間に不軽菩薩の物語が説かれていることに気づく。とすると、不軽菩薩に関する物語は、法師功徳品を踏まえて理解する必要がある。

そこで、これまでの文脈を振り返ると、寿量品で仏寿が長遠であることが説かれ、これに続く三功徳品で、仏寿が長遠であることをよく信解した上で法師品に説かれたような修行を実践する者に対し、その功徳が説かれ、次の常不軽菩薩品で、このことを実践した顕著な事例が述べられているものと理解するべきことに気づかされるのである（注３）。本節の始めに、法師功徳品と常不軽菩薩品との文脈的繋がりが分かりづらいと述べたが、このことに気づくと、その疑問が解消され、法師品から展開されてきたストーリーが、連続した一連のものとして理解されるのである。

だとすると、不軽菩薩は地涌の菩薩と重ねあわせて理解するのが至当であろう。そう思って、地涌の菩薩の有り方を叙述した（12·6）を再読すると、確かに、不軽菩薩の行いがイメージ的にこの叙述に当てはまっていることに気づかされる。もしかすると、（13·12）の中の文言「虚空の中において」は、（12·6）の中で述べられている「此の界の虚空の中に於いて住せり」といった文言と照応させて書かれているのかもしれない。

不軽菩薩は、六根清浄を得已って、更に寿命が二百万億那由他歳延び、広く人のためにこの法華経を説き、千万億の衆を教化して最高の悟りへと導いた。時に、不軽菩薩を常不軽と蔑み、彼に礼拝されて迫害を加えた者達も、彼が大神通力・楽説弁力《ぎょうせつべんりき》・大善寂力を得たことを見て、皆彼に信伏随従した。命終《みょうじゅう》ののち、更に二千億の仏に会うことができ、それらの仏はいずれも日月燈明如来と名づけられている。この名は「序品」で登場する仏と同じである。その仏のもとでまた法華経を何度も説いた。この因縁をもって、また、同じく雲自在燈王と号する二千億の仏に値《あ》い、さらに、また後に千万億の仏に値ったとも書かれている。そして、このような経緯を踏んでのち、不軽菩薩は仏と作《な》ることができたと記されている。蛇足ながら、ここで述べられている「仏に作る」という意味は、部派仏教通じて理解されているような意味、つまり一国土全体を導くような、他に並ぶ者のない聖者になったとの意味に理解するのがよいだろう。九・五節で述べた意味の法華経の成仏観からすれば、不軽菩薩は、会う人ごとに礼拝するその行為のその時点において、既に仏と同質の存在であると理解されるのである。

これに続いて釈尊は、次のように述べられた。

(13·13) 得大勢菩薩よ。意《こころ》に於いて以何《いかん》。その時の常不軽菩薩は豈に異人《ことびと》ならんや、則ち我が身これなり。若し我が宿世に於いて、この経を受持し読誦し他人の為に説かずんば、疾く阿耨多羅三藐三菩提を得ること能わじ。我先仏《せんぶつ》の所《みもと》に於いてこの経を受持読誦し人の為に説きしが故に、疾く阿耨多羅三藐三菩提を得たり。

ここで、仏に作れたのも法華経の受持読誦等の修行を為した結果とされ、不軽菩薩品が、法師品以降の筋運びの一環として書かれていることがこの文言からも確認される。

一方、不軽菩薩に迫害を加えた者達は、不軽菩薩を軽しめたために二百劫の間仏に値《あ》わず法を聞かず僧を見ず、千劫の間阿鼻地獄《あびじごく》において大苦悩を受けて、その罪を畢《お》え已《おわ》ってのち、また不軽菩薩の教化を受けた。そして釈尊は、この菩薩を軽しめた者は今の会中《えちゅう》にいる者達で、阿耨多羅三藐三菩提に向けて退転せずに精進していると告げられた。そして、諸々の菩薩摩訶薩に対し、必ず阿耨多羅三藐三菩提に至らしめる故に、如来の滅後にこの経を受持し読誦し解説し書写すべしと呼びかけられた。

ここで注目すべきは、不軽菩薩を迫害した仏弟子達も彼に礼拝されたことが縁となって最後には阿耨多羅三藐三菩提に至るとされていることである。彼等のモデルは、おそらくは、法華経成立当時において実際に法華経の唱道者達を誹謗した出家僧達であろう。彼等は、不軽菩薩の礼拝行に対し、怒りに駆られて迫害に及んだが、不軽菩薩の教化を蒙って、これまでに考えもしなかった大きな価値に目覚め、長い期間にわたって修行を積んで罪障を消滅したのちにではあるが、ついには最高の悟りに至るとされているのである。このことからすれば、彼等は、不軽菩薩を迫害したことが縁となって最高の悟りを得たともいえるだろう。皆成仏道の実現のためには、順逆いずれの縁をも重視し活用することを説く法華経の立場がここでも表明されている。

常不軽菩薩品では、このあと常のように、同趣旨のことが偈の形で再述されている。大筋は同じなので詳述はしないが、少し異なる部分がある。

不軽菩薩が会う人ごとに礼拝をしたこと、そしてこれを聞いた衆生が迫害を加えたことが述べられて後、

（13-14）不軽菩薩、能く是れを忍受しき。其の罪畢《お》え已《おわ》って臨終に臨まんとする時六根清浄なり。

と書かれている。ここで、「その罪畢え已って」という言葉が見られるが、長行ではこの文の主語は不軽菩薩を迫害したもの達を指していたが、ここでは、能く忍受した不軽菩薩自身が主語となって

いる。不軽菩薩は、会う人ごとに、仏になれますよと呼びかけて礼拝を繰り返したのみであり、彼の行為は、罪というよりむしろ賞嘆されるべきことである。それでは、この「その罪」をどのように理解すればよいのだろうか。

いくつかの解説書を読むと、これを輪廻転生の考え方によって解釈し、上述の不軽菩薩の「その罪」を、彼が前世において知らず識らずに犯した悪業であると説明している。もしそうだとしても、その悪業が殺生・偸盗・邪淫・妄語・綺語等のような通常の悪事を意味するなら、人は誰しもが等しく前世に悪業をなしていると思われ、この文脈でことさらに不軽菩薩の罪に言及する理由は見いだせない。

周知のように、仏教では、業の重要性を説くが、この語は行為もしくは行為によってもたらされたものを意味する。同じく業といっても、万人に関係して万人に一様に現れる業もあれば、個々人に限られた行為を意味する業もあり、前者は共業《ぐうごう》と呼ばれ、後者は別業あるいは不共業と呼ばれている。一般に言う業はここで言う別業を意味しているようであるが、仏教の重要教義である縁起観を踏まえると共業の方がより重要であろう。(13·14)にいう「その罪」も、不軽菩薩個人の別業と取らず、万人に影響をもたらす行為、いわば共業に対する罪と理解してはどうだろうか。今の場合、皆成仏道を標榜する法華経の教えが未だみんなに明かされていないという共業が問題なのである。不軽菩薩は、この共業に対する「その罪」を自己一身に受け止め、その罪障を消滅するために、迫害に遭っても「能く是れを忍受」して会う人ごとに礼拝し、万人に法華経の説く理想を教え示したのである。その意味において、「その罪」は不軽菩薩の礼拝行によって、まさに「畢へ已った」ものと理解される。

十三・三　仏滅後に向けての法華経の付嘱

常不軽菩薩品第二十に続いて、如来神力品第二十一および嘱累品第二十二が述べられているが、この二品においては、仏滅後に向けての法華経の付嘱（布教の使命の付与）が述べられている。

十三・三・一　如来神力品第二十一

如来神力品に入ると、まず、従地涌出品で登場した数多くの地涌の菩薩達が、仏前に於いて釈尊の尊顔を仰ぎ見ながら、一心に合掌して

（13·15）世尊、我等仏の滅後世尊分身所在の国土並びに滅度の所において当に広く此の経を説くべし。所以《ゆえ》は如何。我等も亦自らこの真浄の大法を得て、受持・読・誦・解説・書写せんと欲す。

と誓いを立てた。ここで書かれている受持・読・誦等の項目は、言うまでもなく法師品で説かれた実践項目であるが、ここでは特に、地涌の菩薩達がこれらの項目の実践を誓っているのである。

その時、如来の神力によって、以下に述べるような種々の情景が現出した。これらは、一般に十種に分けて把握されて如来の十神力と呼ばれている。

まず、釈尊が上《かみ》梵天に至る広長舌を出された是一。これは仏の説法に偽りがないことを示している。続いて、釈尊の身から光が放たれ遍く十方世界が照らし出された是二。これは仏の説法が遍く行きわたることを示したものであろう。その舌を収めてのち咳払いをされ是三、指を弾いて音を出された是四。一書では、これらは仏の教説が真実であり、そして一切衆生が喜びにつつまれたことを表すと説明している。それらの音声は十方の諸仏の世界に行きわたって、大地が動・起・踊・震・吼・撃の六種に震動した是五。これは説法に感動した者達が心を揺り動かされた様子を示したものであろう。これらの神力が示されてのち、一切衆生は、多宝塔の中の釈迦・多宝二仏を見ることができた是六。そのとき、娑婆世界で釈尊が法華経を説かれているので深心に随喜し供養するように、との諸天達の声が虚空のなかより聞こえてきた是七。これを聞いた皆《みんな》は、南無釈迦牟尼仏と唱え釈尊への帰依を表明した是八。そのとき、十方から娑婆世界に、華・香・瓔珞《ようらく》等が一面に散ぜられた是九。時に十方の世界が、通一仏土即ち通じて一仏土の如くになった是十。

釈尊は、以上の十神力を示して後、上行菩薩を筆頭とする地涌の菩薩達に向かって、

(13·16)諸仏の神力は、是くの如く無量無辺不可思議なり。我是の神力を以って、無量無辺百千万億阿僧祇劫に於いて、嘱累《ぞくるい》(法の委嘱)の為の故に此の経の功徳を説かんに猶尽くす能わず。

と告げられた。

上述の十神力は、いずれも仏の素晴らしさを表現したものと思われるが、(13·16)から分かるように、神力を示して衆生の心を惹きつけることによって、法華経の説く教えが一切衆生に末長く護持され

ていくことを願って述べられたものであろう。既述のように、筆者は法華経のメインテーマが多様の統一にあると言ってよいのではないかと考えているが、これらの最後に通一仏土が挙げられていることが注目される。通一仏土は、当にこのテーマの趣意を表出した言葉と言ってよいだろう。

そして、釈尊は、要をもってこれを言えばと前言し、如来の一切の所有の法・如来の一切の自在の神力・如来の一切の秘要の蔵・如来の一切の甚深の事がこの法華経のなかで説き尽くされていると言明された。この四法は一般に四句要法と称されている。

これに続けて釈尊は、次のように訓戒された。

(13-17) 是の故に汝等、如来の滅後において応当《まさ》に一心に受持・読・誦・解説・書写し、説の如くに修行し、所在の国土において、若しは受持・読・誦・解説・書写して説の如くに修行せん、若しは経巻所住の処あらん、若しは園中においても、若しは林中においても、若しは樹下においても、若しは僧坊においても、若しは白衣の舎（在家者の家）においても、若しは殿堂に在っても、若しは山谷曠野にあっても、是の中に皆塔を起てて供養すべし。

そして、修行者の位置するいずれの処であれ、その場所に塔を建てよと呼びかけられ、そのわけは、

(13-18) 当に知るべし是の処は即ち是道場なり。諸仏此に於いて阿耨多羅三藐三菩提を得、諸仏此に於いて法輪を転じ、諸仏此に於いて般涅槃したもう。

と説明されている。

上掲（13-17）の中で挙げられた種々の場所は、法華経成立当時において仏道修行者が、自ら修行し他を教化するために活動していた所を列挙したものと思われる。そのいずれの所であれ、活躍するその場所で塔を建てて供養すべしと遺命されている。ここで、塔を建てよと述べられているが、この言葉に出会うと、法師品の中で、いずれの所であれ広く高い塔を建てるべきであると書かれていたことや、これと関連したことが書かれた分別功徳品を思い出す。この意味から、法師品、分別功徳品および如来神力品は密接に関連しあって書かれていることが確認される。ここでは露わには述べられていないが、法師品で舎利を祀る必要がないと付言されていたことと関連させて理解し、仏舎利塔ではなく、その有り方も固定した建物としての「塔」ではなく、法華経を信奉するものが集うセンターを造れといった意味に理解した方がよいと思われる。因みに、植木雅俊訳『法華経』下の梵文直訳を見ると該当箇所に書かれた塔は、チャイティヤ（塔廟）と訳されている（注4）。

上掲（13-18）では、阿耨多羅三藐三菩提を得た処、法輪を転じた処、般涅槃したもうた処の三処が挙がっているが、言うまでもなく、これらは、仏伝に説かれている釈尊生誕の地ルンビニー園、成道の地ブッダガヤー、初転法輪の地サールナート、般涅槃の地クシナガラのうちの三箇所を踏まえて書かれたものと理解される。これらは釈尊が活躍された事績を象徴した聖地である。つまり、法華経の行者の活躍する場所は、その所在地がいずれであれ、その場所が、釈尊が活躍された聖地と等同と捉えるべきことが呼びかけられているのである。この文脈からしても、「塔を建てよ」という言葉に法華経弘経のセンターとせよという意味が込められていると受け取ってよいだろう。

如来神力品の長行の部分は以上で終わっているが、続いて同趣旨の事柄が偈の形で再述されている。詳細は略するが、この偈の末尾には、

(13-19) 如来の滅後において、仏が説く所の経の因縁及び次第を知りて、義に随って実の如く説かん。日月の光明のよく諸々の幽冥を除くが如く、この人世間に行じて能く衆生の闇を滅し、無量の菩薩をして畢竟して一乗に住せしめん。この故に有智の者はこの功徳の利を聞きて、わが滅度の後においてに応にこの経を受持すべし。この人仏道において決定して疑い有ること無けん。

と、上行を首《はじめ》とする地涌の菩薩達が一切衆生を仏道に導き、そして、この教えに浴する者は必ず仏に成るだろうと確言されている。

十三・三・二　嘱累品第二十二

如来神力品に続く嘱累品は、竺法護訳『正法華経』や梵文原典では経末に置かれているが、本書では羅什訳『妙法蓮華経』に従って読んでいくことにする。

嘱累品に入ると、釈尊は、法座より起って右手を以って無量の菩薩摩訶薩達の頭を摩《な》でられ、

(13-20) 我無量百千万億阿僧祇劫において、この得難き阿耨多羅三藐三菩提の法を修習せり。今以って汝等に付嘱する。汝等応当《まさ》に一心にこの法を流布して広く増益せしむべし。

と述べられ、このことを三度繰り返された。

如来神力品では釈尊が多宝塔の中で地涌の菩薩達に向かって法華経を付嘱すると述べられたが、

この品では、上述のように、多宝塔の外に出て、地涌の菩薩に限ることなく総ての菩薩摩訶薩に対して呼びかけられた。

これに続いて、如来が、大慈悲をもってよく衆生に仏智を与えてきた大施主であることを述べられ、皆がこの如来の法を学ぶようにと訓戒された。そして、もし信受しない者がおれば、法華経以外の如来の深法の中において説くようにと諭され、

（13-21）汝等、若し能く是くの如くせば、則ちこれ已《すで》に諸仏の恩を報ずるなり。

と、これが諸仏への報恩行であると強調されている。

諸々の菩薩摩訶薩は、これを聴いて大歓喜が身に遍満し、仏に向かって合掌し、声を揃えて、「世尊の勅の如く当に具《つぶさ》に奉行すべし。唯然《ゆいねん》世尊、願わくは、慮《うらおもい》有らざれ。」と誓いの言葉を三度繰り返した。

そのとき、釋迦牟尼仏は、十方より集まった分身の諸仏を各々の本土に還らせ、

（13-21）多宝仏の塔、還《かえ》って故《もと》の如くにしたまうべし。

と述べられた。

仏がこの言葉を述べられたとき、十方から参集した無量の分身《ふんじん》の諸仏、上行等の地涌の菩薩達、舎利弗等の声聞達、更には、一切世間の天・人・阿修羅等が仏の所説を聞いて、皆大いに歓喜した。この状景の描写をもって嘱累品第二十二は閉じられている。

上述のように、嘱累品は、諸仏がそれぞれの国土に還り、多宝塔がもとのようになったところで

終わっている。思い起こすと、多宝塔は見宝塔品第十一の冒頭において、それまで霊鷲山において説法をされていた釈尊の面前に、地より涌出してきたのであった。つまり、ここで、多宝塔は大地のなかに納まり、説法の座はもとの霊鷲山に移ったものと理解される。

（注）

1　植木雅俊訳『法華経』下十五頁および二七三頁。
2　大正蔵九・一二二下。
3　筆者は、これまで、（13-5）を十三・一・三節の要約のように理解して、そこで書かれている「六根清浄」とここで書かれているそれとの関連を見落とし、このため不軽菩薩品の趣意が皆成仏道のみにあるものと理解し、この品がなぜこの位置にあるのか長く疑問に思っていた。もしそうなら、不軽菩薩品は法師品より以前に書かれるべきだと思ったからである。今回精読してやっとこの疑問が氷解した。本書執筆に縁して菅野博史著『法華経入門』を再読したが、このことが同書七二頁において既に指摘されていることを知って不明を恥じているところである。
4　植木雅俊訳『法華経』下三九五頁。

第十四章　法華経弘通に参与する菩薩達

十四・一　薬王菩薩本事品第二十三

妙法蓮華経には、嘱累品第二十二のあと薬王菩薩本事品第二十三から普賢菩薩勧発品第二十八まで六品が書かれている。これらの内容は相互にそれほど密接には繋がっておらず、いわば読み切りものの集まりのような感じがする。これら六品は、勝呂信静氏のような（提婆達多品を除く形の）二十七品同時成立説もある（注1）が、大方の研究者は原初の法華経にはなく後に作成されて組み入れられたものと推定している。確かに、これまでの品とは質の異なった記述がみられ、これまでの主張と整合しない箇所もある。私見を言えば、成立時期はともかくとして、これから読む六品の編纂者達とこの品以前の編纂者が同一のグループに属して十分に情報交換をしたうえで書かれたものとは思えない。しかし、細部に拘らなければ、これまでの品の内容をよく踏まえて叙述されている。これら六品を除く原初の法華経が出来上がった後に、法華経を信奉する一グループが、当時様々な形で尊崇されていた菩薩や教法などを法華経の教理を踏まえて捉え直し、法華経の一部として叙述して組み入れたのではないかと思われる。

ともあれ、ここでは、法華経全体の思想との関連に注意を向けながら大筋を辿ることにしよう。

薬王菩薩本事品第二十三に入ると、まず、宿王華菩薩が釈尊に、薬王菩薩の娑婆世界における活躍振りを訊ねる。これに応えて釈尊は、薬王菩薩にまつわる以下のような物語を語られた。

非常に遠い昔に、日月浄名徳という名の仏がおられ、この仏のもとには数多くの菩薩や声聞達がいて、いずれも極めて長寿であった。まずその仏の国のすばらしさが種々の麗句を重ねて語られている。この描写の詳細は略すが、その中に「彼の国には、女人・地獄・餓鬼・畜生・阿修羅等及び諸難あることなし」と書かれている。既に見てきたように、法華経のこれまでの品では男女平等が基本であったが、ここでは女人が諸難と同列に捉えられて忌避されている。おそらくは、理想国には修行の妨げになるような女人はいないに違いないとする当時一般的に懐かれていた考え方が、そのままに取り込まれたものであろう。

日月浄名徳仏は、一切衆生喜見菩薩および他の諸々の菩薩や声聞のために法華経を説かれた。この一切衆生喜見菩薩は、楽《ねが》って苦行を習い、彼の仏のもとで長い間修行して、現一切色身三昧（心を一処に定めてあらゆる身体を化現すること）を得た。そして、この三昧を得ることができたのは法華経の力だと感得し、日月浄明徳仏および法華経に対し最高の華香をもって供養しようと考えた。

彼の菩薩は即時にこの三昧に入り、種々の供養をなし終えたが、更に優れた供養をするには身を以って捧げるに越したことはないと考え、日月浄明徳仏の前で身に香油を塗りつけて自らの身体を燃やした。八十億恒河沙の世界が遍くその光明に照らされ、諸仏は皆これこそ真の精進だと褒め称えた。火は千二百年間燃え続け、その身が燃え尽きたところで消えた。命終してのち再び日月浄明徳仏の国において、浄徳王の子として結跏趺坐したままの姿で生まれた。

日月浄明徳仏はこの一切衆生喜見菩薩に対し、私は今夜にも般涅槃し滅尽しなければならない、我が滅度の後には、我が仏法並びに所有の舎利を汝に嘱累する、流布して広く供養せよ、そして塔を起てるようにとの遺言を残された。彼の菩薩はこれに従い、非常に高い塔を起ててお祀りした。そして、塔の前で自分の臂を燃して供養した。これをみた多くの仏弟子達は、阿耨多羅三藐三菩提を求める心を起こして皆現一切色身三昧を会得した。

このような筋運びがなされているのも、おそらく法華経成立当時に、仏舎利塔の供養が重視されたことに起因していると思われるが、それにしても、高い塔を建て舎利を供養することが手放しで推奨されていて、舎利を祀る必要がないといった法師品の主張に整合していない。この品の著者が法師品他の著者と同一のグループに属して親密な情報交換をしていたとは考えにくい。

時に一切衆生喜見菩薩は皆に向かって、「我が両臂を捨てて必ず当に金色の身を得べし。もし実にして虚しからずんば、我が両臂をして還復すること故《もと》の如くならしめん」と述べた。この言葉が終わるや否や臂は自然にもと通りになった。このとき、三千大千世界が六種に震動し、天・人はこの未曾有の奇瑞に感動した。

仏は、ここで、この一切衆生喜見菩薩は今の薬王菩薩の前身であると明かされた。そして、もし発心して阿耨多羅三藐三菩提を求めるなら、よく手の指や足の一指を燃やして供養しなさい、この行為は三千大千世界のあらゆる宝物をもって供養するよりも優れていると述べられた。

ここでは、自らの臂や手足の指等を仏に供養する行為が言葉を尽くして賞賛されている。このことから、後に法華経を信奉する人達のなかで、文字通りに身を焼く行を修した者もいたようであるが、この物語の趣意は、実際に身を焼くことに主眼があるのではなく、より大きな価値のためには自らが一番大切にしているものをも投げ出す行為を賞賛しているところにあるものと理解される。

ここまで、薬王菩薩の本事（過去世の物語）について語られてきたが、ここで主題が一転して、もっぱら法華経の讃嘆に紙面が割かれている。

まず、三千大千世界を満たすほどの七宝を以って仏および大菩薩・辟支仏・阿羅漢に供養する功徳も、法華経の一四句偈を受持する功徳には及ばないと述べられている。これは、法師品以降で何度も説かれてきた事柄である。

これに続いて、一切の川流江河の諸水の中で海が第一であるように、衆山の中で須弥山《しゅみせん》が第一であるように、諸星のなかで月が第一であるように等々の数多くの喩えを挙げて、それらと同じように法華経が諸経のなかで最第一であり、諸経の王であることが強調されている。数多く例示された喩えのひとつには、「一切の声聞・辟支仏・阿羅漢の中で菩薩これ第一なり。この経もまた是くの如し」といった文言も見られる。この筆運びからすれば、ここで言う菩薩は、声聞や縁覚と対比した意味の所謂大乗仏教を指すものと理解される。法華経では諸処に菩薩の教えを説いているが、三乗を順序付けて捉えてその中で菩薩を第一とするといった考え方は、これまでには説かれていなかったように思われ、他の品に整合していない。

続いて、寒い所で火を得たように、子が母を得たように、病に薬を得たように等々の例を挙げて、法華経もこれらと同様に一切衆生を救済するのであると説いている。

そして、この法華経を書きあるいは他人に書かせ、色々な供具で供養すれば、その功徳は無量であることが述べられ、その功徳の例が数多く列挙されている。その中には、「もしこの経典を聞いて説の如くに修行しようとする女人がいれば、命終してただちに阿弥陀仏のおられる安楽世界に往くことができるだろう」といった、娑婆世界の仏国土化を目指す法華経には似つかわしくないことも書かれている。このような記述からしても、この品が後に挿入されたものとする多くの研究者の推測がもっともなように思われてくる。

続いて、宿王華仏に対し、「この薬王菩薩本事品を以って汝に嘱累す」と説かれ、我が滅度の後、後の五百歳の中に於いて閻浮堤（須弥山を中心にして東西南北四州ある世界の内の南側の世界、つまりは人間の住む世界）に広宣流布して断絶することがないようにせよと訓戒された。ここで、後の五百歳といった言葉が見えるが、この語は最終章普賢菩薩勧発品にも書かれている。滅度の後の五百歳ではなく「滅度の後、後の五百歳」と書かれていることからすれば、釈尊が入滅されてから後の時代をおおまかに五百年単位で捉えて、始めの五百年に次ぐその後の五百年といった意味だろう。法華経の成立時が釈尊滅後およそ五百年後と推定されていることから、法華経の編纂者からみて、これから先の五百年、つまりは、近未来を意味しているものと思われる。

そして、多宝如来が登場し、宝塔の中から宿王華に対し「善哉善哉、宿王華、汝不可思議の功徳を成就して、乃《すなわ》ち能く釈迦牟尼仏に是くの如きの事を問い奉り、無量の一切衆生を利益す」と讃歎される情景が描かれたところで、薬王菩薩本事品が閉じられている。

多宝如来や多宝塔は、これより後の品でも度々言及されているが、多宝塔は嘱累品で、もとの処に還ったはずなのにと疑問が生じるところである。因みに『正法華経』では嘱累品が最終章に書かれており、これらの諸品では、二仏並座の場面がまだ続いていることになり不自然ではないが、妙法蓮華経を、順を追って読む限りでは少々腑に落ちない筋運びである。既述のように、多くの研究者は薬王菩薩本事品第二十三以下が後に付加されたものであると推測しているが、このことが正しければ、内容的に如来神力品と嘱累品の間に入ることを想定して書かれたものが、嘱累品の後に付加された形で編集されたのかもしれない。もっとも、妙法蓮華経の筋運びのままでも、見宝塔品で、法華経が説かれる処どこにでも証明《しょうみょう》のために多宝如来が現れるとされているから、矛盾を来すわけではない。

十四・二　妙音菩薩品第二十四

薬王菩薩本事品第二十三に続く妙音菩薩品第二十四に進むことにしよう。この品は、

(14·1) その時に釈迦牟尼仏。大人相の肉髻《にっけい》の光明を放ち、及び眉間白毫相の光を放って、遍く東方八万億那由他恒河沙等の諸仏の世界を照らしたもう。

という情景描写から始まる。筆者は、この描写から序品第一で「その時に仏眉間の白毫相の光を放って、東方万八千の世界を照らしたまうに周偏せざることなし」と書かれていたことを思い出す(二・二節参照)。ここでも、序品の場合と同様、特に東方と特記されていることに興味がもたれる。

放たれたこの光明の彼方に、浄光荘厳という名の国があり、その国に浄華宿王智という名の仏がおられみんなの願いに応じて法を説かれている様子が見えた。その国に妙音という名の菩薩がいた。この菩薩は諸々の徳を身に着け、多くの仏を供養し、深い智慧を悉く成就して、法華三昧、清浄三昧等の様々な三昧を会得していた。釈尊が妙音菩薩の身を光明で照らされたとき、この菩薩が浄華宿王智仏に、娑婆世界に赴き釈迦牟尼仏を供養し、文殊菩薩・薬王菩薩等の諸菩薩に会いに行こうと思いますと申し述べているところが見られた。浄華宿王智仏は妙音菩薩に、「汝は端正であり多くの福相があるが、娑婆世界の衆生は卑小であり、穢悪が充満している。しかし、娑婆世界を軽んじて下劣の思いを懐いてはいけない」と諭された。ここで、娑婆世界救済を重視する考え方が表明されていることが注目される。

妙音菩薩はその仏に、「私が娑婆世界に出掛けることは、如来の神通力や知恵を借りてこそ可能なのです」と答え、座を起たずに三昧に入った。その三昧の力で、霊鷲山の近くで、多くの衆宝で飾られた蓮華が忽然として生じた。

その時文殊菩薩が、このような蓮華が生じた理由を仏に尋ねると、「妙音菩薩が私を供養し、法華経を聴くために娑婆世界に来たいと願っているからだ」と応えられた。文殊菩薩は、「妙音菩薩はこれまでに多くの功徳を積み、大神通力があると聞いているが、彼が行じている三昧の名前を聞いて、私もその三昧を行じたいと思います。世尊、彼の菩薩がやってきたときに、どうか神通力で彼に合わせて下さい。」と希望を述べた。釈尊は文殊菩薩に「汝等のために、過去に滅度された多宝如来が身を現わされるだろう」と告げられた。

時に、妙音菩薩のもとに、「文殊菩薩が汝に会いたいと言っているから来なさい」と述べる多宝仏の声が聞こえた。これに応じて妙音菩薩は、彼の国から多くの菩薩を随えて娑婆国へと向かった。その道中においては、諸国が六種に震動し、七宝の蓮華が雨《ふ》り灌ぐ等の数多くの奇瑞が現れた。妙音菩薩は、娑婆国に至って釈尊に面会し、早速に、「少病少悩起《き》去《こ》軽利《きょうり》にして安楽に行じたもうや否や。」から始まり、「久しく滅度された多宝如来は七宝塔に在《ましま》して、来たって法を聞きたもうや否や」といった文言で終わる浄華宿王智仏から預かった挨拶の言葉を伝えた。この挨拶文の末尾は、多宝如来が、法華経を説く者がおればそこに現われて「善哉。善哉」と証明《しょうみょう》の声を出だす見宝塔品の場面（十・一節参照）を踏まえて書かれているように思われる。

そして、釈尊に、多宝仏の身を拝見したいと希望を申し述べた。釈尊が多宝仏に取り次ぐと、多宝仏は、よく来たと労いの言葉を掛けられた。

その時、その場にいた華徳菩薩が、「この妙音菩薩はどのような善根を植え、どのような功徳があってこのような神力を示すのでしょうか」と釈尊に訊ねた。釈尊は、「昔喜見という時代に現一切世間という国があり、雲雷音という名の仏がおられた。妙音菩薩はこの仏を供養して、その因縁から浄華宿王智仏の国に生まれてこの神通力を得た」と説明され、「この菩薩は色々と身を変えて法華経を説く」と述べられた。

ここで、梵王および帝釈天から始まり、数多くの様々な存在が列挙されており、「是の妙音菩薩は、かくの如く種々の変化《へんげ》身を現じて、この娑婆世界にあって諸々の衆生のために是の経典を説く」と説明されている。そして、それぞれの状況に合わせて最もふさわしい形に示現して法を説くことが強調されており、これは現一切色身という三昧によるものであるとされている。

世尊がこの妙音菩薩品を説き終わられたとき、妙音菩薩並びに共に来至した八万四千の菩薩達、更には娑婆世界の無量の菩薩達が皆この三昧を会得した。

その後妙音菩薩が本国に還って、浄華宿王智仏に、釈迦仏および多宝仏を供養し終わったことを報告したところで妙音菩薩品は終わっている。

十四・三　観世音菩薩普門品第二十五

妙音菩薩品第二十四に次いで観世音菩薩普門品第二十五が書かれている。この品は一般に法華経から切り離して独立した経典として扱われ、観音経と称され親しまれている。

世尊が妙音菩薩品を説き終えられたその時に、無尽意《むじんに》菩薩が座より起って仏に向かって合掌し、観世音菩薩はどのような因縁からこのように名付けるのですかと世尊に質問した。これに対し世尊は次のように答えられた。

もし様々な苦しみや悩みを持っている人がいて、この観世音菩薩の名を一心に称えるならば、観世音菩薩はその音声を聞き取り、その苦悩を取り除くだろう。また、もしこの観世音の名を称え続けるならば、この菩薩の威神力によって、たとえ大火の中にいても焼けることなく、たとえ水の中に漂わなければならなくなっても浅い所に逃れることができるだろう。金・銀・瑠璃等の宝石を求めて多くの人が航海している時に、黒風が吹いて羅刹鬼《らせつき》の国に漂着するようなことになっても、その内にひとりでも観世音菩薩の名を称える者がおれば、それらの人々はみな羅刹の難から逃れることができるだろう等々が記述されている。ここでは詳述しないが、同趣旨の事例がさらに多く列挙され、観世音菩薩の名を称えればそれらの望みが叶えられることが強調されている。

ここで観世音菩薩の徳性が種々説明されているが、この文は、文脈的には、観世音という名のいわれを問う無尽意菩薩に対する答えとして述べられたものである。このことから、観世音菩薩の原意が何か気になってくるところであるが、サンスクリット語に遡ったもとの意味は、玄奘訳『般若波羅蜜多心経』で観自在菩薩と訳されていることからもわかるように、観察することに自在であるという意味のようである。とすると、この菩薩が、あらゆる存在をよく観察してそれに応じて適切な救いの手を差し延べるといった徳性を持つことに注目してこのように名付けられたようにも思われる。因みに、『岩波仏教辞典』の「観世音菩薩」の項目をみると、上記の意味の他に、中央アジア発見の法華経断片から推論して、「音を観る」といった解釈も成り立ち得るようである。もしこのような意味ならば、この菩薩が、観世音菩薩の名を称えればその音を観じて即座に助けに現れると述べられていることから、このように名付けられたのかもしれない。

続いて無尽意菩薩は仏に、「世尊。観世音菩薩は、云何《いかん》してか此の娑婆世界に遊び、云何してか衆生のために法を説く」と質問した。

この質問に対し仏は、観世音菩薩は仏身・辟支仏・声聞それぞれの有り方で得度すべき者にはそれぞれに応じて法を説き、更に、梵天王・帝釈天・自在天・大自在天等々数多くの身が列挙され、それぞれに応じて適切な形に身を現じて法を説くと述べられた。そして、「是の観世音菩薩は、是《か》くの如き功徳を成就して種々の形を以って諸の国土に遊んで衆生を度脱す」と総括されている。これらは全体で三十三身あり、一般に三十三身普門示現《ふもんじげん》と呼ばれている。前節で述べた妙音菩薩の場合も同じであるが、この考え方は、寿量品における本仏の六或示現（12・11参照）と類同しているといってよいだろう。

世尊からこの説法を聴いた無尽意菩薩は、自分の頸に懸けていた非常に高価な瓔珞《ようらく》（頸飾り）を観世音菩薩に差し出した。観世音菩薩はすぐには受け取らなかったが、仏の口添えでこの瓔珞を受け取り、二分して一分は釈迦如来に一分は多宝仏塔に奉った。この場面も、二仏並坐がまだ続いているなかでなされたと取った方がスムースに理解出来る。

続いて同趣旨の内容が偈の形で再述されているがここでは省略する。

その時、持地《じじ》菩薩が座より起って、観世音菩薩の普門示現の神通力を聴く者がいれば、「この人の功徳少なからじ」と申し述べた。

そして、次の文章が記されて観世音菩薩普門品が閉じられている。

（14·2）仏、この普門品を説きたもうとき、衆中の八万四千の衆生、皆、無等等の阿耨多羅三藐三菩提の心を発《おこ》しき。

十四・四　陀羅尼品第二十六

観世音菩薩普門品第二十五の次に陀羅尼品第二十六が書かれている。

まず、薬王菩薩が座より起って、仏に合掌礼拝し、

（14·3）世尊。善男子・善女人の若《ごと》き、能く法華経を受持する者あって、若しは読・誦・通利し若しは経巻を書写せんに、幾所《いくばく》の福をか得ん。

と訊ねた。言うまでもなく、ここに掲げられている項目は、述べ方は異なるが法師品の五種法師の行と同内容である。

これに対して仏は、法華経の一四句偈でも受持し読誦し解義し説の如く修行すれば、その福は八百万億那由他恒河沙等の諸仏を供養するよりも多いと説明された。この文言も、法師品以降で何度

も述べられてきた事柄と同趣意である。

そこで薬王菩薩は世尊に、「我今当に説法者に陀羅尼呪《だらにしゅ》を与えて、もってこれを守護すべし」と述べ、「安爾《あに》・曼爾《まに》・摩禰《まねい》・摩摩禰《ままねい》・旨隷《しれい》……」と唱えた。本文ではこのような言葉が四十三個列挙されている。これら陀羅尼呪のそれぞれの語句は、仏教で重要とされる法義を語ったものであるが、一般に、本来の意味に立ち返ることなく、ただ唱えるだけで治病や滅罪等の効能があるとされている。ここでも、各語句の意味が、展開されている文脈と関連させて書かれているとは思えない。陀羅尼呪を重要とする一般的な信仰を法華経弘布の一環に組み入れようと考えて書かれたものだろう。ここでは、このような陀羅尼を法華経の説法者に与えて守護しようと述べているのである。そして、次のような説明が加えられている。

(14·4) 世尊、是の陀羅尼神呪は、六十二億恒河沙等の諸仏の所説なり。若しこの法師を侵毀《しんき》することあらん者は、則ちこれ此の諸仏を侵毀し已《おわ》れるなり。

文脈から見て、ここで「この法師」と書かれているのは、(14·3)で述べられている者を指すと理解してよいだろう。これまでに見てきたように、法師品以降でしばしば法華経の行者を軽視する者は諸仏を軽視するものであり、法華経を読誦するものがあれば如来と同じように敬わねばならないといった趣旨が書かれていたが、ここでも、同趣旨のことが陀羅尼呪と関連させて書かれているのである。

その時に、勇施《ゆぜ》菩薩が、自分も法華経を読誦し受持する者のために陀羅尼を説きましょうと申し述べ、「瘂隷《ざれい》・摩訶瘂隷・郁枳《うっき》・目枳《もっき》・阿隷《あれい》……」と、今度は十三個の陀羅尼呪を唱えた。これに続いて、詳細は略するが、毘沙門天・持国天王・十羅刹女・鬼子母神等も同種の陀羅尼神呪を説いて、法華経を弘める法師を守護することを誓った。

皆がそれぞれに陀羅尼呪を説き終わって後、「この陀羅尼品を説きたもう時、六万八千人が無生法忍（生滅のない涅槃の境地に安住すること）を得たり」と述べられて陀羅尼品は終わっている。

私見を言わせてもらえば、この品にそれほど重要な思想が盛り込まれているとは思えない。おそらくは、陀羅尼呪を唱えて治病等の御利益を求めるといった民間信仰を、法華経を弘めるといった修行に振り向けるために書かれたものであろう。

十四・五　妙荘厳王本事品第二十七

陀羅尼品第二十六に続く妙荘厳王本事品第二十七に読み進むことにしよう。

非常に遠い昔、喜見という時代に光明荘厳という名の国があり、この国に雲雷音宿王華智という名の仏がおられた。この国に妙荘厳《みょうしょうごん》という名の王がいてその夫人の名は浄徳《じょうとく》と言い浄蔵《じょうぞう》・浄眼《じょうげん》という名の二人《ふたり》の子供《こども》がいた。この二子は、仏に帰依して長く菩薩の修行を続け、六波羅蜜他多くの助道の法を皆悉く会得した。

彼の仏は妙荘厳王を仏道に引導しようと願い、そして皆への慈しみの念から法華経を説かれた。

時に浄蔵・浄眼の二子は、母に雲雷音宿王華智仏のもとで法華経を聴くようにと懇願したが、母は、お前達の父が仏教以外の教えを信じて仏教に関心を持とうとしないので、二人で出かけて説得してほしい、そのためにも父の前で神変を現しなさいと述べた。二子は父の改心を願って、父の前で空中に飛び上がり、高さ八多羅樹《たらじゅ》の所で様々な神変《じんぺん》を現わした。ここで「多羅樹」はヤシ科の喬木で、高いものでは二十四から二十五メートルにもなるそうである。ここではその八倍ということだから随分高いところまで飛び上がったものである。

続いて、二子が現した神変の様子が次のように描写されている。

(14-5) 虚空の中に於いて行・住・坐・臥し、身の上より水を出し、身の下より火を出し、身の下より水を出し、身の上より火を出し、或いは大身を現じて虚空の中に満ち、而も復《また》小を現じ、小にして復大を現じ、空中に於いて滅し、忽然として地に在り、地に入ること水の如く、水を履《ふ》むこと地の如し。

そして、このような神変を見て父の心は浄まり、子に向かって、汝等の師は誰かと訊ねた。二子は、自分達の師は雲雷音宿王華智如来であり、皆のために法華経を説いておられますと説明した。父は、その仏に是非会いたい、一緒に行こうと述べた。二子は空中より降りて母のもとに至り、父が仏道を求める心を起こしたことを告げ、出家を許してほしいと頼み、母は快くこれを許した。

この時、妙荘厳王の後宮にいる八万四千の人達が皆悉く法華経を受持する心を起こした。浄眼及び浄蔵の二菩薩は、それぞれに既に種々の三昧を会得していたが、王の夫人も、諸仏集三昧を得、能く諸仏の秘密の蔵を会得した。このように二子の父は仏法を信解するようになったのである。

ついでながら、仏伝を扱った経典などを読んでいると、神変の様子を表現する場合にときおり上掲（14-5）で書かれている文言とよく似た叙述に出会う。このことからすると、この表現は、神変を表す場合の常套句といってよいだろう（注2）。

妙荘厳王は、群臣・眷属・浄徳夫人・浄蔵・浄眼そして後宮の四万二千人の采女（宮中の女官）等と共に仏の所に赴いた。そのとき、彼の仏は王に、法を示し教え利し喜ばせられた。妙荘厳王および夫人はそのお礼として頸に掛けていた非常に高価な真珠の瓔珞を解いて仏の上に散らせた。仏は坐ったまま光明を放たれた。

仏はみんなに、妙荘厳王が比丘になったことを告げ、この王はこれから仏道において精勤修習して、将来娑羅樹《しゃらじゅ》王という名の仏に成るであろうと記を授けられた。これに付随して、常のように、その劫の名前や仏国の名前やその国の有様が書かれているが詳細は省略する。

その後、王は国を弟に委ねて、夫人および二子、更には大勢の眷属と共に、八万四千年の間、仏道に励み、妙法華経を修行して一切浄功徳荘厳三昧を得た。

ここで、妙荘厳王は、二子を賞嘆して次のように申し述べた。

（14-6）世尊。此の我が二子、已《すで》に仏事をなしぬ。神通変化《へんげ》を以って我が邪心を転じ、仏法の中に安住することを得、世尊を見たてまつることを得せしむ。此の二子は是れ我が善知識なり。宿世の善根を発起し、我を饒益《にょうやく》せしめんと欲するを以て我家に来生せり。

これに対し、仏はこれに同意され、善知識は大因縁なりと、因縁の重要なことを強調された。ここで、善知識は、正しい教えに導く善き友を意味する。

仏は、大要以上のような物語を説き終えられて後、

(14-7) 妙荘厳王は豈に異人ならんや。今の華徳菩薩これなり。その浄徳夫人は、今仏前に光をもって照らしたもう荘厳相の菩薩これなり。妙荘厳王及び諸の眷属を哀愍せんが故に、彼の中に於いて生ぜり。その子は今の薬王菩薩・薬上菩薩これなり。

と、過去と現在を繋ぐ因縁を明かされた。

そして、妙荘厳王本事品は、「仏この妙荘厳王本事品を説きたもう時、八万四千人が塵を遠ざけ苦を離れて諸法の中に於いて法眼浄を得たり」と記されたところで終わっている。

十四・六　普賢菩薩勧発品第二十八

妙荘厳王本事品第二十七に続いて、最終章普賢菩薩勧発品第二十八が書かれている。

この品に入ると、まず、自在神通力や威徳で名が知れわたっている普賢《ふげん》菩薩が、非常に多くの菩薩衆と共に霊鷲山にやってくる場面が描かれている。妙音菩薩品において妙音菩薩が娑婆国にやってくる場合と同様に、その道中では、諸国が普く振動し宝蓮華が雨《ふ》る等々の色々な奇瑞が起こった。彼は、諸天・夜叉・竜等の多くの生き物に囲まれて、威徳・神通力を現じつつ釈尊の御前に参上し

た。彼は釈迦牟尼仏を礼拝し、次のように申し述べた。

(14-8) 世尊。我、宝威徳上王仏の国において、遙に此の娑婆世界で法華経を説きたもうを聞きて、無量無辺百千万億の諸の菩薩衆と共に来たって聴受する。唯願わくは世尊。当に為に之を説きたもうべし。善男子・善女人のごときは如来の滅後において云何してか能く是の法華経を得ん。

これに対し釈尊は、諸仏に護念せられること、諸々の徳本を植えること、正定聚（必ず悟りが得られることが確定した聖者の位）に入ること、一切衆生を救う心を起こすことといった四法を成就すればよいと説示された。

この教えを受けて普賢菩薩は、大要以下のような抱負を陳述した。

世尊滅後の後の五百歳は濁悪の世となるでしょうが、このような時代において、この経典を受持する者がおれば、この人を守護してその衰患《すいげん》を除き安穏に暮らせて、魔・魔子・魔女・魔民あるいは夜叉《やしゃ》・羅刹《らせつ》等、諸々の人を悩ませるものが活躍しないようにします。そして、この人がこの経典を読誦するときには、六牙《げ》の白象王に乗って、大菩薩衆と共にその処に到り、自らの身を現して供養し守護します。また、もしこの人が坐してこの経典を思惟するときには、この人の前に白象王に乗って現れ、もしこの人が法華経の一句一偈でも忘れることがあれば、これを教えて共に読誦し以前よりよく理解できて種々の陀羅尼を会得するようにします。世尊よ。もし濁悪の世である後の五百歳においてこの法華経を受持・読・誦・書写して修習しようとする者は、三七日間つまり二十一日間一心に精進すべきです。三七日が終わったときに、私は六牙の白象に乗って無量の菩薩衆と共にその人の前に現れ、法を説いて示し教え利し喜ばせ、陀羅尼を会得するようにしましょう。その陀羅尼のお陰で、誰にも危害を加えられることもなく、女人に惑わされることもなくなるでしょう。

そして、世尊の許諾を得た後「阿檀地《あたんだい》　檀陀婆地《だんだばだい》　檀陀婆帝《だんだばてい》　……」と二十個の陀羅尼呪を説いた。

普賢菩薩はさらに重ねて法華経の受持、読、誦、解説することの重要性を、言葉を重ねて申し述べて後、次のような誓言を申し述べた。

(14·9) 世尊。我今神通力を以っての故にこの経を守護して、如来の滅後において閻浮堤の内に広く流布して断絶せざらしめん。

これに対して釈尊は、普賢菩薩が、神通力でもって法華経を説く者を守護する願を起こしたことを賞嘆され、この普賢菩薩の名を受持するものを守護するだろうと述べられた。

続けて釈尊は普賢菩薩に、もしこの法華経を受持・読・誦・修習・書写する者を見たならば、釈尊に対するのと同じ供養をするようにと訓戒された。そして、詳細は略するが、法華経を謗る人の罪報が多く列挙されている。

一読してわかるように、この品においても、法師品で説かれていた五種法師の行とほぼ同内容の実践項目が推賞され、詳細は略するが、その他の所でもしばしば法師品以降で説かれていたことと同趣旨の事柄が説かれている。

普賢菩薩にまつわる物語の実質的な内容は以上の通りであるが、最後に、

（14·10）是の普賢勧発品を説きたもう時、恒河沙等の無量無辺の菩薩、百千万億個の旋陀羅尼《せんだらに》を得、
三千大千世界微塵等の諸の菩薩、普賢の道を具しぬ。

と付言されて後、

（14·11）仏是の経を説きたもう時。普賢等の諸菩薩・舎利弗等の諸声聞及び諸天・龍・人・非人等、
一切の大会皆おおいに歓喜し、仏語を受持して礼を作《な》して去りにき。

と述べられて普賢菩薩勧発品は終わっている。

この品は妙法蓮華経の最終章であり、つまりは、この言葉でもって妙法蓮華経が閉じられている。本書もこれをもって擱筆する。

（注）

1　勝呂信静著『法華経の成立と思想』（大東出版社）四頁。

2　例えば、仏伝文学のひとつである『菩薩本行経』を読んでいると、一居士が王の前で神変を表す場面が書かれており、その様子の描写の中で、「身上出水身下出火。身下出水身上出火」といった一節に出会った（大正蔵三・一一〇上）。また、平岡聡氏による梵文『マハーヴァストゥ』の訳『ブッダの大いなる物語』下巻四七三頁を開くと、組合長のヤショーダが両親他大勢の人達の前で神変をみせる場面が描かれていて、その様子が、「下半身からは火を吹き、上半身からは五百の冷たい水流を放ったかと思うと、上半身から火を吹き、下半身からは五百の冷たい水流を放った。左脇から火を吹き、右脇からは五百の冷たい水流を放ったかと思うと、右脇から火を吹き、左脇からは五百の冷たい水流をはなった云々」と書かれているのが目についた。そして、このことによって、「ヤショ

ーダの両親とその大勢の人は世尊に対して心を浄らかにし、浄心を抱いた」と書かれていて、今の場合とよく似た筋運びになっている。

本編は、『法華仏教研究』において、『妙法蓮華経』を現代に読む」と題して、十回（第六号、第七号、第八号、第九号、第十一号、第十二号、第十三号、第十八号、第十九号、第二十号）にわたって掲載された論考を基にして、加筆修正して纏めなおしたものである。

あとがき

著者略歴を見ていただければおわかりのように、筆者は以前名古屋大学や金沢大学等に籍をおいて数学の教育研究に携わっていたが、定年退官後、遅まきながら仏教の勉強を始めて現在に至っている。一般に、数学は厳密な論理の積み重ねにあり、他方仏教は論理を超えた情念に基づくものと理解されていて、両者は水と油のように交じり合わないように思われている。かつて数学を語りあっていた仲間に出会うと、なぜ仏教なんかに首を突っ込んでいるのかと尋ねられることが多い。同じような疑問をもたれる読者もおられると思われるので、少々自己紹介をさせていただく。

筆者は農家の次男坊で、高校卒業までは六甲山北方に位置する一山村（現神戸市北区淡河町）で過ごした。田舎暮らしを至上とする父の意向に背けず、中高校の教員養成機関である神戸大学教育学部数学科に入学したが、大学で高校の数学とは一味も二味も異なる純粋数学に触れてすっかり魅了され、大学院への進学を考えるようになった。ここで親孝行の仮面を剥ぎ取り、父に内緒で名古屋大学大学院の入試を受け、合格通知を手にした上での談判に成功し、数学の研究者を目指すことになった。その後、幸いにも名古屋大学工学部助手に採用され、名古屋工業大学、名古屋大学教養部、金沢大学理学部と勤務先を変えながら、平成十五年三月定年退官を迎えるまで数学の教育研究に携わってきた。

筆者が仏教に興味を持つようになったのは、祖父が在家仏教教団国柱会の熱心な会員であったことに起因する。祖父はなかなかの読書家だったようで、生家には宮澤賢治が愛読したとしてよく知られている天業民報他、仏教辞典、日蓮聖人遺文集、法華経に関する教書等が数多く山積みされていたことを今でも思い出す。こういった環境で育つなかで仏教に馴染むようになり、書店に赴くとつい仏教書に目を止めるようになった。それらの書を読み比べてみると、この穢土を厭い離れて浄土への往生を説く書もあれば、俗世間を離れて座禅に浸り心を清めることを奨める書もあり、かたや娑婆世界の仏国土化を説く書もあるなど、説く所は千差万別で、ときには背反的ですらある。それでは一体仏教って何なのだろうか？　腑に落ちない疑問にぶつかるとその理由を追求したくなる性分で、時間が許せば一度本格的に勉強してみたいと考えていた。

当今六十五歳では悠々自適の隠居住まいには早すぎる。定年後の第二の人生をどう暮らそうかと迷っていたところ、上述のような筆者の思いが国柱会本部に漏れ伝わり、嘱託研究員として仏教研究に取り組んではどうかと声を掛けられ、同会所管の「師子王文庫」に多数の仏教書が所蔵されていることに魅かれてこの話をお受けして今日に至った次第である。国柱会では、伝統教学に縛られることなく独自の研究を進めてよいとのことで、ご厚意に甘えて興味が向くままに研究の真似事を続けている。本書を刊行する運びとなったのも、同会の御厚意あってのことと深く感謝している。

当初は、仏教を本格的に学ぶ以上、サンスクリット語の勉強から始めようかとも思ったが、ある人から、仏典を読みこなせるようになるまでにはかなりの年数が掛かるだろうと忠言を戴き、年齢を考えると叶いそうにないことに気づき、脚下照顧、筆者の立ち位置も考慮して、とりあえず、日蓮の思想あるいはその源泉である法華経の思想の探求に焦点を絞って勉強を始めた。ところが、数学の勉強とは少々勝手が違う。上述のように、仏教では多種多様な教えが説かれ、それらが互いに噛み合わない場合が多い。真理は一つしかないと信じて論理のみを頼りとする数学とは大違いである。これでは、教学の研鑽を始めるには、論理という名の昔とった杵柄を使用禁止にしなければならないのかと不安になった。その後、法華経を思想啓蒙書と見立ててその趣意を探ると、この問題の解決こそ法華経が問題にしている課題なのだと気が付いた。方便品には、仏の教えは唯一つで「もしは二、もしは三有ること無し」と説かれ、如来寿量品では、あらゆる仏を一体のものとして捉えた久遠実成の釈尊が語られている。今では、法華経を達意的に読めば、かつての数学者仲間達をも説得できる様な教学の構築も可能かもしれないと思うようになった。

この課題に応えるには程遠いが、研鑽を重ねる中で思い付いたことを、平成十七年六月以来国柱会機関誌「真世界」に毎回数頁ずつだが書き綴ってきた。筆者は、平成二十六年十月に、『日蓮思想の論理構造—一神教原理主義との対比—』と題した一書を山喜房佛書林から刊行したが、これは、この記事の中から日蓮思想に関連したものを抽出して加筆修正のうえ纏めたものである。また、同誌上の連載記事「斜読『妙法蓮華経』」に手を加え『妙法蓮華経』を現代に読む」と改題した論考を『法華仏教研究』において十回に分けて発表した。本書の内容の多くはこの論考に基づいている。

上記論考は、法華経各品の間の相互関係や法華経全体の結構の考察を主眼としたものであり、分割掲載であったため趣旨が伝わりにくかったのではないかと考え、これ等を一書の形にして公刊しようかと思い至った。そこで、上記論考に少々の手を加え、一篇の論考らしき形にしたものを、末木文美士先生に御一見をお願いしたところ、「非常に意欲的なもので、ぜひご出版されたらよいかと存じます。楽しみに致しております。」といった趣旨の返事をいただき、勇気づけられた。その後、菅野博史先生にも一読をお願いしたところ、海外出張などで忙しいところ、時間を割いて精読していただき、多くのコメントを頂戴した。筆者は独学のため、間違った解釈をした箇所が多くて、こっぴどく敲かれるのではないかと戦々恐々であったが、あえて新解釈を打ち出したいわば「確信犯」的な部分は別にして、大きな過誤はなかったようでほっとしているところである。その後私なりに考察を重ね、菅野先生が指摘された疑問点や修正の必要な箇所については、自分なりに修正できたと考えているが、なお不備な箇所もあるかと思われる。本書を読んで下さった読者の方々からの御叱正を頂ければと願っている。末木先生並びに菅野先生には、この場を借りて厚く御礼申し上げる。

末筆ながら、出版に際し色々お世話いただいた展転社会長相澤宏明氏をはじめスタッフの方々に深く感謝の意を表したい。

引用文献

平岡聡著『法華経成立の新解釈』（大蔵出版、二〇一二年）
藤本坦孝著『日蓮思想の論理構造―一神教原理主義との対比―』（山喜房佛書林、二〇一四年）
伊藤瑞叡著『法華経成立論史』（平楽寺書店、二〇〇七年）
勝呂信静著『法華経の成立と思想』（大東出版社、一九九三年）
山川智応著『法華経十講』（浄妙全集刊行会、二〇〇二年）
勝呂信静著『法華経のおしえ日蓮のおしえ』（大東出版社、一九八九年）
菅野博史著『法華経―永遠の菩薩道―』（大蔵出版、一九九三年）
中村元訳『ブッダのことば』（岩波書店、一九五八年）
中村元訳『ブッダの真理のことば　感興のことば』（岩波書店、一九七八年）
桜部建著　仏典講座18『倶舎論』（大蔵出版、一九八一年）
中村元・福永光司・田村芳朗・今野達編『岩波仏教辞典』（岩波書店、一九八九年）
中村瑞隆編『法華経の思想と基盤』（平楽寺書店、一九八〇年）
平川彰著『仏教通史』（春秋社、一九七七年）
苅谷定彦著『法華経〈仏滅後〉の思想―法華経の解明（II）―』（東方出版、二〇〇九年）
師子王文庫編『日蓮主義研究20』（真世界社、二〇〇八年）

小林一郎著『法華経大講座』全十三巻（平凡社、一九三五年）
中村元著『広説佛教語大辞典（東京書籍、二〇〇一年）
渡邊寶陽監修『法華経の事典』（東京堂出版、二〇一三年）
坂本幸男・岩本裕訳注『法華経』（岩波書店、一九六七年）
高崎直道著『仏教入門』（東京大学出版会、一九八三年）
松本史朗著『法華経思想論』（大蔵出版、二〇一〇年）
平岡聡訳『ブッダの大いなる物語』（大蔵出版、二〇一〇年）
勝呂信勝著『法華経の思想と形成』（山喜房佛書林、二〇〇九年）
望月信亨著『望月佛教大辞典』（世界聖典刊行協会、一九六三年）
植木雅俊著『仏教の中の男女観』（岩波書店、二〇〇四年）
植木雅俊訳『法華経』（岩波書店、二〇〇八年）
平川彰著『インド仏教史』（春秋社、一九七四年）
平川彰著『初期大乗と法華思想』（春秋社、一九八九年）
高崎直道監修　シリーズ大乗仏教２『大乗仏教の誕生』（春秋社、二〇一一年）
立正大学宗学研究所編　昭和定本『日蓮聖人遺文』（総本山身延久遠寺、一九五四年）
菅野博史著『法華経入門』（岩波書店、二〇〇一年）

藤本坦孝（ふじもと　ひろたか）

昭和 12 年　兵庫県に生まれる
昭和 35 年　神戸大学教育学部数学科卒業
昭和 37 年　名古屋大学大学院理学研究科数学専攻修士課程修了
昭和 37 年　同専攻博士課程中退
昭和 41 年　名古屋工業大学講師
昭和 42 年　理学博士（名古屋大学）
昭和 44 年　名古屋大学教養部助教授
昭和 58 年　名古屋大学教養学部教授
昭和 59 年　金沢大学理学部教授
昭和 63 年　日本数学会幾何学賞受賞
平成 15 年　金沢大学裡学部を退官
現在金沢大学名誉教授

著書

『複素関数論』（岸正倫氏と共著、学術出版社）
『Value Distribution Theory of the Gauss Map of minimal Surfaces in Rm』（Aspects of Math. Vol. 21, Vieweg, Wiesbaden）
『複素解析』（岩波書店）
『日蓮思想の論理構造——神教原理主義との対比—』（山喜房佛書林）

法華経をインド仏教史から読み解く

平成二十九年十月十三日　第一刷発行

著　者　藤本　坦孝
発行人　藤本　隆之
発　行　展　転　社

〒101-0051　東京都千代田区神田神保町 2-46-402
TEL　〇三（五三一四）九四七〇
FAX　〇三（五三一四）九四八〇
振替〇〇一四〇―六―七九九九二

印刷　中央精版印刷

ISBN978-4-88656-445-0